JN063801

天皇財閥・象徴天皇制とアメリカ

涌井秀行

かもがわ出版

まえがき

「過労死」「過疎化」「限界集落」そして「3・11東日本大震災」と「原発事故」。社会とのつながりが切れた「無縁社会」。そして、世界でもっとも少子高齢化が進んだ国・日本。日本は今、世界がまだ経験したことのない試練に直面している。人口減少や少子高齢化がもたらす日本社会の負のスパイラル状況をジャパン・シンドローム（日本症候群）と呼ぶ。

そうだろう。1989年からの明仁・平成天皇の「御代」は、「失われた30年」となった。1950年の朝鮮戦争特需からはじまって1991年まで、およそ40年間継続した高度経済成長を謳歌した世界第2の経済大国は、落ちぶれ輝きを失っている。この事態を昭和天皇のアジア太平洋戦争での「第一の敗戦」になぞらえて「第二の敗戦」などとも呼ぶようだ。この二つの「敗戦」のなかで、一身二生を生きた昭和天皇、そしてその意思を受け継いだ平成天皇。日本を分かろうとすると、天皇と臣民・国民の相関、関り合いが、どのようなものなのか。これが分からなければ、分からないだろう。戦争に反対するものを絶対主義天皇制国家は、根こそぎうち倒した。3月10日の東京大空襲、沖縄戦、原爆の惨憺たる犠牲と被害。そして加害。「天皇陛下を見ると目がつぶれる」と信じた少女。「陛下万歳」と叫びながら、特攻に散った若者。この状況下、のちの共産党副委員長でさえ、戦時中、白馬に乗る昭和天皇の姿に「ゾク」としたという。「敗北」を受け入れるポツダム宣言を、国体＝天皇制の保証を留保条件に受諾し、臣民に向かって「情ノ激スル所濫(みだ)ニ事端ヲ滋ク」することなく敗戦を受け入れよ、と諭した昭和天皇。筆舌に尽くしがたい犠牲を払った臣民は、素直にそれを受け入れたのである。

　敗戦。皇居前の玉砂利に正座して昭和天皇を遥拝する人々。食料メーデーには「國體は護持されたぞ　朕はたらふく食ってるぞ」のプラカードもあったが、大会決議は昭和天皇陛宛ての上奏文を原案通り可決した。そのなかの一団は、飯米獲得人民大会の名で昭和「天皇への上奏文」をもって宮内省や首相官邸に向かった。

　国民となった臣民は「人間天皇」の巡行を笑顔で受け入れた。被爆地広島での様子を、中國新聞（ヒロシマ平和メディアセンターHP）は、次のように伝えている。

「昭和天皇はポケットから紙を取り出し、『広島市の受けた災禍に対しては同情に堪えない。われわれはこの犠牲を無駄にすることなく、平和日本を建設して世界平和に貢献しなければならない』と述べた。『お言葉』に市民の興奮はピークに達する。沈黙が破れ、市民は帽子を、手を、ハンカチを振りながら、『万歳』と絶叫した」。世界の世論は、広島市民に過酷な犠牲を強いた昭和天皇をどう迎えるのか、注目していた。だが広島市民は原爆ドームに向かって立っていた天皇に「万歳」を唱和したのである。昭和天皇に対する憧憬感情は、平成天皇に受け継がれ今日に至っている。戦前そして戦後、絶対主義天皇制から象徴制天皇制へと、二つの敗戦という断絶にもかかわらず、天皇制は深層海流となって流れている。

たしかに、坂口安吾が言うように、その時々の権力者は、歴代天皇を隠れ蓑として「天皇の尊厳」を都合よく使ってきた。その利用の仕方には濃淡があり様々だったが、戦前の絶対主義天皇制下では、「天皇制＝軍義的官府」は、「財閥」として富を天皇に集中させ神にまで祭りあげ、「国体」として国家の正統思想にまでブラッシュ・アップした。戦後は、主権は国民にあるとしながら、天皇は国民統合の象徴として存在し、天皇憧憬感情は、国民大多数のものとなっている。だが問題は、天皇を受け入れた臣民・国民の側の問題である。

なぜだ。どうして大多数の臣民・国民は、そうした天皇制をすんなりと受け入れたのか。ダワーはそれを「日本人の一般的な倫理および価値の『ご都合主義』性」と評した。これを解く手掛かり・鍵は、「自粛」にないだろうか。今次のコロナや昭和天皇「崩御」の時にみられた「自粛」現象をどう考えるかである。お上の言うことに、とりわけ一大事には大勢に従う。これがこと天皇に関しては、国民性にまで普遍化し定着しているのではないか。なぜ、どうしてなのだろう。稲作がそれをはぐくんだのではないか。

日本では、縄文時代晩期（紀元前３００年ごろ）に水田稲作がはじまった。それ以来２０００年以上、日本経済は、「米遣いの経済」と言われるほど、米は特別な物品だった。その水稲耕作は、一定地域の水田を対象として強固な横組みの協働組織・共同社会（農村共同体）を形成する。そこから「協同＝協調」という労働力の質が生まれる、労働力の陶冶である。稲作労働が、人の持って生まれた性質を円満完全に発達させていった。村の大勢に従わなければ、村八分にされ、生きてはゆけない。

これとは違う、欧米の「個人主義」とも言えない、マイホーム主義、サラリーマンなどを生み出した生活文化の歴史は、戦後たかだか50年ほどのものだろう。それは高度経済成長の時代であり、１９９０年代初頭のバブル崩壊、「第二の敗戦」で終わった。そして失われた30年の今、非正規労働者・ワーキング・プアーという村八分が横行している。「自己責任」として。天皇制の理解は、日本理解のスタートラインであり、要にある事案、と言えよう。

２０２２（令和４）年は、太平洋戦争敗戦から77年目の年である。その敗戦の年から77年前の１８６８年は、明治元年であった。その敗戦を境にして前半の77年は、軍事的半封建資本主義・絶対主義天皇制の時代であり、後半の77年は、冷戦重化学工業加工モノカルチャー資本主義・象徴天皇制の時代であった。くしくも敗戦をはさんで同じ歳月が流れたのである。

今の時代状況を「第２の敗戦」などと呼ぶ人もいる。言うまでもなく「第１の敗戦」は、アジア・太平洋戦争での敗戦であり、焦土と化した焼け野原が示すように、それは全政治経済構造の壊頽であった。しからば「第２の敗戦」も、戦後77年にわたって築いてきた構造の壊頽に違いない。今こそ、この二つの構造を対比し総括をすべき時ではなかろうか。

もくじ●天皇財閥・象徴天皇制とアメリカ

第1章

戦前日本資本主義の軍事的＝半封建的構成の成立・展開・帰結

（1）はじめに

明治の夜明け前騒然とした世情を、島崎藤村は『夜明け前』で次のように描写した。

　馬籠の宿場では、毎日のように謡の囃子に調子を合わせて、おもしろおかしく往来を踊り歩く村の人たちの声が起こった。

　十五代将軍が大政奉還のうわさの民間に知れ渡るとともに、種々な流言のしきりに伝わって来るころだ。その中で不思議なお札が諸方に降り始めたとの評判が立った。同時に、どこから起こったとも言えないような「ええじゃないか」の句に、いろいろな唄の文句や滑稽な言葉などをはさんで囃し立てることが流行って来た。

　　ええじゃないか、ええじゃないか
　こよい摺る臼はもう知れたもの
　婆々さ夜食の鍋かけろ
　　ええじゃないか、ええじゃないか

　だれもがこんな謡の囃子を小ばかにし、またよろこび迎えた。その調子は卑猥ですらあるけれども、陽気で滑稽なところに親しみを覚えさせる。何かしら行儀正しいものを打ち壊すような野蛮に響く力がある。

東海道浦賀の宿、久里浜の沖合いに、黒船のおびただしく現われたというわさも伝わってきていた。摂津、隠岐から始まった「打ちこわし」が江戸・大阪に広がる世情騒然たるなか、名古屋に始まった「ええじゃないか」は日本各地に波及し、「すべてが山の中」の木曽にも及んだのである。こうした「世直り・世直し」は、民衆の徳川幕藩体制・封建制打破の行動であった。天保（1830年代）年間には、幕藩体制・封建社会解体の兆しは、はっきりと現れ始めていた。

戦乱の戦国時代が終わり、江戸時代に入ると武士も都市に集住するようになり、江戸・大坂・京都や各藩の城下町は、大消費地となった。本来自給自足の封建社会も、金がなければ始まらない世の中になっていった。大名家の家計簿・藩財政は、相当に苦しかった。その大きなものは、江戸初期に始まった江戸城・大坂城・名古屋城をはじめとした普請とその城下町建設など、徳川・将軍家の命令で諸大名に分担させて行われた天下普請、今日の「公共工事」である。また幕府は各藩、とくに外様大名の財力をそぐために各地の河川改修も命じた。そのなかには1753（宝暦3）年、薩摩藩に命じた木曽川の治水工事があるが、その費用は40万両（200億円）に及び、自殺者を含め薩摩藩士の犠牲者は80人に上ったという。藩は約22万両を借り入れで、残りは藩内の増税でしのいだ、という。

さらに徳川幕府は、1634（寛永11）年、諸藩・大名に「大名妻子在府制」、その翌年には参勤交代制を敷いた。藩主は参勤交代で国許と江戸とを往復するが、その妻子は江戸に居住することを命じられた。徳川幕府の人質である。参勤交代の費用は、100万石の加賀藩の1808（文化5）年の帰国では、約5500両かかったという。

こうした参勤交代費用もさることながら、江戸藩邸の建設、維持費用も大名家の財政を圧迫した。その費用は、加賀藩では１７４７（延享２）年には17万１６６７両に達し、藩財政に占める割合は61％に上ったという[1]。こうした状況は、最大大名の加賀藩ですらこのありさまだったから、他藩は推して知るべしである。ちなみに各藩の江戸の支出割合を見ると、弘前藩10万石は63％、長岡藩７万石、備中松山藩５万石は、ともに78％に達している。

こうした支出を工面するため、各藩は、年貢米の管理・換金を蔵元（くらもと）・札差（ふださし）・掛屋（かけや）と呼ばれる御用商人に委託した。蔵元たちは同時に金融商人でもあり、年貢米を担保（信用）に金融・融資（大名貸し）を行っていた。江戸中期ごろまでは無担保だったようであるが、その後は年貢米を担保にした蔵元などからの借金で、藩は財政を維持していた。これは幕府徳川家も同様であった。こうした参勤交代と江戸藩邸維持を主な要因として、各藩の債務は積みあがっていった。

明治政府は１８７１（明治４）年に廃藩置県を断行して、全国の藩の借金を肩代わりし、整理した。古いものは棒引きにしたが、それでも１８４４（天保15）年以降の各藩の債務は、合計で約２４００万両に上った、という。この時の幕府の年収が１２０万両といわれているから、これを見ても各藩の債務がいかに大きかったかが、わかるだろう。これらの借金は大部分が、蔵元ら御用商人からのものであった。いずれにしても幕府や各藩は、債務処理に苦慮し、存続の瀬戸際に立たされていたのである。

江戸時代の藩領主・大名たちは、実際の石高・収入の１割程度しか領主の私費として使えなかったという。年貢収入の９割は、藩内の治水・土木費から藩士（蔵米取）の給与などの出費、いわば藩の運営費にあてなければならなかった。１８６９（明治２）年の「禄制改革」によって旧藩主らは、藩運営費用を免除され、藩主の私費は保証された。そのうえ、「旧債一切を明治政府が引き受けてくれたということは、領主権の喪失にひきかえても、なお維新変革は領主たちにとって笑顔でむかえいれるべき慶事であったということになる。領主階級は維新変革における被害者ではなく利得者のなのである」[2]。このようにして華族として処遇された上層の武士階層は別として、それ以外の武士たちには、何の保証も与えられなかった。西郷らは、こうした不平士族の保護・保証政策として対朝鮮戦争「征韓論」を打ち出した。士族らを兵隊として雇用し戦争に参加させようとしたのである。いわば「失業対策」事業である。だがその政策は実現しなかった。その結末が、佐賀の乱から始まり西南戦争まで続く一連の旧武士層の反政府暴動である。

一方の百姓・農民は、封建藩主の厳しい年貢の取り立てに、時には一揆で抵抗しながら、たばこ・漆（うるし）・藍（あい）・養蚕・綿花などの商業的農産品の生産や製糸や機織りなどの稼ぎで、厳しい年貢の取り立てをしのぎ、かつかつの暮らしを維持していた。もともとは自家消費用の農家の家内工産品であったこれらの物品は、藩内はもちろん藩境を超えた商業的農産品＝商品となっていった。それらの商品は今でも名産品だが、越中富山の薬、四国の砂糖・三盆白（さんぼんはく）、河内木綿に丹後ちりめん、桐生足利の縞木綿、水戸のコンニャクなどである。そうしたなかでも絹や木綿産品は、代表的な全国的な商品であった。日本各地にこうした商品を作る問屋制家内工業あるいはマニュファクチュア（工場制手工業）が生まれ、半プロレタリア的貧農という新しい層が形成されていった。農民たちは年貢のための米だけを生産する百姓・農民ではなくなっていた。そしてこれらの農民の商品生産を扱う新興商人も台頭してきていた。こうして上から下から自給自足の封建制社会を突き崩すさまざまな条件が、幕末には生まれていた。そして最後の鉄槌が外から加わった。黒船である。

（2）戦前・戦時日本資本主義の成立過程、その軍事的＝半封建的性格

1、絹綿2系統（消費資料生産部門）の成立過程

イギリスでは1760年代から始まった機械の登場で生産は一変した。道具を用いた小規模な作業場（工場制手工業）に代わって、機械による大工場（機械制大工業）が生まれ、社会構造が激変したのである。イギリスに近代資本主義が生まれ、1830年代以降、欧州諸国に波及していった。そうした近代資本主義社会を生み出した産業部門は、糸を紡ぎ布を織る紡織業（消費財生産部門）と紡織機械の素材である鉄を生産する製鉄業（生産財生産部門）の二つの部門であった。中世ヨーロッパでは服飾素材は、毛織物や経糸（たていと）に麻糸、緯糸（よこいと）に綿糸を用いたファスティアンと呼ばれた交織織物であった。オランダとイギリスの東インド会社のインド産キャラコ（綿布）輸入が、18世紀ヨーロッパの「ファッション革命」引き起こした。温かく色彩豊かで用途の広い綿織物は、厚手の毛織物や皮にとって代わる、貴族から庶民にいたる消費者のニーズに応える商品となった。大量の消費が見込まれ、その商品を安価に大量に作り出すシステムが必要となった。それを実現したのが、機械による工場での綿布の大量生産である。産業革命を起こし資本主義社会の扉を開いたのは、貴族から農奴に至る人々の要求＝消費だったのである。革命は民衆の消費欲求から始まった。

日本でも、日常生活用品である紡織業から変革は始まった。1697（元禄10）年に刊行された日本最古の農書である「農業全書」に、次のような記述がある。木綿は高価だったから庶民は古着を再利用した。「古木綿いまだわたらざる時は、庶民は云に及ばず、貧士も絹をきる事ならざる者は、麻布を以て服とし、冬の寒気

ふせぎがたくして、諸人困苦にたへず、……幸にして此物いでき、賤山がつの肌までをおほふ事、誠に天恩のなす所にして、是則天下の霊財と云つべし」[3]と、木綿が暮らしの革命的産品であることを説いている。「多くの日本人は何を着たかといえば、勿論主たる材料は麻で（着心地や温かさを考えれば）木綿が……生活に與へた影響が、……偉大なものであったことはよく想像することが出来る」[4]と柳田国男も述べている。日本においても、棉が近代資本主義社会の起動因・産品だったのである。消費財生産部門の柱である綿紡織工業はどのようにして生まれたのであろうか。

文禄年間（1592年の頃）の棉種伝来以降、棉作は近畿、中国、四国を中心に各地に普及し、木綿は主として農家の自家用衣料として生産されていた。江戸時代後期に増加していった商業的農産品や工産品は、明治維新によって開かれた全国的な広大な市場に投げ出されることになった。商人（資本）たちは「ここぞ」とばかりに、それら商品の投機に走った。そのほぼ半数が製糸・織物業であった。後掲第9図「日本資本主義の生成と展開」補図 原始的蓄積（資本主義成立準備）期指標で示したように、製糸・絹綿織物・紡績の家内工場は開かれた全国市場を目指した。1878（明治11）年から1885（明治18）年にかけて創業はあいつぎ、その数は353か所に上った。これを第1次創業ラッシュとすれば、第2次創業ラッシュが1886（明治19）年から1902（明治35）年のラッシュである。その数は3471社で、第1次のおよそ10倍に上り、絹糸・絹織物が57%を占めた。[5]このラッシュは国内市場とともに開国による生糸や絹織物の輸出増をうけたラッシュでもあった。なかでも絹糸は輸出の主力商品となり、第2次ラッシュ期に輸出額は6･6倍に増加した。

輸入に依存していた綿布は、1885（明治18）年に国内生産額が輸入額を上回り、これ以降力織機による生産も普及し、1896（明治29）年には木鉄混成の豊田自動織機も発明された。1909（明治42）年には

第1図　豊田式自動織機[6]

綿布の輸出額が輸入額を上回るようにもなった。消費資料生産部門のもう一方の柱である綿業の機械制大工業での生産の見込みも立った。

ここに日本において明治30年代初頭に絹綿2系統である消費資料生産部門における工場制手工業（マニュファクチャー）段階から機械制工業段階への転化【消費資料（絹綿）生産部門＝Ⅱ部門の確立】の見通しが立ったと言えよう。

しかしながら綿織物生産における実態は、以下のようなものであった。これは久留米絣の生産の実例であるが、「所謂工場組織によるものは30戸あるも、就中工場経営と称し得べきは僅かに4、5を数ふるに過ぎずして……工場と称すべき程度に達せざるもの……（で）……是等工場に於て生産せらるる数量も僅少にして、全産額の1割に達せず。従って生産の大部を占むるものは、農家婦女子の副業による賃織なり。……農家副業の賃織によるものと並んで注目すべきは、本邦内地並に遠くは朝鮮に至る各地の刑務所に於ける囚人の作業による（綿織物）生産」である。[7] 綿織物業に「従事スル職工5万8500人（内工場、刑務所ニ於ケルモノ1万8500人）、工場822、内職者4万ニシテ殆ド全部成年女子」[8]と。結局、綿織物の生産は零細工場と零細マニュファクチュアと「農家副業の賃織」と刑務所の囚人労働の四つの形態での生産で、あくまでも機械制生産成立の見込みにしか過ぎなかった。この消費資料生産部門の柱である綿業と絹業の機械化＝工場化は、第1次大戦後の全般的危機に対処する軍需生産への集中・

第３図　御法川式立繰機[12]

第２図　座繰り製糸[11]

動員（１９１８（大正７）年軍需工業動員法）という軍需「合理化」のもとで、繊維工場の閉鎖、鉄屑のための繊維機械の供出という運命を、たどることになる。

絹糸は、１８９４（明治27）年に座繰製糸（第２図）の生産高を器械製糸（第３図）が上回るようになり、大正期にはいると器械製糸は飛躍的に拡大した。生糸紡績機は、富岡製糸場などの官営工場ではフランス式機械の１８７２（明治５）年の輸入移植から始まるが、その後各地で紡績器械の改良工夫がかさねられ、イタリアやフランスの輸入紡績器械の国産化が行われた。それぞれの地域の事情に合わせて、独自の製糸手法も編み出され、独自の様々な型の器械が生み出された。なかでも１９０３（明治36）年公開の御法川（みのりかわ）直三郎（なおさぶろう）の絹糸紡績器械「御法川式多条繰糸機」は、鉄製で蒸気を動力源とした国産器械であった[9]。この繰糸機は、鉄製で蒸気を動力としていた点から製糸業における機械製大工業の起点ともいえる。その後も各生産地で改良工夫がくわえられ、織田式や増澤式などの製糸器械も製造され、実用化された。

様々な絹糸絹布生産地における器械の創意工夫といえば聞こえはいいが、座繰り器も併せた器械の雑多性は、次の数値が示している。１９１０（明治43）年の「力織機総数１万３２２９台の型式は34種類……１９２９（昭和４）年桐生の力織機数１万１５２３台の型式は１０３種類[10]」にも及んだ。さらに絹製

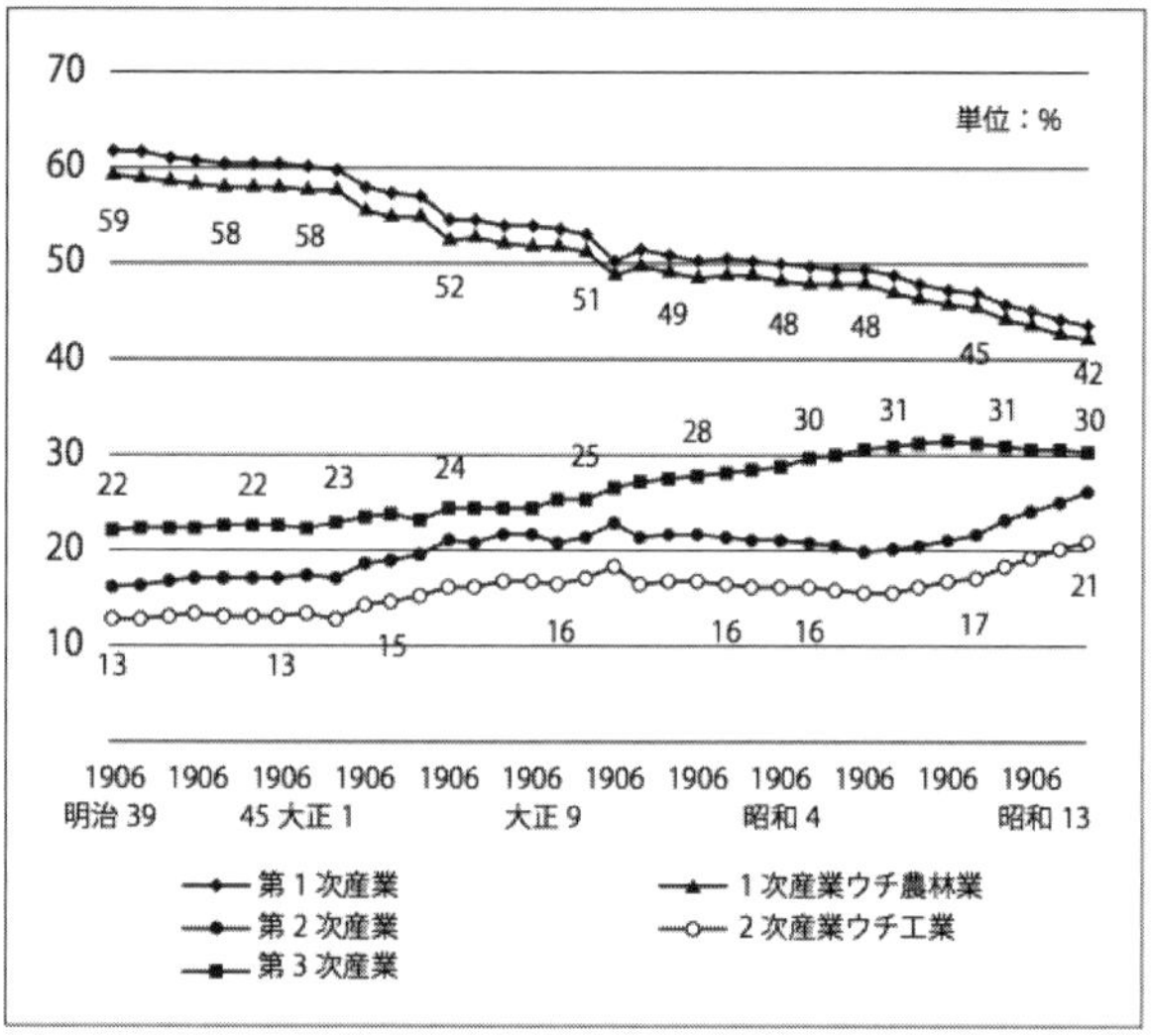

第4図　戦前産業部門別就業者の占める割合[16]

品の種類は「377種類」にものぼっていた。たしかに1929（昭和4）年には……自動製糸機も出現した。しかし熱湯に指先を入れて絹糸を繰り出す「索緒」作業の機械＝自動化は、第2次世界大戦後[13]のことである。

日本製糸業の生産力水準は、1910（明治43）年頃には、ほぼイタリア並みになった、と思われる。だが製糸器械の形状および構造には、さほど大きな進歩はみられなかった。たとえば、1905（明治38）年に先進国並みの全鉄製器械は全国器械釜数の4・1％にしかすぎず、68・5％は依然として木製もしくは木鉄混成の器械であった。これは鉄鋼業と機械器具工業が未発達のため、製糸器械の生産を制約したためであるが、機械導入に対する製糸資本家の消極的態度、すなわち女工の劣悪な労働条件をそのままに、労働強化によって生産性を上げる、という経営策によるものでもあった。[14] したがって日本各地の農家副業の座繰り製糸はもちろん、製糸（絹）工場の劣悪過酷な労働も消えなかった。明治中期の2度にわたる天満紡績争議や紡績業の徹夜作業の体重減が示す肉体破壊的労働が、それを表している。「繊維工場の女工『50万人』中最低限『9千人』が年々死亡し、そのうち結核でのもの『6300人』に上[15]」った、という。

この点からみると日本の絹綿繊維産業（消費財生産部門）における産業革命は、未完のままで、手工業段階を抜けきってはいなかった、といえる。欧米のように繊維を中核とした、消費財部門の一時代が築かれることもなく、全体としてみれば、分厚い農業の地盤の上に絹綿２系統の繊維工業があり、しかも国内消費ではなく、国外消費＝輸出を中心とした構造であった。

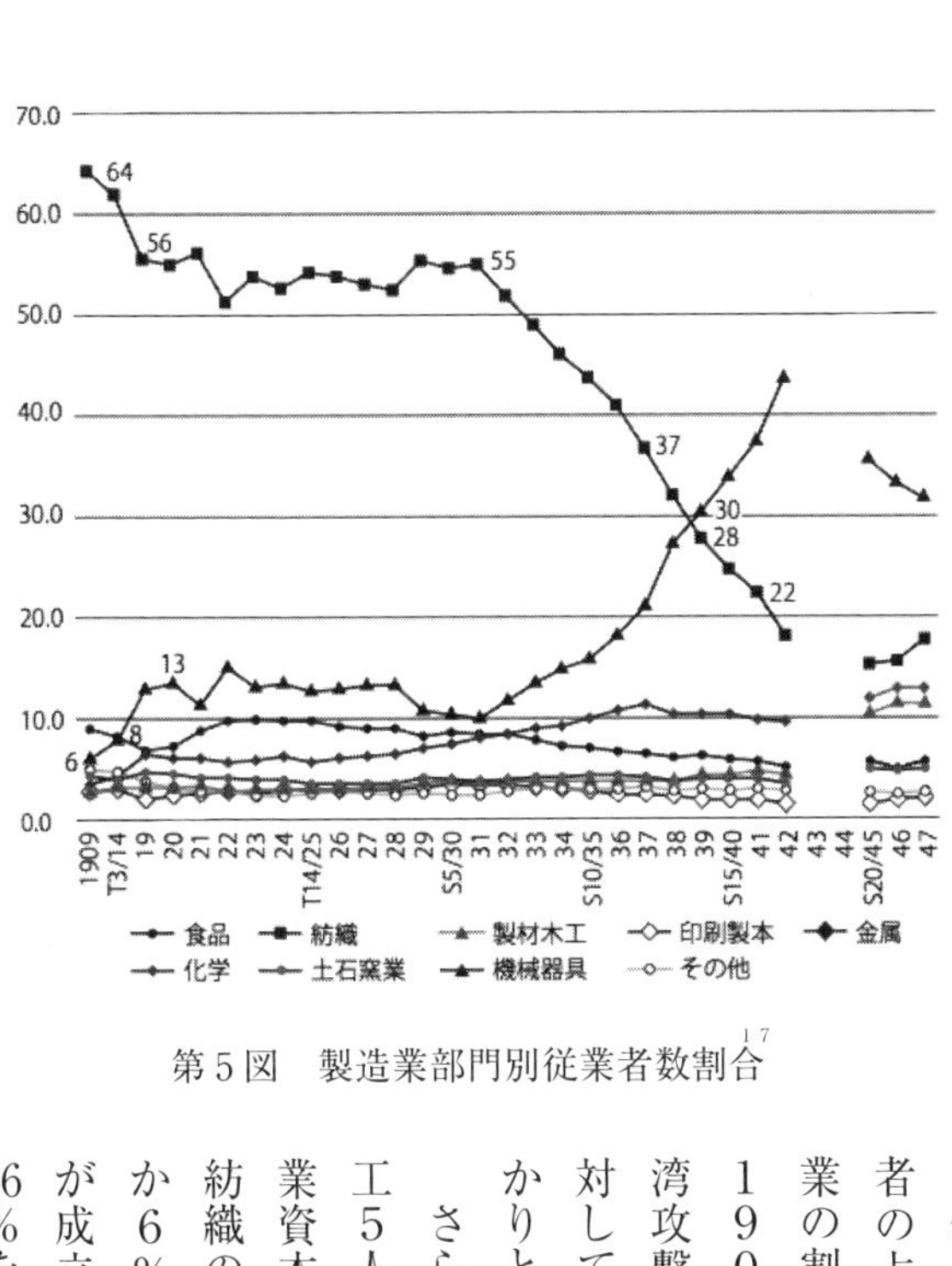

第５図　製造業部門別従業者数割合[17]

念のために、この点を第４図「戦前産業部門別就業者の占める割合」の就業人口で確認しておこう。農林業の割合は、産業資本が曲りなりに成立した頃といえる１９０６（明治39）年で59％、工業は13％である。真珠湾攻撃の前年１９４０（昭和15）年でも農林業の42％に対して、工業は21％にしか過ぎない。農業の大海原にぽっかりと島のように浮かぶ工業というイメージが浮かぶ。

さらに島のように浮かぶ工業（製造業）を、第５図「職工５人以上の民間製造業の従業者数」で見てみると、産業資本確立後の１９０９（明治42）年時点で繊維工業の紡織の比重は64％、重工業の中核である機械器具はわずか６％である。財閥がコンツェルンを形成し金融資本が成立してくる１９１９（大正８）年時点でも、紡織は56％を占めている。しかもこの割合は１９３１（昭和６）

年まで維持され、機械器具がその紡織を追い越すのは、国家総動員法が発動された翌年の1939（昭和14）年のことである。

次に輸出にしめる絹糸・綿布の割合（第1表）を見てみよう。ここでも絹糸棉布は圧倒的である。この絹綿2系統は、その確立の時点1910（明治43）年には全輸出額の55・6％をしめ、さらに第1次大戦後の1920（大正9）年には58・7％、1925（大正14）年には71％を記録している。

大恐慌による破局の年1930（昭和5）年でも輸出の58・7％を占めている。ここで留意すべき点が2点ある。まず綿布についてであるが、その原料となる繰綿（くりめん）の輸入額の大きさである。繰綿とは、綿花の種の部分を取り去っただけの、まだ精製されていない原料綿である。1894（明治27）年の綿糸輸出関税免除法と、1896（明治29）年綿花輸入関税免除によって、安価なインド、中国、アメリカ産の綿花が輸入され「国内綿作は、これ（輸入解禁）を転機に数年ならずして消滅した」[18]という。農業と自家用手工業との結合、産業連関は断ち切られ、国内「農家副業の賃織」による綿布生産は消滅し、見るも無残な農家が残った。これと対照的に囚人労働者を雇用する刑務所内綿紡績工場は発展した。ここでの従業者は、全紡績業従業者の32％を占めていた。刑務所内の紡績工場を含めた大工場の生産額は、全生産額の4から5割を占め、輸入綿花依存しながら第1表に示されたように輸出額は飛躍的に伸びた。1900（明治33）年3136万円だった輸出額は、35年後の昭和10年には8・3倍の8億2940万円に達した。1933年には日本の綿織物の輸出は、イギリスを抜いて世界第1位となった。だが、これにつれて原料綿である繰綿の輸入額も増加し、同期間で12・5倍となり、同期間の平均で輸入総額の36％を占めた。輸入相手先はインド、中国、アメリカの3国で、主要輸出先は中国、英・蘭領インドである。貿易に依存した綿布の生産と輸出は、輸出先の植民地の政治・経済・社会情

年次		輸出							
		輸出総額	絹糸輸出額	綿布等輸出額	絹糸の輸出に占める%	綿布等の輸出に占める%	絹綿２系統の輸出に占める割合%	生糸の輸出に向けられる割合	鉄砲，船車及び機械類の輸出比率
明治 8	1875	18.6	6.5	0.018	34.8	0.1	34.9		0.0
13	1880	28.4	11.1	0.125	39.0	0.4	39.4	43.9	0.0
18	1885	37.1	14.5	0.7	39.0	1.9	40.8	77.4	0.1
23	1890	56.6	16.7	4.3	29.6	7.6	37.2	36.6	0.1
28	1895	136.1	52.1	20.4	38.3	15.0	53.3	54.4	0.2
33	1900	204.4	69.9	31.4	34.2	15.3	49.5	39.1	0.3
38	1905	321.5	112.8	50.9	35.1	15.8	50.9	59.4	1.0
43	1910	458.4	188.9	66.1	41.2	14.4	55.6	74.8	0.7
大正 4	1915	708.3	231.7	113.9	32.7	16.1	48.8	70.5	1.4
9	1920	1948.4	591.6	552.5	30.4	28.4	58.7	47.9	2.6
14	1925	2305.6	1050.2	587.9	45.6	25.5	71.0	84.7	1.3
昭和 5	1930	1469.9	451.8	410.3	30.7	27.9	58.7	67.2	2.4
10	1935	2499.1	498.2	829.4	19.9	33.2	53.1	76.1	5.7
15	1940	3655.9	664.3	733.9	18.2	20.1	38.2	41.2	13.0
18	1943	1627.4	72.6	307.2	4.5	18.9	23.3		21.4

第１表　絹綿２系統の輸出入額と割合：単位百万円[21]

勢に大きな影響を受けざるを得ない。しかも日本は原料を輸入に依存している。綿布生産では、製造コストに占める原材料費は大きくならざるを得ない。この条件で綿布生産の先進国イギリスとの国際競争を勝ち抜くには、肉体消磨的な労働と低賃金にたよる以外に方途はなかった。

年次		輸入			
		輸入総額	繰綿（綿花加工品）	繰綿の輸入総額比（%）	
明治 8	1875	30.0	4.5	15.0	7.3
13	1880	36.6	8.1	22.1	4.9
18	1885	29.4	6.2	21.2	6.6
23	1890	81.7	16.6	20.4	8.9
28	1895	129.3	36.5	28.2	11.2
33	1900	287.3	76.1	26.5	6.2
38	1905	488.5	132.7	27.2	7.8
43	1910	464.2	186.1	40.1	5.1
大正 4	1915	532.5	262.8	49.3	2.8
9	1920	2336.2	891.9	38.2	6.4
14	1925	2572.7	1149.3	44.7	6.1
昭和 5	1930	1546.1	476.5	30.8	8.1
10	1935	2472.2	952.9	38.5	6.4
15	1940	3452.7	669.8	19.4	7.7
18	1943	1924.4	331.6	17.2	4.4

第１表（続き）
絹綿２系統の輸出入額と割合：単位百万円

山田盛太郎は次のように述べている。「紡績業における徹夜業の肉体破壊的事情の裡に、生命消磨的労役条件を見るべきである」[19]。つづいて、紡績会社の女子労働者の具体事例を挙げている。「体重7貫176匁（26・9kg）、夜業1週間後の体重減量170匁（637・5g）昼業中減量回復量69匁（258g）回復せる量101匁（379g）……繊維工場の女工『50万人』中最低限『9000人』が年々死亡し、そのうち結核病でのもの『6400人』に上る」[20]と。今日の8歳の女子の平均的な体格が体重27kg身長128cmだから、この体格は、現代の小学2年生の体格である。この女子従業者の「肉体消磨的労働」が綿布の輸出競争力を支えていたのである。

このことは絹糸にも言える。1925（大正14）年から1930（昭和5）年の最盛期には、絹糸・絹布生産額の85%から76%が輸出に振り向けられている。とりわけ生糸は、そのほとんどがアメリカ向けであった。この生糸は「絹の靴下」に織り上げられ、女性の足を美しく飾った。アメリカ映画「絹の靴下」（1957年）は、ソビエト連邦の作曲家がパリにいる間に、「見事な脚線美」に革命の思想も忘れてしまう、という映画だ。斯く斯く然然、絹糸は奢侈品の代名詞とも言えるわけだが、1925年の最盛期には、この生糸の輸出額は全輸出額の45・6%、1930年代前半では全輸出額のおよそ30から40%を占めた。綿布の輸出額と合わせれば、絹棉2系統の輸出に占める割合は、1875（明治8）年から1943（昭和18）年の69年間の平均で約4割、最盛期には7割に達した。

絹綿2系統とりわけ生糸輸出に支えられた資本主義。これと対照的な第1表中の重工業部門である「鉄砲、船車及び機械類」の輸出比率の低さ。生産手段生産・重工業部門との本格的な応答関係を構築・設定できぬまま、国民経済の再生産の基盤を国外の消費財、とりわけ奢侈品の輸出動向に依存し、朝鮮半島や中国大陸などの反日闘争に向き合わざるをえなかった戦前の日本資本主義。これが戦前のこの国の工業の在り様にほかならず、それがまた発展的展望を制約する根本原因にもなったのである。

2、軍事工業（生産手段生産部門）の「成立」過程

資本主義社会では、生産手段生産部門と消費資料生産部門との間で、物財の相互移転が進展してゆく。資本主義の初期段階では、繊維や食品などの軽工業が産業の中心的な位置を占めているが、そうした産業の工業化が進むなかで、鉄鋼・機械・化学等の重化学工業のウェイトが高まってゆく。市場の競争で個別資本・企業が生き残ってゆくために、資本・企業は生産手段である機械を採用して労働生産性を上げ、商品の価格を下げて市場競争に勝利しようとする。重化学工業化とはこのことをさす。

戦前の日本は、世界史的にみれば帝国主義への移行期の「外圧」のなかで、早急に重化学工業化を進めなければならなかった。そのための資金を、戦前の日本は半封建的な農業蓄積に求めるほかはなかった。このことは、明治政府の財政が土地所有税＝「地租」に依拠していたことからもわかる。財政に占める地租の割合は、明治元年代85％、明治10年代73％、明治20年代55％、明治30年代になっても29％に達する。しかも英米仏帝国主義諸列強の「黒船」に囲まれ、国内的にも不平士族や地租改正に反対する農民反乱を鎮圧するために、まずなによりも国家強力、すなわち軍事＝警察機構も同時に構築しなければならなかった。

問題は、そのために日本資本主義がその生成過程で蒙らざるをえなかった特異な形相である。まず第1は重化学工業それ自体の特異な構成の点である。それを具体的に述べてみよう。通常資本主義の発展では、一般の

消費生活に密着した軽工業・消費資料生産部門における資本主義的再編がまずあって、それが資本主義発展の起動力となり、それに対応する形で重化学工業・生産手段生産部門が立ち上がり自立し、再生産が軌道にのる。前節で述べたように、インド綿に代わるイギリスでの機械綿織物の誕生とその普及過程がその典型であろう。綿織物を織る繊維産業の機械化＝動力化＝化学化のための織機製造の機械工業が進展し、そしてその原材料や綿織物を運搬・普及する国内・国際的な運輸手段としての鉄道や汽船が普及し、これと歩調をあわせて鉄鋼業も興隆してくる。こうして生産手段生産部門内部で、「生産と消費の自立的」循環基盤が形成される。

日本の場合は、「黒船」の脅威に対抗するために、軍備を早急に整える必要があった。欧米帝国主義列強に対抗するために、兵器生産の素材である鉄鋼の生産＝自給は喫緊の課題だった。したがって重化学工業が、英独などの先進諸国の成果の移植によって、軍事産業として一挙に創出されねばならなかった。巨大規模の重化学工業が国家＝明治政府によって創出・独占され、その後一部の政商＝財閥に払い下げられ、巨大財閥のもとで重化学工業が進展、展開してゆくことになる。

日本における近代製鉄業の代名詞ともいえる八幡製鉄所の事例で、それを歴史・具体的に見てみよう。八幡製鉄所は１８８０（明治13）年の陸軍・海軍・工部3省稟議を起点として、日清戦争後の大軍拡＝「戦後経営」の発足と同時に１８９６（明治29）年の「製鉄所官制布告」に基づいて設立が決定された。製鉄所はドイツの鉄鋼・設備会社のグーテ・ホフヌンクス・ヒュッテ（Gute Hoffnungs Hütte）社によって、設備が輸入＝移植され建設された。それは「①製鉄所の全体計画の策定にはじまり、②溶鉱炉をはじめとした設備機器および建屋の製作・調達と引き渡し、③それらの設備機器の据え付けと建屋の建設、④操業技術の供与[22]」に及んだ。このようにして官営八幡製鉄所は、１９０１（明治24）年に操業を開始したのである。

その八幡製鉄所の建設原資には日清戦争による賠償金（庫平銀）2億両テール＝邦貨約3億円があてられた。原料炭は筑豊炭が使われたが、鉄鉱石は清国・大冶鉄山の鉄鉱石によった。労働力として北九州の半封建的農業・農家の次、三男坊や炭坑労働者が集められ、九州出身者は80％を占めた。さらに「職工・工夫・定夫」に区分された労働者のほかに、朝鮮人労働者も１０６６人配置され、厳しい過酷な身分制的労働力編成がとられた。これら労働者は、「監獄部屋」に配置され、厳しい労働を強いられた。八幡製鉄所は、これら清国賠償金・清国鉄鉱石・半封建的農業の農民３者の結合する製銑・製鋼・圧延の巨大一貫体系の製鉄所として操業を開始したのである。その過酷な労働状況は、１９２０（大正９）年の八幡製鉄所罷業に示されている。「博多毎日新聞」の見出しは、その過酷さを次のように伝えている。「製鉄所の大罷業は何故起こったか　驚くべし36時間ブッ通しの労働を１ヶ月に８・９回反復―彼らは斯うしなければ食ふ事できぬ―名づけて残業と云ふ[23]」と。「この争議の結果、大正９年４月１日から拘束12時間実働11時間の労働時間を拘束10時間実働９時間に、12時間２交代制を９時間（実働８時間）の３交替制にという大改革をもたらし、賃金は平均月７円の増額となった[24]」。

これに加えて朝鮮・兼二浦（日本製鉄）、満州・本渓湖（１９０６年大倉財閥）、満州・鞍山（１９１８年満鉄）を主軸とする植民地３製鉄所も相次いで設立された。明治政府の国家的統制が貫かれて原則となり、大陸資源にたいする帝国主義的な発動と軍事・直接的な支配が必然となる。日本資本主義が、鳥なき里の蝙蝠だとしても、侵略的にならざるをえなかった理由がここにある。しかし、これは、軍器製造の要＝鉄鋼が中国大陸の政治情勢や帝国主義列強の利害によって左右され、常に不安定な状況におかれたことを意味する。一例をあげれば、日本は日清戦争後、中国大冶＝漢冶萍煤鉄の鉄鉱石を買占め、円貨建て債券による資本投下も行った。だが、英米帝国主義列強の対中国植民地利権の確執と、１９１１（明治44）年の辛亥革命で計画は、阻止され頓挫することになる。一国の重化学工業の死命を制する基幹部分が、私的＝独占＝資本の形ではなく直接に天皇制国家＝軍事機構のもとで、大陸植民地を抱え込む軍事的＝半封建的帝国主義的統合体として、はじめて形をとりえたのである。ここに問題の決定的な要点をみるべきである。つぎに民間、財閥の鉄鋼業についてみておこう。

官営八幡製鉄所と植民地製鉄所の成立と前後して、財閥系列の民間鉄鋼企業が設立されていく。日露戦争では日本の戦時補給の脆弱性が露呈した。そもそも日露戦争の戦費の半分以上を、日本は欧米資本で賄った。そのなかには、ロシア国債を引き受けたフランス資本も含まれていた。20世紀初頭の欧州列強諸国の対立の構図は、ドイツとオーストリア＝ハンガリーとイタリアの三国同盟とフランスとロシアの露仏同盟の対立を軸としていた。イギリスは、中国でのロシアを媒介にしたフランス植民地利権の伸長を抑えようと考えていた。したがって日露戦争は、イギリスとフランスの中国の植民地利権をめぐる代理戦争でもあった。連合艦隊の旗艦・三笠が、イギリス・ヴィッカース社製ということが、そのことを表している。それが日英同盟（1902～23年）である。

日本軍は、山砲・野砲の性能と砲弾の不足に悩まされた。それとともに砲や砲弾、他の軍事物資を輸送するための鉄道が、戦争するうえで不可欠であることを痛感させられた。「軍事工業の再生産構造が日露戦争でその限界と矛盾を鋭く露呈して、その再編を不可避と」し、日露戦争が「軍部と民間資本（とくに財閥資本）との軍器生産における全般的結合の端緒となった[25]」のである。

日露戦争の「教訓」から、軍備に直結する鉄鋼業の構築が急務となった。官営八幡製鉄所が、粗鋼生産に特化するなか、財閥・民間の鉄鋼会社が、兵器の素材となる鋳鋼・鍛鋼、鋼管などの特殊鋼＝二次製品の生産に特化して設立された。これら特殊鋼の製品を例示すれば、鋳鋼や鍛鋼は大砲や機関銃の砲身、鋼管は多用途の工業製品の材料となる。住友財閥は、鋳鋼の生産を1901（明治34）年に、伸銅の生産を1912（明治45）年に開始した。神戸製鋼＝鈴木商店は、1905（明治38）年に設立され、海軍工廠との取引を強めた。1907（明治40）年設立の日本製鋼所は、北海道炭礦汽船と英国の兵器会社アームストロング、ヴィッカーズ両社との折半出資で兵器・製鋼メーカーとして設立され、1913（大正2）年に三井財閥に組み入れられた。1919（大正8）年の日本製鋼所の受注額を見ると、民間19％、海軍79％で、海軍工廠と強い結びつきをもっている。川崎＝浅野財閥1896（明治29）年や日本鋼管1912（明治45）年も、それぞれの鉄道院・ガス・液体などの輸送用鋼管の専門会社として八幡製鉄所との結びつきを強めた。日本近代製銑の先駆け、釜石製鉄所も官業払下げののち、大阪砲兵工廠との結びつきを強め、経営の基礎を固めた。

製鉄業の全体としての水準と構成を見ると、官営八幡製鉄所の創業1901（明治34）年当時の年産目標はわずか9万トン、初年度の鋼材生産の実績は6033トンにすぎなかった。日本鉄鋼業がはじまるこの年、奇しくも世界最大の鉄鋼会社USスティールが、資本金14億ドル、粗鋼年産規模1060万トンをもって発足した。アメリカとくらべると、まるで巨人と幼児のような体格差である。一応の成立時点である第1次大戦の勃発年1914（大正3）年をとってみると、日本は鋼材消費量わずか60万トン、「自給率」は46％にしかすぎず、しかも八幡製鉄が約8割をしめていた。民間は軍工廠内の製鋼とあわせても残りの2割を補充するにすぎなかった。帝国海軍の艦艇も、三笠をはじめとしてほとんどが外国製で、造船用鋼材も輸入に依存していた。その戦艦薩摩の進水式には明治天皇と皇太子（のちの大正天皇）が臨席した。大型艦では1910（明治43）年に竣工の薩摩の防御鋼板などの造船材料は輸入品であった。そうしたなか、1911（明治44）年竣工の呉海軍工廠着工の戦艦安芸の鋼材は、すべて八幡製鉄所製が使用された。その八幡製鉄所でさえ基本設備である高炉の国産化は、１９３０（昭和５）年の洞岡第1高炉の建設でようやく始まる有様であった。しかし戦艦建造の裏では、はやくも不安定な大陸原料確保の問題に直面することになる。鉄鉱石の供給源である中国大冶（だいや）＝漢冶萍（かんやひょう）公司の日清合併企業化の目論見を、１９１５（大正４）年の対華21カ条要求で突きつけたものの、中国国内での辛亥革命（１９１１年）から五四運動（１９１９年）に至る民族運動によって阻止された。生産手段生産部門・軍器素材の要にある鉄の「自給」とは「兵器素材」の生産のことである。だが、それは中国での民族革命の進展と欧米帝国主義列強との植民地支配の利害対立の展開に翻弄され続けることになるのであった。

３、小括──戦前・戦時日本資本主義の軍事的＝半封建的性格

戦前日本の国内再生産構造、国民経済の形成過程は、生産手段生産部門の軍工廠への埋没と消費資料生産部門の零細農＝地主制への依存という、軍事的で封建的な性格を帯びざるを得なかった。これが戦前・戦時日本資本主義の基本骨格である。戦前・戦時日本資本主義は、消費資料生産部門の絹綿2系統の製品輸出で国外に、しかも絹の靴下に象徴される欧米先進国の奢侈品消費の消長に依存せざるを得なかった。その一方でアジア諸民族への果てしない侵略と米欧帝国主義列強との対抗。これら二つの推移、状況いかんに戦前日本資本主義の盛衰はかかっていた。このような構成、ハンディキャップのもとでも、軍事＝生産技術の世界水準への迫真は求められ、遅れは許されなかった。それは「国産」の最新鋭艦として建造された薩摩・安芸が進水したものの、イギリスの最新鋭艦「弩級艦（どきゅうかん）」ドレッドノート号に、すでに及ばなかった。つねに進む新鋭技術についていけなかった。広津和郎の小説「神経病時代」（１９１７（大正６）年）に「日本には超弩級の軍艦は未だないん

ですぜ」と。薩摩・安芸は、わずか就航10年後に「実艦標的処分」とされ撃沈させられた。

この大艦巨砲主義の「努力」が生み出す国内矛盾と対抗、そして植民地支配の動揺を、日本は軍事行動によって不断に「解決」してゆかねばならなかった。これなしには国内経済は立ち行かない。これが資本それ自体の運動法則にもならざるをえない。《産業循環》というよりは、まさに《戦争循環》ともいうべき事態こそが、資本にとっては、とりわけ財閥・重化学工業にとっては、「正常」な形となる。綿製品に代表される消費財部門の生産拡大が、機械工業に代表される生産手段生産部門に波及し、経済全体が拡大・成長していく。こうした資本の通常の発展法則ではなく、戦争のために、軍備に合わせて経済構造がデフォルメされ形成されてゆく。だから、国家予算・歳入に縛られない軍事費が保証されなければならない。岩倉具視の意見書の「陸海軍ノ経費等ハ悉皆皇室財産ノ歳入ヲ以テ支弁スル」[26]方針が基本とされた。帝国海軍の戦艦の艦首にも、帝国陸軍の三八式歩兵銃の銃身にも大元帥陛下から賜ったものとして、天皇制権力の象徴である「菊の御紋」が刻印されていた。

第6図　三八式歩兵銃

天皇制権力が握る軍事力が、朝鮮半島から中国大陸への侵略・略奪の通路をひらき、極東アジアに位置する「略奪の便宜の独占」が「金融資本の独占」を代位・補完し、成立を助けたのである。

寄生地主制を基盤とする天皇制権力が、日本資本主義の全発展過程をとおして輝き得た理由も、ここにある。日本における産業資本の確立と同時に、日清・日露戦争をとおして鳥なき里の蝙蝠であったとしても曲がりなりにも帝国主義国家の仲間入りをはたし、第1次世界大戦をつうじて金融

資本へと資本は転化する。それが民間重化学工業の発足とも重なってくる。だが、戦争の必要に迫られた重化学工業化は、結局は敗戦とともに瓦解することとなる。

(3) 戦前・戦時日本資本主義の生成・挫折と破綻——金融資本転化と全般的危機

1、はじめに——第1次世界大戦と日本資本主義

第1次世界大戦が勃発すると、欧州諸国の経済は未曽有の大混乱におちいった。とくに海上交通路の不安などから貿易は難しくなり、日本でも輸出の減退は、深刻な不況をもたらした。だが開戦から1年ほど経たつと、欧州の戦場から遠く離れた日本は、軍需品の供給基地になり、とりわけロシアとイギリスへの輸出が増大し、大戦景気に沸くアメリカ向けの生糸輸出も激増した。また、欧州からの製品輸入の途絶えた東南アジア諸国では、日本に代替品を求め、西欧諸国が撤退した中国市場では、日本が市場を独占した。こうして1915(大正4)年には、貿易も輸出超過に転じ、出超額は1917年にピークを迎え、大戦中の1918年まで出超が続いた(後出第10図参照)。

日本国内では、企業の創設や拡張が相次いだ。とくに活況を呈したのが、戦争で世界的に船舶不足に陥った海運業や造船業であった。造船では、1887年に払い下げを受け、設備を拡充してきた三菱の長崎造船所は、多数の艦船を受注し建造した。また、製鉄業でも官営八幡製鉄所の二次製品製造のため、大戦中に財閥の民間製鉄所が設立された。

2、第1次大戦を転機とする民間の重化学工業化

第1次大戦を転機とする民間重化学工業化の開始は、次の2方向から促されることになる。まず第1に第1次世界大戦は、アメリカのフォーディズム（1913年起点）にみられる生産力の新展開、とりわけ戦車や航空機さらには毒ガスなど、新兵器と兵站補給面で従来の戦争を一変させる新しい、戦争の「機械化」段階があらわれた。そして第2にドイツやイギリスが戦争への全国民的な組織動員と経済運営機構を創出し、戦争は「総力戦」となった。そして第3にロシアではソビエトが成立し、中国「五四運動」やインド「国民運動」に見られる植民地・半植民地解放の「人民戦争」が始まった。第1次世界大戦は、日本においても日清・日露戦争のために作られた重化学工業、すなわち軍工廠独占に「埋没」した重化学工業では、「総力戦」に対応できないことがはっきりとした。この時から新しい段階に対応しうる国民経済の動員体制の創出が、その基盤となる民間重化学工業の育成＝創出が、至上命令となったのである。

第1次大戦時、欧州交戦国は大量の軍需品を輸入するとともに輸出を制限した。同盟国の軍需、またその植民地・従属国の工業製品の振替需要やアメリカの好景気によって、1915年後半から日本の輸出は激増した。第1次世界大戦がもたらしたヨーロッパ交戦諸国の爆発的需要をえて、日本は火事場泥棒的な膨張をとげたのである。だが第1次世界大戦後の米・欧の輸入杜絶・禁輸措置にともなって、日本資本主義の成立以来の制約、すなわち絹綿2系統の製品輸出依存と民間重化学工業の低位という脆弱性は、白日のもとにさらされることになった。重化学工業化は、必至の急務となったのである。1918（大正7）年制定の「軍需工業動員法」は、

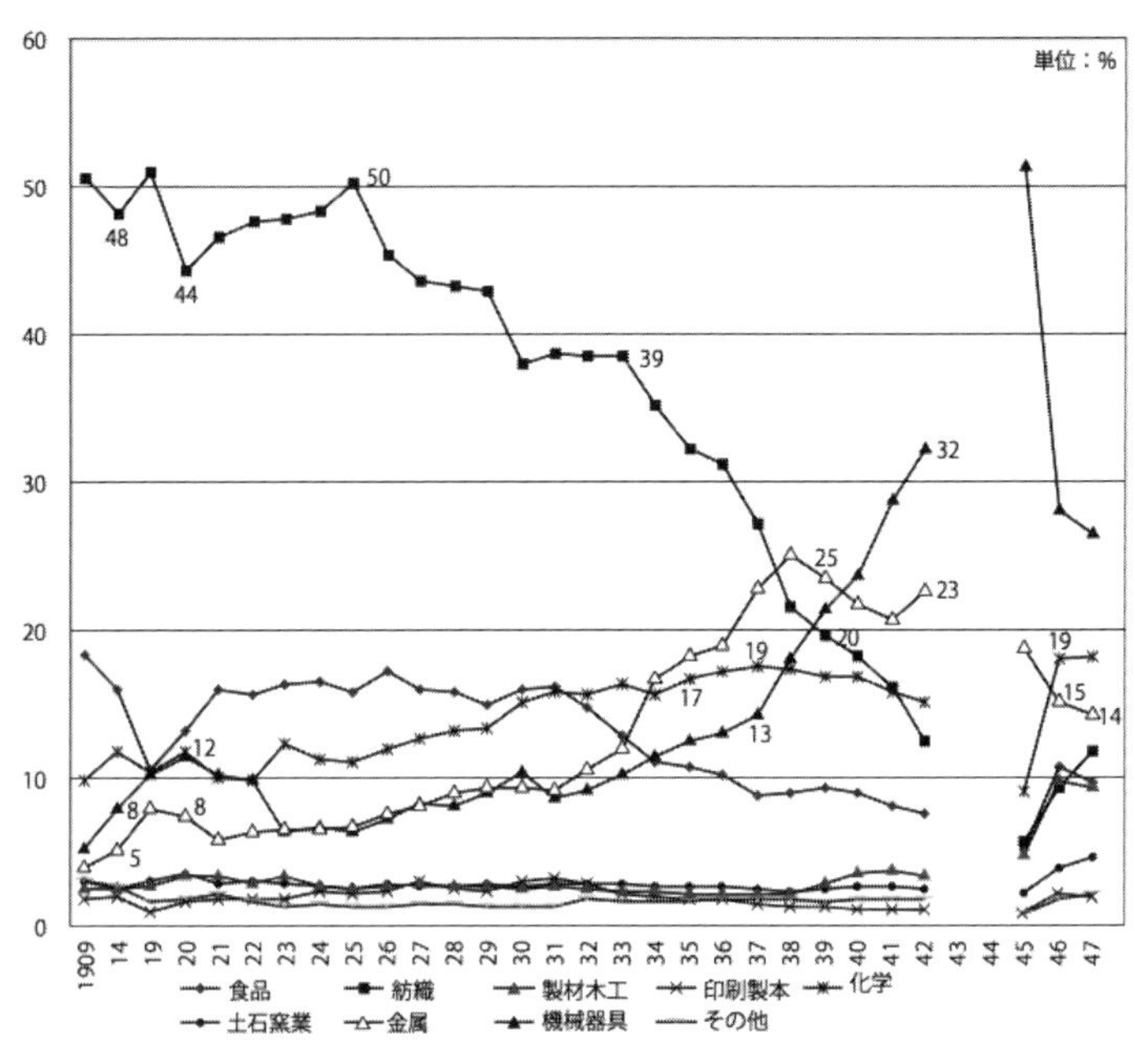

第７図　製造業部門別生産額割合[27]

その指標である。これにより戦争時に政府は軍需品の生産・修理等に関連する工場・事業場を管理・使用・収容し、民間人を動員することが可能となった。だが後にはっきりとするが、実は裏付けのない掛け声倒れの「動員法」であった。

　その民間重化学工業の低位性は、第７図「製造業部門別生産額割合」に表れている。第１次世界大戦をはさんだ絹綿２系統である紡織では、１９１４（大正３）年48％から１９２０（大正９）年44％へとわずかに低下したものの、重工業に分類される機械器具と金属は、合わせて13％から20％へ、第5図で示したように、機械器具労働者数の割合では8％から18％への増加にとどまっている。紡織の55％と比較すれば、民間重化学工業の低位性と脆弱性は一目瞭然である。「大艦巨砲主義」の皇軍にとって、軍艦の基礎素材である鉄鋼生産にも、その脆弱性が如実に表れている。１９３６（昭和11）年12月13日付朝日新聞は、「需給弱点を暴露した銑鉄の二元統制　需要激増から飢饉状態へ　わが軍備拡充に暗影」[28]の見出しを掲げ、次のように報道している。「鉄鋼界は世界的の軍備促進で未曾有の活況を来し、供給不足の傾向はいよいよ顕著になりつつある。わが国も準戦時経済体制の促進につれ、従来最弱点とみられていた銑鉄不足問題に加うるに鋼材市価の急騰問題が起り、鉄鋼界はようやく多事となったが、折柄日鉄の欧洲鋼材輸入が発表されたことはまさに火に油を注ぐようなものであった。……鋼材の自給自足達成をその根幹としたわが『鉄鋼国策』が屋台骨から揺り動かされている反面の事実を見逃してはならない」。問題は、軍事的＝半封建的な土壌のうえに生み出された重化学工業化が、軍事的な「必要」と一時的な大戦需要によって、つまりは外的要因、ヨーロッパの戦争によって重化学工業化が軍事＝外生的に起動され、開始したことにある。

しかもこの開始は、第１次世界大戦後の反動（１９２０（大正９）年）・震災（１９２３（大正12）年）・金融（１９２７（昭和２）年）恐慌そして世界大恐慌（１９２３（昭和４）年）へと、連続する恐慌の嵐の中で始まった全般的危機下の重化学工業化でもあった。外から軍需にぶら下がって始まったこの重化学工業化は、世界を揺るがす全般的危機のはじまりと重なったのである。１９１７年のロシア10月革命の年の長崎造船所大罷業、富山・越中女一揆から始まった米騒動（１９１８（大正７）年）を端緒として、本格的な労働争議へと人民闘争は波及・発展していった。それは１９１７（大正６）年長崎造船所大罷業、１９１８年宇部炭鉱暴動、１９１９年東京砲兵工廠大罷業、１９２０年八幡製鉄所罷業と続き、１９２１年神戸三菱造船所・川崎造船所の罷業には軍隊が出動するなど、軍事生産の中枢・軍工廠にも波及してゆく。これと並行し小作争議も展開し地主制の危機も始まった。第１次大戦後の反動恐慌は農村にも及んだのである。１９１８年には２５６件にすぎなかった小作争議は、1920年には408件、1926年には2751件へと激増し、参加小作人の数は1926年には15万人を超えた。[29] さらにこの危機は海外植民地の動揺とも連動していた。

1919（大正8）年植民地朝鮮の独立を求める三一運動、その2ヵ月後に起こされた中国五四運動をはじめとする民族自決の運動は、1920年代をつうじて連動し日本においても現れた。例えば八幡製鉄所には1925（大正14）年の時点で、朝鮮人労働者職工203人と職夫863人が雇用されており、日本人の職工の労働条件を一層過酷・苛烈なものにしていた。さらに植民地満州ではさらに露骨な形態をとり、満鉄鞍山製鉄所の労働者の大部分は中国人苦力（クーリー）だった、という。[30] 問題は、大戦下に起動されてくる重化学工業化が、日本資本主義の資本としての再生産＝循環をつうじて、生産手段生産部門である重化学工業と絹綿2系統を軸とする消費資料生産部門とのあいだに体系的な再生産循環、対応関係を設定し得たのか。問題は、そうした再生産構造を構築しえたか否か、である。

（4）戦前・戦時日本資本主義の挫折と破綻

「すべての戦争を終わらせるための戦争」と評された第1次世界大戦。ドイツの降伏によってもたらされた「ベルサイユの平和」は、つかの間のものだったとしても、「相対的安定」期と呼ばれる一時期を生み出した。1922年のワシントン軍縮会議での中華民国の領土保全、門戸開放、新たな勢力範囲の設定を禁止する9ヶ国条約が締結された。1924年の「ドーズ案」によって、アメリカのドイツへの資本投資による復興＝隷属が進み、1925年には国際金本位制も再建された。貿易＝為替決済の便益をテコに、大戦とロシア革命を震源とする世界的激動を帝国主義列強諸国の利害調整によって「収束」し「相対的安定期」へと世界は向かうかにみえた。だが、1929年恐慌は、その「安定」を打ち砕いた。1930年には敗戦国ドイツでは、総選挙でナチス党が大量進出するなど、情勢はあくまでも一時的「相対的安定」であった。日本では逆に、「相対的安定」は災厄のシグナルとなる。恐慌は、大戦後の欧米資本のアジア市場への復帰とともに、日本資本主義の経済動脈＝繊維産業の輸出を襲い、その基盤である農業の半封建的基盤の危機＝解体が始まったのである。

かくのごとく「相対的安定」は、日本における全般的危機のシグナルとなるのだが、まさにこのことが、第1次大戦中に肥大化した財閥などの重化学工業の足をすくったのである。1912（大正1）年川崎財閥の戦艦「榛名」三菱財閥の戦艦「霧島」などに象徴される軍需という経済的足場を払ったのである。

また「ベルサイユの平和」、1921年のワシントン軍縮条約は、破局からの脱出を軍拡と対外侵略に求めるという日本資本主義の常套手段の手もしばった。戦艦8隻、巡洋艦8隻を主力とする1907（明治40）年策定の日本海軍の「八八艦隊」建艦計画は中止され、1922（大正11）年の海軍主力艦制限条約により、戦艦「薩摩」、「安芸」など5戦艦は実艦標的にされ、沈没させられた。1915年の対華二十一ヵ条要求での山東省の旧ドイツ権益を受け継ぐという日本の主張も、1922年のワシントン会議で「破棄」された。

「ベルサイユの平和」、「相対的安定」の日本資本主義への打撃、軍需に偏重した重化学工業への打撃を第8図「軍事費と国家財政に占める割合」で確認しておこう。西南（41％）・日清（69％）・日露（82％）・シベリア出兵・朝鮮三一運動（65％）・日中太平洋戦争（76％）と戦争時に高いのは当然だろう。その反動であるが深く切れ込んだ谷の様子が、「ベルサイユの平和」を意味している。戦前日本の1925（大正14）年から1931（昭和6）年の陸海軍省歳費の割合28・9％は、日清戦争以来の最低を記録した。軍事依存・戦争のための八幡製

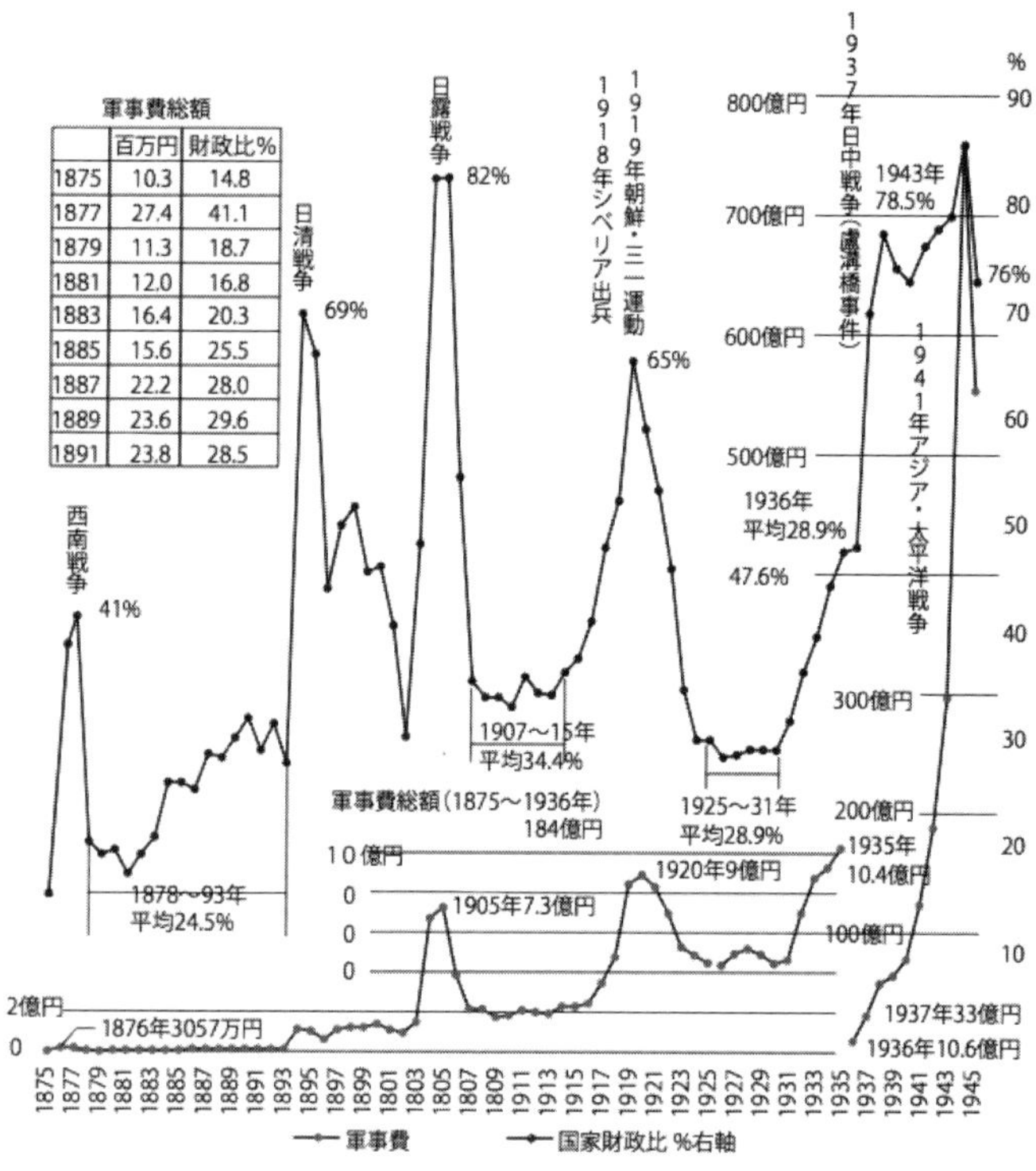
軍事費総額

	百万円	財政比%
1875	10.3	14.8
1877	27.4	41.1
1879	11.3	18.7
1881	12.0	16.8
1883	16.4	20.3
1885	15.6	25.5
1887	22.2	28.0
1889	23.6	29.6
1891	23.8	28.5

第８図　軍事費と国家財政に占める割合[31]

鉄所を中核とした重化学工業は、第1次世界大戦下の異常なブームのなかで急膨張であった。この重化学工業にとって、「平和」への復帰を経済的に強制する「安定」恐慌は、日本では「反動恐慌」となって、自らの生育基盤である軍需の喪失を意味したのである。つまり1920年代は欧米の場合とは逆に、「救済インフレ」、「日本型合理化」の強行と不況の慢性化という悪循環に、日本は苦しまざるをえなかったのである。それが1920（大正9）年の反動恐慌・1923（昭和2）年震災恐慌・1927（昭和2）年金融恐慌であり、そしてとどめさしたのが1929（昭和4）年の世界大恐慌である。こうした一連の恐慌は

１９３６（昭和11）年の昭和農業恐慌へとつながり、日本は壊滅的な打撃を受けることになった。

１９３４（昭和９）年10月26日付け「秋田魁新聞」は、昭和恐慌とあいつぐ凶作で被害を受けた村の実態を「凶作地帯をゆく・空を飛ぶ小鳥類の影をさえ見えぬ」と題する現地レポートを掲載した。「秋晴れの鳥海は清らかな山姿を紺碧の空にクッキリ浮かせている。しかし、山裾にある町村は、未曾有の凶作に悩み、木の実・草の根、人間の食べられるものは全部刈り取り掘り尽くし、米の一粒だに咽喉を通すことのできぬ飢餓地獄にのたうつ惨状、秋田県由利郡直根村百宅部落のごときは、空飛ぶ鳥類さえ斃死したかと思われ、４００名の部落民からは生色がほとんど奪われ、天に号泣し地に哀訴の術も空しく飢え迫る日を待つのみの状態である。……凶作が決定的となった昭和９年、県保安課がまとめた娘の身売りの実態によると『父母を兄弟を飢餓線より救うべく、悲しい犠牲となって他国に嫁ぐ悲しき彼女たち』の数は、１万１１８２人、前年の４４１７人に比べて実に２・７倍にも増加している」。この惨状の直接の原因は、「冷害」による「凶作」である。だが元凶は、第１次大戦後の絹糸の輸出急落による繭価下落を原因とした養蚕・織物・製糸・紡績破綻による農村破壊である。

政府は、１９３１（昭和６）年の高橋（是清）財政で、この危機に対応し脱出をこころみた。その財政政策とは、金輸出再禁止（金本位制停止）国債発行による財政出動を柱としたものであった。日銀「特融」を柱とした「財界救済」のための公的資金の大量動員＝放出である。結局日銀は財界救済・軍需インフレ政策をとる以外に方策はなかった。「ベルサイユの平和」は、日本では破局を意味した。第９図に示したように、重化学工業の柱となっていた官営工廠の従業者は、１９２０（大正９）年の17万６７１４人から１９３０（昭和５）年の10年間で13万７７７人へと減少、陸海軍工廠の従業者数も、１９２０（大正９）年から１９２４（大正13）年の間に11万７６１０人から６万３５５５人へと半減した。また民間製造業従業者総数にしめる機械器具部門の従業

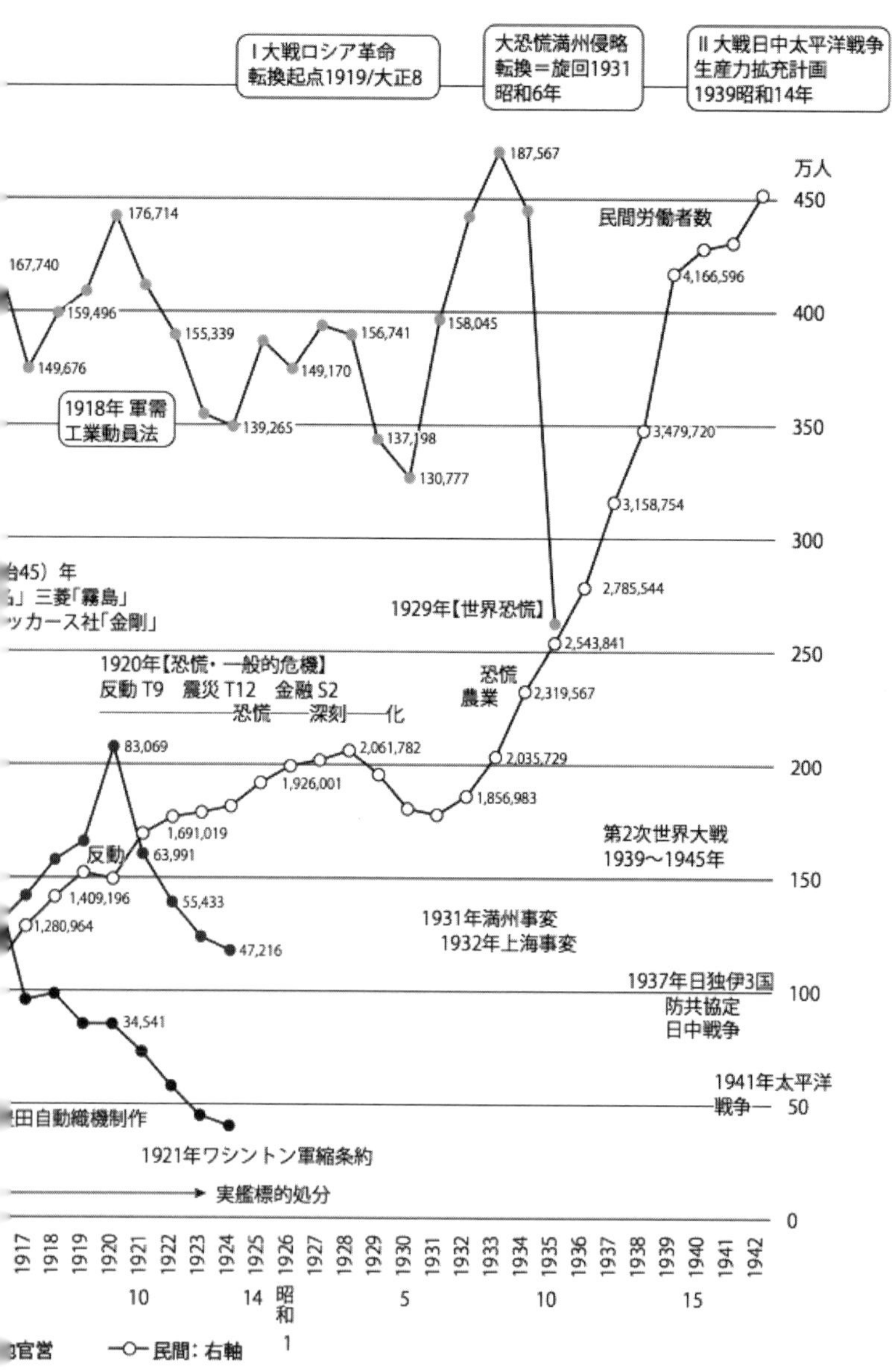

第９図　戦前・戦中日本資本主義の生成と展開―労働力編成[33]

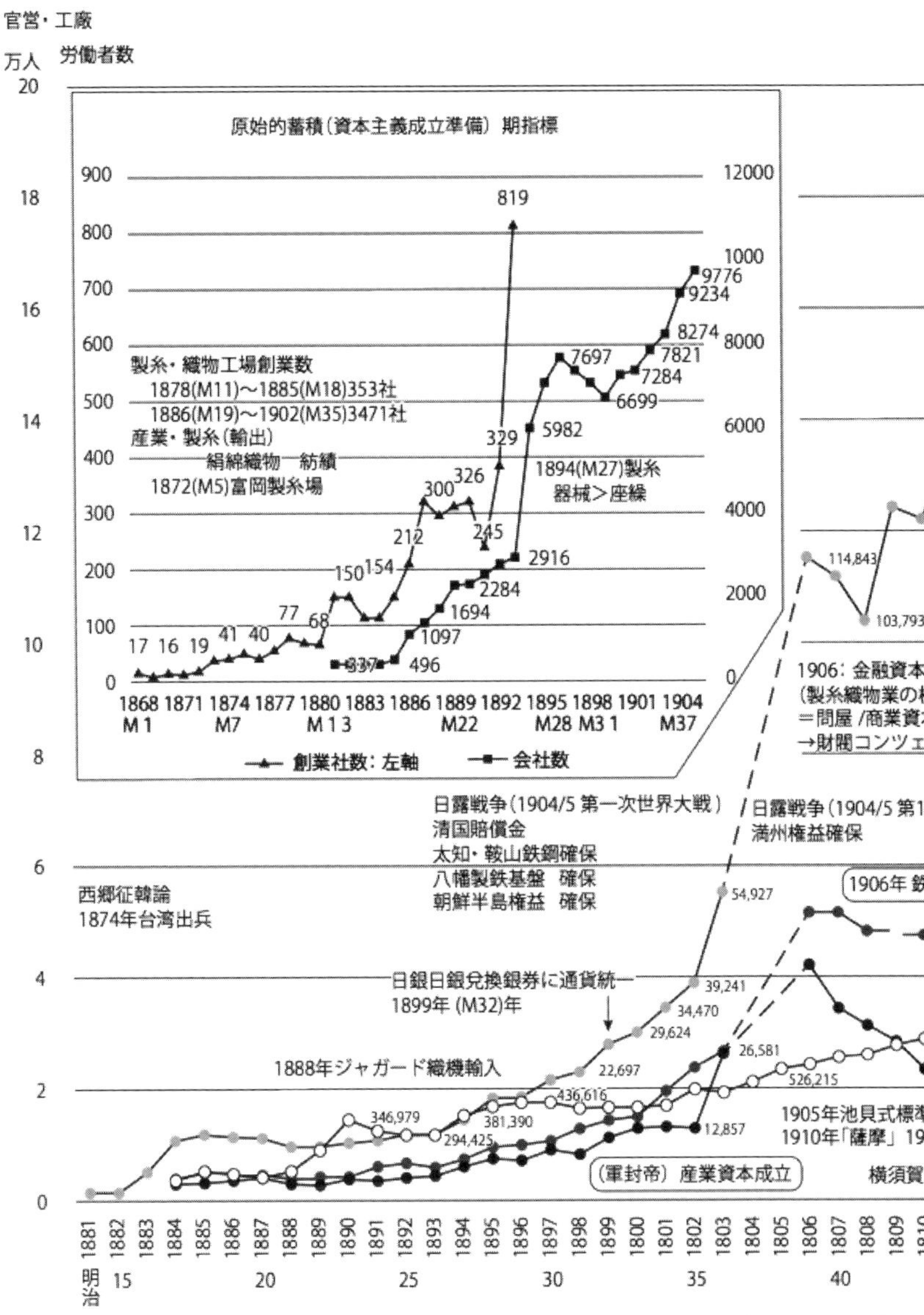
官営・工廠
万人 労働者数
原始的蓄積（資本主義成立準備）期指標
製糸・織物工場創業数
1878(M11)〜1885(M18)353社
1886(M19)〜1902(M35)3471社
産業・製糸（輸出）
絹綿織物　紡績
1872(M5)富岡製糸場
1894(M27)製糸
器械＞座繰
創業社数：左軸
会社数
日露戦争（1904/5 第一次世界大戦）
清国賠償金
太知・鞍山鉄鋼確保
八幡製鉄基盤　確保
朝鮮半島権益　確保
西郷征韓論
1874年台湾出兵
日銀日銀兌換銀券に通貨統一
1899年 (M32)年
1888年ジャガード織機輸入
（軍封帝）産業資本成立
陸軍工廠
海軍工

者数は、1920年22・3万人13%から1930年18・8万人へと10%減少した。それと対照的に輸出産業の主力である絹綿2系統・繊維産業の従業者数は、91・6万人から98・6万人[32]へ盛り返した。戦前日本における民間重化学工業化は、こうした特殊な過程をつうじて成型されたのである。これは、恐慌に耐えられない「資本」の反照的指標でもある。それは1931(昭和6)年満州事変、1937(昭和12)年盧溝橋事件と続く日中戦争、そして太平洋戦争の軍事動員=崩壊の過程へと、日本は破滅の道に迷い込んでいくことになる。

比べようもないが、アメリカの1920年代は、民間消費が経済をけん引した時代であった。小説『怒りの葡萄』に描かれた農業の窮状はあるものの、大部分の国民がかつてない豊かな暮らしを享受した。一般の家庭が初めて自動車を購入し、冷蔵庫や掃除機を買い、そしてラジオを聞き、映画を見にいった。フォーディズムの展開を軸に、生産面だけでなく消費の面においても、「重化学工業化」を果たしたのである。消費資料生産・軽工業部門と生産手段生産・重工業部門が、かみ合った産業構造が成立したのである。「アメリカ的生産様式」が、「アメリカ的生活様式=大衆消費」を可能にしたのである。だがそのアメリカも、1929年の大恐慌以降、30年代の暗い谷間へと迷い込んでゆくことになる。

(5)戦前日本資本主義の破局——15年戦争への道

第1次大戦中に重化学工業化、とりわけ民間のそれは、機械器具部門の従業者の割合が、1920年代に10%の低下に示されたように定着しなかった。1929年の大恐慌と「ベルサイユの平和」の崩壊、すなわち国際金本位制崩壊(1931年イギリス・日本、1933年アメリカ)と33年ドイツ・ナチス政権の成立とアメリカ・

ニュー・ディール政策は、自国第一主義への復帰を意味し、国際協調による経済・政治の安定という「ベルサイユの平和」の夢を完全に打ち砕いた。世界は、帝国主義列強諸国の対立する世界へと、逆戻りしていったのである。この情勢は、日本を15年戦争の軍事侵略へと突き進ませることになった。

１９２０年代の反動恐慌から始まり震災・金融・世界大恐慌へと続く苦境からの脱出には、もはや対外侵略への冒険と軍事インフレ以外に、手だては残されていなかった。日清戦争以来半世紀にわたる対中国侵略の本格的な再開である満州事変、国内的には軍事インフレと戦時動員、そして対外的には「金輸出再禁止」金本位制の停止である。

軍事インフレは１９３２（昭和７）年の国債の日銀引き受けで始まった。日銀は、国債の売買の流動性を高め、金利リスクを軽減・解消するため次のような策を打った。国債を担保とした公定歩合による貸付を認め、保有国債の担保価値を保全するなどの方策がとられた。１９３２（昭和７）年の国債発行高は10億９７００万円、年末残高は56億６４００万円、５年後の１９３７（昭和12）年の発行高22億５９００万円、年末残高は１１５億１７００万円、そして敗戦の年１９４５年には３３４億９５００万円、年末残高は１３９９億２４００万円に達した。前者国債発行高の倍率は30・５倍に達している。ここでインフレに「軍事」を冠したのは、軍事費の増大によって財政規模が拡大し続けたからである。１９３５（昭和10）年の予算編成で、高橋蔵相は軍事費削減につながる国債の減額を主張し軍部と対立した。高橋蔵相は、１９３６（昭和11）年２・26事件で暗殺された。これが物語るように、第８図と第２表に示したが、国家財政に占める軍事費の割合は、１９１５（大正14）年～31（昭和６）年の７年間の平均28・９％から１９４０（昭和15）年からの５年間平均で財政比78％、対国民所得比では51・５％へ増加し、敗戦前年の１９４４（昭和19）年のそれは、それぞれ85・３％、

		軍事費総額（単位:100万円）	財政比%	対国民所得比%
明治 38	1905	731	82.3	29.1
大正 4	1915	220	37.0	5.2
大正 14	1925	448	29.4	3.1
昭和 10	1935	1039	47.1	7.0
15	1940	7963	72.5	24.9
16	1941	12515	75.7	35.3
17	1942	18837	77.2	46.0
18	1943	29829	78.5	53.4
19	1944	73515	85.3	97.7
20	1945	55243	72.6	NA

第２表　軍事費と財政・国民所得比[34]

97・7％に達した。政府財務残高の名目ＧＤＰ等に対する比率は、敗戦時には２００％を超えていた。ちなみに、２０１０年時点でもそれを超えている。国民経済のバランスは完全に崩れてしまっていた。

金解禁は、金本位制に戻って円の国際的信用を確保して世界の貿易市場に参入し、輸出振興を図り貿易の黒字化を図る、という浜口内閣・井上蔵相による日本経済の立て直し策であった。だが１９２０（大正９~昭和４）年代の貿易赤字累計額は、32億６０００万円にのぼり、金＝正貨の流失は止まらなかった。「日銀の正貨準備は急減し、解禁当時（１９３０（昭和５）年１月）の10億７３００万円が、５年中に約２億円、６年末までに６億４３００万円も減少し[35]」、１９３１（昭和６）年末には２億３０００万円にまでに減少した。これは「アメリカのナショナル・シティ・バンクをはじめ内外の銀行が盛んに正貨を持ち出したからである[36]」。こうしたなかには１９３１年９月のイギリス、翌月のカナダの金本位制停止をうけて、三井銀行が横浜正金銀行から２１３５万ドル（４３２４万円）のドルを買った「ドル買い事件」などもおきた。米ドルなどの外貨が高騰し、円安による為替差益を見込んだ円売りドル買いであった。この三井のドル買いに対し政府は、「三井財閥は金輸出再禁止を見越して、円売りドル買いをし、正貨準備の流出に拍車をかけた。これは売国行為である[37]」と糾弾した。新聞などもこれをうけて一斉に攻撃を始め、三井財閥へ

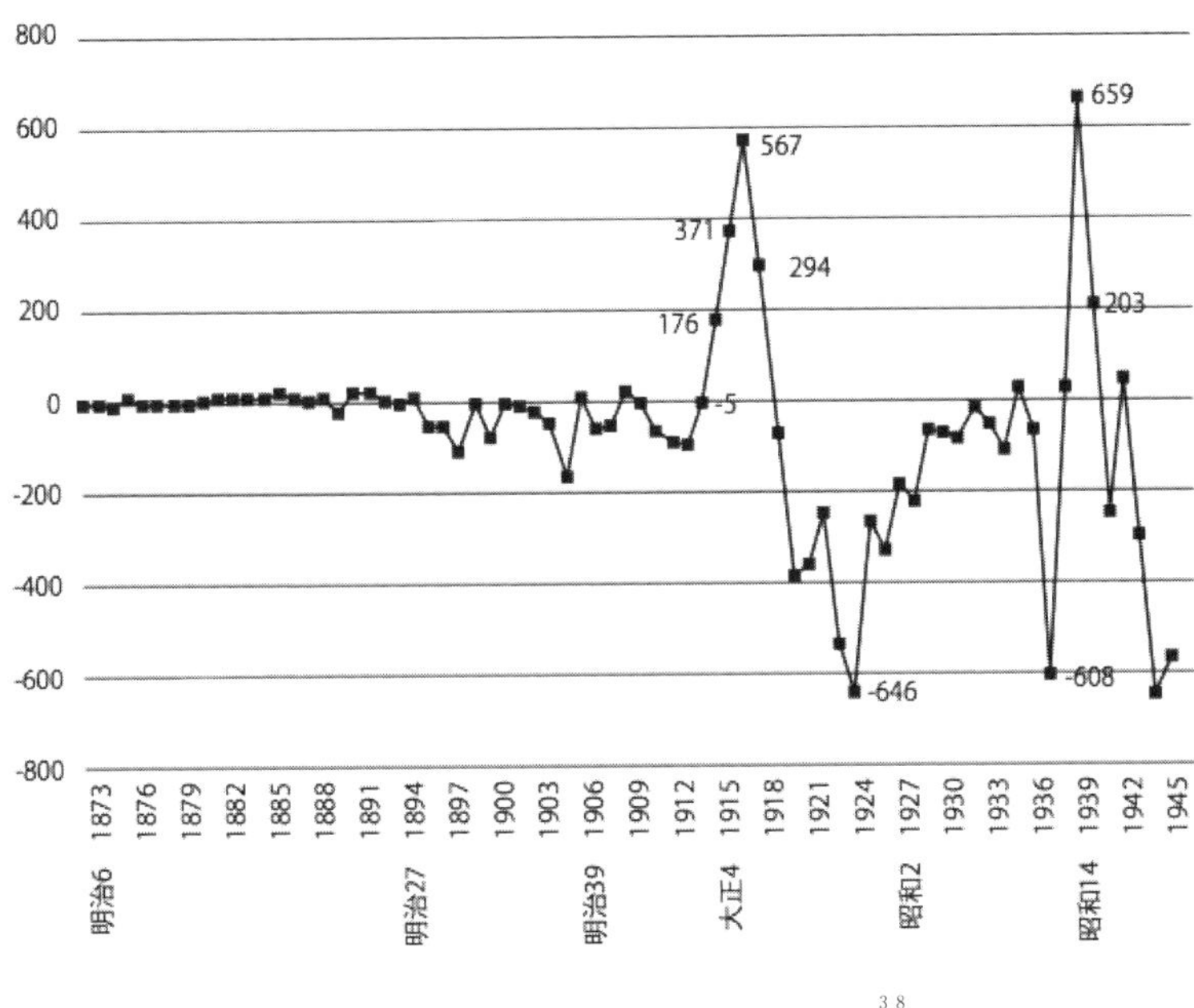

第10図　戦前戦中の日本の貿易収支[38]

の批判が集中した。そもそも日本の戦前の貿易構造は、第10図に示したように赤字基調であって、貿易黒字は1917（大正6）年をピークとした1915年から1918年の4年間と1939（昭和14）年をピークとした4年間に限られている。前者は言うまでもなく第1次世界大戦、後者はナチス・ドイツのポーランド侵略から始まった第2次世界大戦の勃発の時期である。いずれも日本が欧州での戦争に巻き込まれていなかった時期で、その黒字は文字どおり「火事場泥棒」と揶揄されるよう貿易黒字であった。「老幼婦女の微弱なる労力」によって生産された絹糸絹布の輸出が、かろうじて赤字を食い止め軍器生産のための機械機器の輸入を支えている。その赤字を食い止めていた絹綿2系統の輸出も勢いを失っていく。まず綿糸綿布の輸出についてであるが、第11図にみられるように、綿布綿糸の原料である繰綿は輸入に依存しており、輸出が増えれば、繰綿輸入も増え

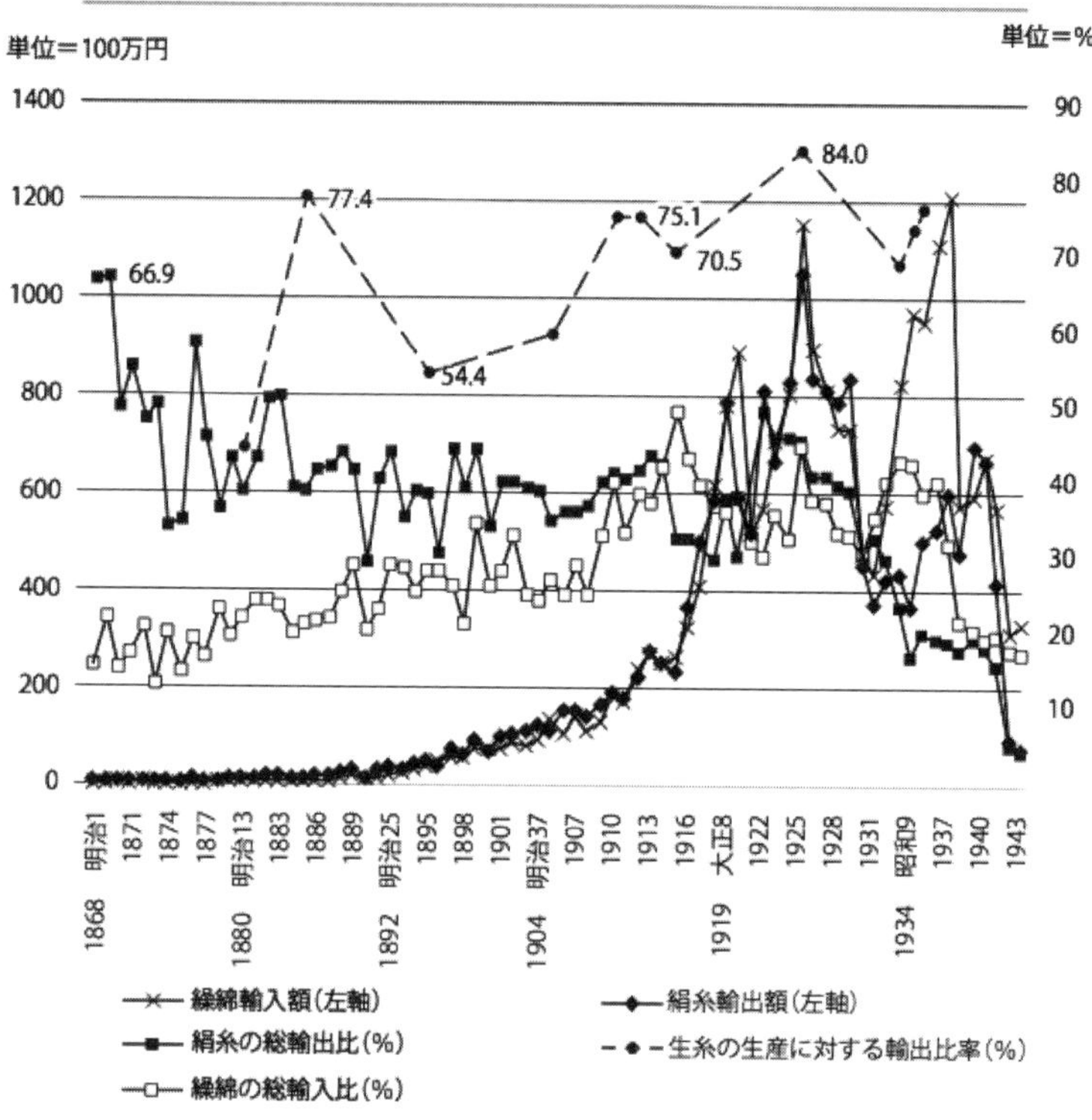

第11図　絹綿系統の輸出入額と比率[39]

るという関係にある。しかもその輸入総額に占める割合を見ると１９２０年代、30年代をとおして35％に達している。綿布輸出の増加とともに繰綿輸入も増えるという関係にあって、貿易黒字への貢献度が低いことを指摘しておかねばならない。その点を絹糸についてみると、その輸出額は１９２５（大正14）年の10億５０２４万円、全輸出額に占める比率は１９２２（大正11）年の49・５％をピークに減少している。また生糸生産に占める輸出割合は、１９２５年には84％に達している。これをピークにして、絹糸輸出の勢いは率、額ともに低下を続け、太平洋戦争に突入する１９４１（昭和16）年には額では最盛期の４割、輸出総額に占める比率は、15・６％にまで落ち込んだ。

日本資本主義の経済の動脈＝繊維産業、とくに生糸の輸出は不振となり、破綻していったのである。繊維の中心である絹糸の没落は、戦前日本資本主義の破局的な局面への移行の信号であった。

(6) 帰結――戦時「重化学工業化」の結末

15年戦争下の戦時＝軍事重化学工業化、これこそが戦前日本における究極の目的となる。戦前日本は軍事的半封建的構成のうえに、しかも全般的危機が進展するなかで、軍事的であろうと生産力段階としての重化学工業の成立を目指したのである。だが軍事力の基礎素材・必需品である鉄鋼生産ひとつとっても、鉄鉱石の海外・植民地（満州・朝鮮）に依存せざるを得ない状況下では、植民地の支配のための軍事侵略は前提条件となる。在来の繊維にかわって生活も含めて、日本の経済をもう一段高い水準に引き上げ再編してゆく平時のコースを進むことは、ついに許さなれなかったのである。またそれゆえに、「総力戦」の名のもとに軍事産業としての重化学工業を創出するという道を、戦前・戦中日本資本主義は、進まざるを得なかったのである。

通常の資本主義発展における重化学工業化は、食品、繊維などの軽工業の発展に促されて、それらの商品の生産・運搬に必要な生産手段としての鉄鋼・非鉄金属・機械・化学などの重化学工業のウェイトが高まってゆく。イギリスに始まった工業化は、まず綿製品に代表される繊維工業を中心にして軽工業（消費財生産部門）が主導した。その軽工業生産のための繊維機械や蒸気機関、鉄道・船舶などへの需要が、鉄鋼業や石炭業などの重工業（生産財生産部門）の急速な発展を必要とし、それを促進した。アメリカでもそうした過程を経た。南北戦争時の軍事用の鉄砲からはじまり、民生用のミシン・農器具・自転車そして自動車へと商品が大衆に普及するにつれ、軽工業から重工業へと産業の基軸がシフトしていったのである。今日、事務室で頻繁に使われるホッチキスは、第1次世界大戦当時の「回転砲身機関銃」であるホッチキスガン（Hotchkiss Gun）がルーツである。戦争が終わり、機関銃が売れなくなったため、機関銃の弾倉に弾丸を入れる技術を援用してつくられた事務用品が、ホッチキスである。軍需の民需への転換である。生産手段生産部門（重工業）と消費手段生産部門（軽工業）の相互の生産＝産業連関という経済構造の成立が、要点となる。

しかし戦前の日本では、そうした過程を経る余裕も蓄積もなかった。アメリカのように既存重化学工業基盤があって、民需から軍需へと生産「転換」した場合とも、イギリスのように軽工業（消費資料生産部門部門）から重工業（生産手段生産部門）へと産業基軸が移っていた場合とも、異なるプロセスを取らざるを得なかったのである。それが日本の「戦時＝『重化学工業』」化なのである。欧米では軽工業から重化学工業への移行に際して、新たな自足的な本国＝植民地経済ブロックが必要となり、帝国＝植民地圏の建設と拡大がすすむ。欧州列強帝国主義諸国のアジア・アフリカの植民地化の過程がそれである。だが日本の場合には、そうした経済的時間的余裕もなく、黒船来航に象徴される欧米帝国主義列強に対抗するための「軍事力増強＝富国強兵」が第1とされた。そのために生産力を拡充する必要があった。基盤なしの軍事＝重化学工業化である。台湾出兵から始まった日清戦争での賠償金強奪、日露戦争から始まる「朝鮮」→「日満」→「日満支経済ブロック」→「大東亜共栄圏建設」へと果てしなく拡大してゆく植民地侵略のために「重化学工業化」は「軍事重化学工業化」にならざるをえなかった。

戦時重化学工業化は通常では、国家独占の名の通り国家は独占資本を、戦後を見据えて擁護する。2度の大戦に敗北したあのナチス・ドイツでさえ国家財政＝金融機構の破綻から民間独占の経営を防衛した。戦後ドイ

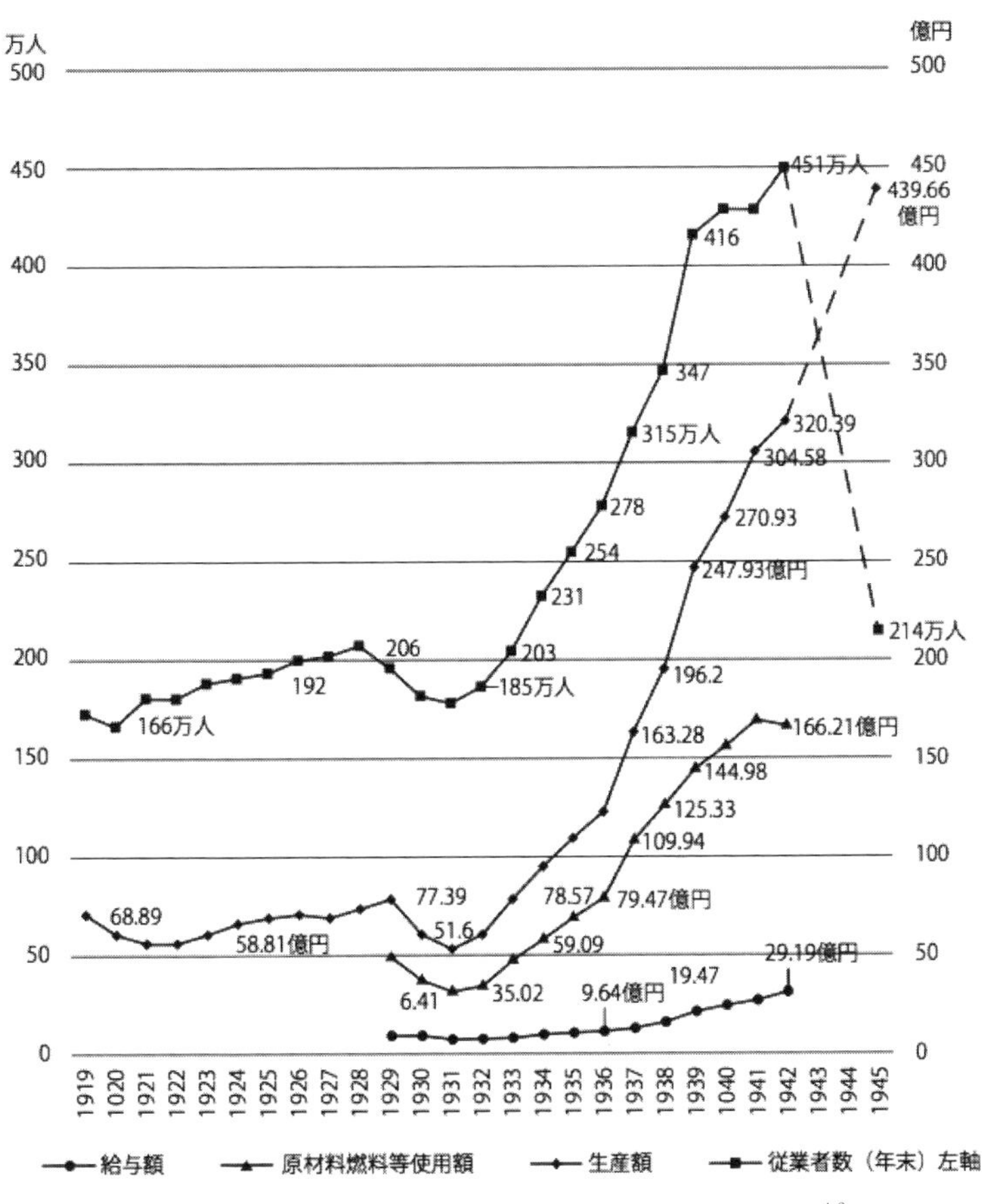

第12図　満州事変から戦時中の強制労働下の軍需生産[42]

ツは、戦前の「秘密積立金」と「100%減価償却[40]」をテコとした経済力・蓄積で、敗戦後「ラインの奇跡」を成し遂げた。一時的な大戦需要にもとづく投資の増強が戦後に遺さざるをえない「過剰」資本等々の危険を国家が負担し、それをつうじて国家＝政府は、民間資本に戦時大動員をかけ、企業の巨額の戦時利得をも保障した。

日本でも第12図にみられるとおり、生産額は1931年51億6000万円を底に1937年163億2800万円、

1942年には320億3900万円へと増加していった。民間の重化学工業のおそ蒔きの本格化が15年戦争の過程と重なってくる。民間の産業は、軍需会社に指定され、兵器や軍需物資の増産に協力した。資金や納入代金は、政府が戦争遂行上の目的から命令又は契約の形で支払いを約束した「前受金」や政府の「債務証書」などで支払われた。だが、この戦時中に政府が負った債務補償、つまり企業が軍に納入した物品等の売上代金・利益は、戦後に「戦時補償特別税」として徴収・「相殺」されてしまった。GHQ・日本政府は、戦時中の債務補償を、事実上無効にしてしまった。1946年の課税対象となった請求額は約917億円余、1946（昭和21）年度の歳出予算額が152億円であるから、「空証文」の額の大きさがわかるであろう。そうした結末になろうとはだれも思っていなかった。「欲しがりません。勝つまでは」を、唱和しながら財閥も戦時中、蓄積・資産を増大させていった。第13図は三菱財閥本社の総資産と純益を示したものだが、第1次世界大戦から戦後にかけて、そして1930代半ば以降その総資産を積み上げていった。三菱財閥本社は、傘下の会社からの「剰余分配金」を上納させて、総資産を積み上げていった。敗戦後に「空証文」をつかまされたのだが、アメリカの冷戦体制構築の過程で、対ソ・社会主義体制防圧の「極東の工場」として、米日政府の強力なバックアップのもと、財閥として復活を遂げていった。

戦時太平洋戦争下の労働者の状態は、第12図に表れている。1931（昭和6）年の満州事変を底として、労働者数・生産額の急伸。それに追いかける原材料燃料等使用額、これに対して低く這うような給与額。究極の搾取・収奪の有様が見て取れる。労働時間は「10時間36分であり、機械器具工業の平均をとっても10時間47分であるが、この表によればむしろ11～12時間」となっている。「1943年6月には工場法戦時特例が公布され女子および年少者の就業時間、深夜業および休日、休憩に関する工場法の保護規定は、厚生大臣の指定す

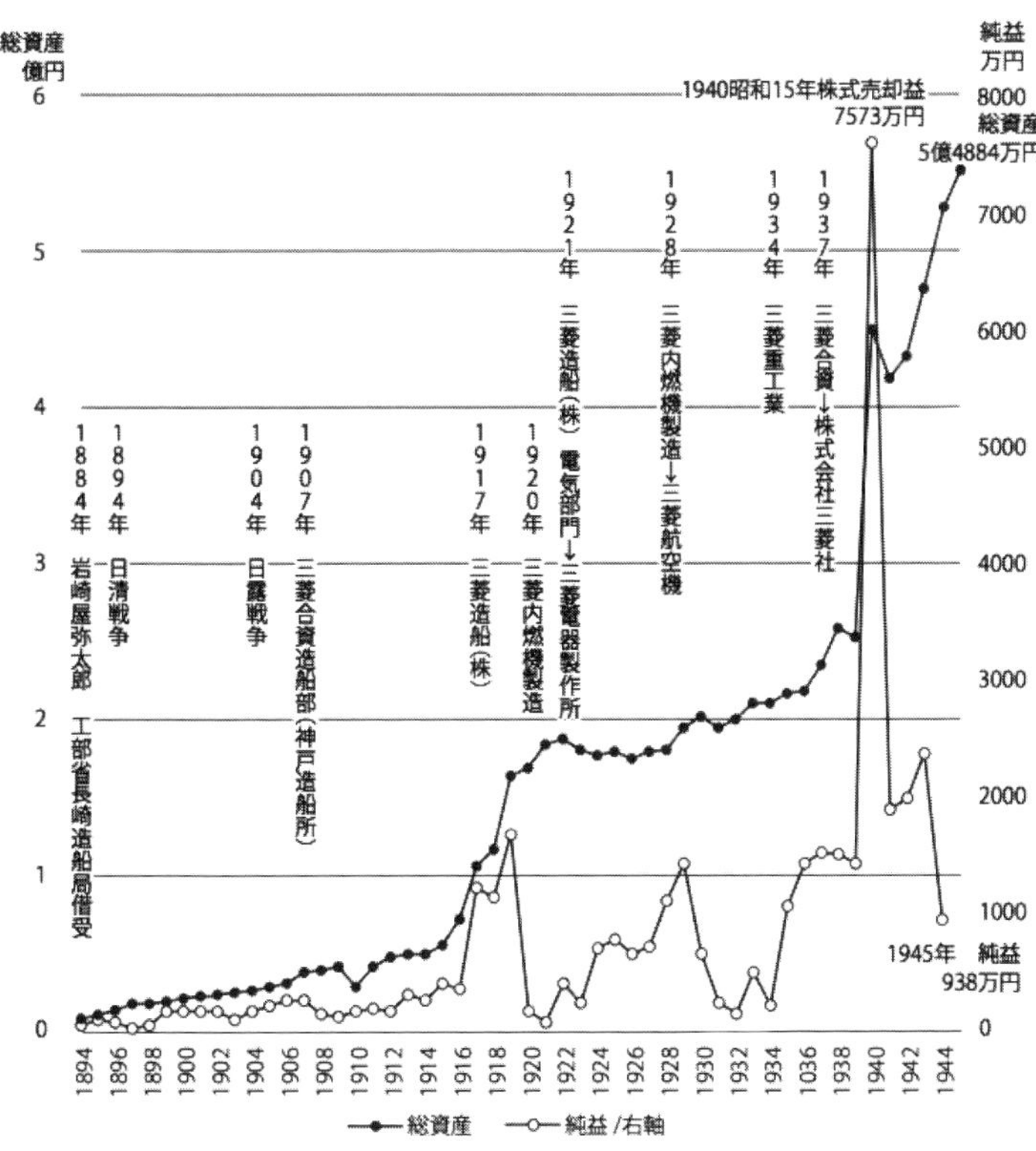

第13図　三菱財閥の総資産と純益の推移[41]

る工場については適用されないことになった。就業時間についていえば女子および年少者は従来11時間以上を越えて就業させることはできなかったが、このようなゆるい制限もとり払われたのである。月2日の休日も停止され、女子の夜業も許されることになった。軍隊にならって1週間は、まさに『月月火水木金金』となった」という。「1945年になると、空襲の激化や食料事情の悪化のために欠勤は著しく増大した。労働者は食糧買出しのため工場を休まざるをえなくなった[43]」。これが戦時中の「労働者階級の状態」である。

　戦時経済動員と重化学工業化の同時強行は机上の空論であり、その両方の道は達成されなかった。逆に、戦時経済体制と戦時創出重化学工業は、同時崩壊せざるを得なかった。明治以来およそ半世紀にわたって営々と続けられた「富国強兵」の結末は、焼け野原の国土であった。戦後へと連なる連続は、遮断されたのである。いや、断絶であったからこそ戦後の冷戦体制のなかで、戦後日本資本主義は、「Ｊａｐａｎ ａｓ №１」の一時代をつくりえたのである。

〈注記〉

1、Ｎｉｐｐｏｎｃｏｍ・ＨＰ　小林明　https://www.nippon.com/ja/japan-topics/c08609/（2022/01/26）

2、大石慎三郎『江戸時代』（中公公論社，中公新書、１９７７年）２４１、２４２頁。この２４００万両は１８６７（慶応３）年の円貨で換算すると６２４億９６００万円となる。円換算のレートは，山田紘一郎（明治大学大学院）演習資料　http://www.isc.meiji.ac.jp/~wonomasa/kahei.htm　（2022/02/01）による。明治政府の１８６９年（明治２）年10月～１８７０（明治３）年9月の歳入額が１０８２万円だから、「禄制改革」は、債務完済の見通しなど立たない「改革」であった。日本銀行ＨＰ　https://www.imes.boj.or.jp/research/papers/japanese/kk20-3-3.pdf

3、国会図書館デジタルコレクションＨＰ　『農業全書』１８３、１８４頁。https://dl.ndl.go.jp/info:ndljp/pid/839277/108（2022/05/14）「賤山（しづやま）がつ」は身分の低い者。山里に住む者。

4、柳田國男『木綿以前の事』（創元社、創元選書、１９３８年）３頁。国会図書館デジタルコレクションＨＰ https://dl.ndl.go.jp/info:ndljp/pid/1872039（2022/02/17）引用カッコ内は筆者挿入。

5、このパラグラフの数値は山田盛太郎『日本資本主義分析』（岩波書店、岩波文庫、１９７７年）28頁。

6、文化遺産ＨＰ　https://bunka.nii.ac.jp/heritages/detail/432663　(2022/02/13)「豊田佐吉が１８９６年に発明した，日本初の動力織機です。一人で３～４台も運転でき生産性が従来の20倍にも高まり、織物品質も飛躍的に向上しました。木鉄混製の安価で堅牢な構成とし、ドイツのハルトマン社製の動力織機が８７２円であったのに対し、38円という価格であったため、全国に広く普及して日本の綿織物業の発展に貢献しました。」

7、工務局編纂『織物及莫大小に関する調査』（工務局編纂）山田盛太郎『日本資本主義分析』（岩波書店，岩波文庫、１９７７年）52頁。

8、社会局『家内工業ニ於ケル労働事情』（昭和２年）１１７頁。山田盛太郎『日本資本主義分析』（岩波書店、岩波文庫、１９７７年）53頁。

9、製糸器械については、東京農工大学ＨＰ「日本製糸業の歩み」がわかりやすく，よくまとまっている。http://web.tuat.ac.jp/~jokoukai/kindainihonnoisizue/archive/tenbo/tenbo.htm

10、山田盛太郎『日本資本主義分析』（岩波書店、岩波文庫、１９７７年）70頁。

11、〔資料出所〕農林水産省ＨＰ「『明治１５０年』関連施策テーマ我が国の近代化に大きく貢献した養蚕」https://www.maff.go.jp/j/wpaper/w_maff/h29/h29_h/trend/part1/chap1/c1_3_00.html　(2022/02/09)

12、〔資料出所〕農林省ＨＰ　https://www.maff.go.jp/j/meiji150/you/03.html　(2022/02/09) 東京農工大学・近代日本の製糸業ＨＰ https://web.tuat.ac.jp/~jokoukai/kindainihonnoisizue/archive/sangyo/sangyo.htm　(2022/05/25)

13、(1)「自動繰糸機は、……１９５１（昭和26）年工業化の目途がつき、１９５７年（昭和32）前後になって……工業化し…全面的な普及を見た」という。東京農工大ＨＰ　http://web.tuat.ac.jp/~jokoukai/kindainihonnoisizue/archive/tenbo/tenbo.htm　(2022/05/01)

(2)川名茂「自動索抄緒機の開発に関する研究」（『蠶絲試驗場報告』28巻３号５３２頁）。https://agriknowledge.affrc.go.jp/

RN/2030240290.pdf　(2022/02/12)

14、石井寛治「産業資本⑵絹業」大石嘉一郎編『日本産業革命の研究』上（東京大学出版会、１９７５年）１７５頁。

15、山田盛太郎『日本資本主義分析』（岩波書店、岩波文庫、１９７７年）47頁。

16、梅村又次他『人口と労働力』（長期経済統計2）東洋経済新報社　第3部資料 第8表より作図

17、日本統計協会『新版　日本長期統計総覧ＣＤ－ＲＯＭ』６鉱工業６－６－ａより作図。

18、永原慶二『新・木綿以前のこと　苧麻から木綿へ』中央公論社、１９９０年）２１３頁。

19、山田盛太郎『日本資本主義分析』（岩波書店、岩波文庫、１９７７年）46、47頁。

20、山田盛太郎『日本資本主義分析』（岩波書店、岩波文庫、１９７７年）47頁。括弧の数値は，涌井が挿入。

21、⑴総務省統計局監修『新版　日本長期統計総覧ＣＤ－ＲＯＭ』（日本統計協会、２００７年）貿易及び国際収支　10－2－a 商品の類別輸出入額（明治1年～昭和18年）
⑵農林水産省ＨＰ　図表３－２　生糸の輸出額と輸出量・生産量　http://www.maff.go.jp/j/wpaper/w_maff/h29/h29_h/trend/part1/other/P037_h29_d0_3_02.csv　(2022/03/22)

22、菅和彦（新日本製鐵㈱八幡製鐵所元部長）「ドイツから見た官営八幡製鐵所への技術移転」九州大学学術情報リポジトリ https://catalog.lib.kyushu-u.ac.jp/opac_download_md/1807808/p197.pdf　(2022/04/05)

23、「博多毎日新聞」１９２０（大正９）年2月9日。

24、八幡製鉄労働組合編『八幡製鉄労働運動史　上巻』（八幡製鉄労働組合、１９５７年）3頁。

25、佐藤昌一郎「国家資本」（大石嘉一郎編『日本産業革命の研究』上、東京大学出版会、１９７５年）３６０頁。

26、岩倉具視「具視皇室財産ニ関シ意見ヲ閣議ニ提出スル事」国会図書館デジタルコレクション　https://dl.ndl.go.jp/info:ndljp/pid/781065/515?tocOpened=1　(2021/08/21)

27、日本統計協会『新版 日本長期統計総覧（ＣＤ－ＲＯＭ）６鉱工業６－６－ａ』より作図。

28、神戸大学附属図書館新聞記事文庫 製鉄業（13–１４０）大阪朝日新聞１９３６（昭和11）年12月7日。「一元統制」とは、従来は商工省の一元的統制で需給がコントロールされていた。だが日本製鉄の輸入銑鉄が加わり、需給がコントロールしにくくなった、という朝日新聞の報道。
29、森武麿「日本近代農民運動と農村中堅人物」（『一橋経済学』第1巻1号、２００６年7月）15頁。
30、このパラグラフの数字は、山田盛太郎『日本資本主義分析』（岩波書店・文庫、１９７７年）１８６、１８７頁。
31、帝国書院ＨＰ 帝国書院 統計資料 歴史統計 軍事費（第1期～昭和20年）(teikokushoin.co.jp) https://www.teikokushoin.co.jp/statistics/history_civics/index05.html 2021/11/26
32、通商産業大臣官房調査統計部『工業統計50年史（資料編）』（大蔵省印刷局、１９６１年）4、6、12頁。
33、『日本帝国統計年鑑』各年版 国立国会図書館デジタルコレクションより作図 https://dl.ndl.go.jp/info:ndljp/pid/974420
34、矢野恒太記念会『日本の１００年』（国勢社、２０００年）５６１頁。
35、大蔵省財政金融研究所財政史室編『大蔵省史一 明治・大正・昭和 第2巻』（大蔵財務協会、１９９８年）46頁。https://www.mof.go.jp/pri/publication/mof_history/5ki_c1.pdf
36、同右
37、三井広報委員会ＨＰ「三井の『ドル買い事件』」https://www.mitsuipr.com/history/taisho/04/ (2022/04/30)
38、日本統計協会『新版 日本長期統計総覧 10–5–a貿易及び国際収支（ＣＤ–ＲＯＭ）』より作図。
39、⑴明治1年～大正2年 大蔵省「大日本外国貿易46年対照表」https://dl.ndl.go.jp/info:ndljp/pid/947038
⑵農林水産省ＨＰ 図表3–2 生糸の輸出額と輸出量・生産量 http://www.maff.go.jp/j/wpaper/w_maff/h29/h29_h/trend/part1/other/P037_h29_d0_3_02.csv (2022/05/15)
40、津守常弘「ドイツ独占確立期における自己金融と決算政策（二）」（『経済論叢（京都大学）』88巻6号）58、60頁。「秘密積立金の設定は，公表利益を過小表示（するが）、独占確立期のドイツにおいては……慎重にして堅実な会計政策として

称揚され」た、という。

41、三菱総合研究所編『三菱社誌（明治3年〜昭和27年）』（東京大学出版会、1979-82年）

(1)データは各年版「貸借対照表」と「損益計算書」から摘記。

(2)1940年の純益の急増は、株式売却によるもの。

42、日本長期統計総覧CD-ROM 6-6-a 製造業の産業中分類別工場数、従業者数、給与額、ガス使用量、電力使用量、その他の燃料使用額、より作成。

43、このパラグラフの引用は，「日本労働年鑑 特集版 太平洋戦争下の労働者状態第三編 賃金と賃金統制 第三章 賃金統制の展開過程」による。http://oisr-org.ws.hosei.ac.jp/images/research/dglb/rn/rn_list/rnsenji1-101.pdf

第2章

天皇財閥と戦前日本資本主義

（1）はじめに——F・D・ルーズベルトの軍事ケインズ主義

第2次世界大戦は、約60か国が交戦し、死者5000万人、負傷者3400万人に上るという筆舌に尽くしがたい惨禍を人類にもたらした。第1次世界大戦は、「植民地再分割の帝国主義戦争」＝帝国主義者「強盗どもの領土分捕りあい」の植民地強奪戦争を本質としている。これに対して第2次世界大戦は、ヨーロッパ戦線ではイギリス（英）・フランス（仏）対ドイツ（独）イタリア（伊）の戦争、東アジアでは日本（日）と中国（中）の戦争、そして太平洋では日本とアメリカ（米）の戦争という複雑な局面を持つ世界戦争であった。従ってそれぞれの戦線では、例えば東・東南アジアでは植民地拡大のための日本の侵略戦争であり、中国にとっては民族独立のための解放戦争、ソ連にとっては祖国防衛戦争となった。戦争の拡大とともにそれぞれの対抗軸をもった戦争は、基本的に連合国（英・米・仏・ソ連・中）対枢軸国（日・独・伊）の戦争という基本的な対抗関係を構成する戦争になった。連合国側が民主主義体制を維持し、枢軸国側が全体主義・ファシズム体制をとっていたため、民主主義対全体主義の戦争という性格ももち、民主主義勝利の戦争ととらえることもできる。だが、戦後を見る場合、この第2次世界大戦が第1次世界大戦と同様に、本質的には帝国主義者「強盗どもの植民地再々奪取分割のための戦争」であった、と定義すべきである。

具体的にその点を述べると第2次世界大戦は、第1次世界大戦の敗戦国であるナチス・ドイツ・ヒットラーの欧州や植民地奪取のための、同様にムソリーニ・イタリアの欧州や北アフリカの植民地奪取のための戦争である。それを阻止しようとしたそれらの地域に既得権益を持つ英米仏諸国と独伊の植民地をめぐる戦争である。

第１図 1941 ～ 1945 年日本軍侵略下のアジア植民地状況[1]

中国・東南アジアでの第二次世界大戦も、日本帝国主義による中国と東南アジアの欧米植民地の奪取のための戦争である。太平洋を挟んで８０００キロメートル以上離れた日米がなぜ戦うことになったのかを考えると、植民地再々分割戦争という太平洋戦争の本質がはっきりと見えてくる。太平洋戦争は、中国と東南アジア・インドの英・仏・蘭（オランダ）植民地の日本による略取・乗っ取りを阻止しようとした米との戦争であった。その点を日米の太平洋戦争で具体的に見てみよう。

第１図は１９４１年から１９４５年までのアジア地域の植民地の領有状況と英・米・仏の植民地を日本が奪取しようとした状況を概観した図である。１９３７年７月の盧溝橋事件で始まった日中戦争で、日本はソ連とも軍事衝突した。１９３９年のノモンハン事件である。日本はソ連に敗北し、泥沼と化して出口が見えない

日中戦争からの脱出・打開を「南進」に求めざるを得なくなっていく。「泥沼化」の原因は、蒋介石・国民党軍や毛沢東・中国共産党八路軍の人民を巻き込んだ抗日闘争・戦争であった。日本軍は、東南アジアの英仏植民地から「援蒋ルート」を通して、中国が膨大な軍事物資の補給を受け、抗日戦争を戦っている、と考えた。日本が中国を支配するためには、その補給を断つ必要がある、と判断したのである。同時にナチス・ドイツの初戦の勝利に便乗して、イギリス、フランスの植民地を奪取し、石油など資源の確保も目論んだ。

1940年6月ナチス・ドイツによるパリ占領の3か月後、日本軍は仏領インドシナのハノイに進駐し、翌年7月には南下し、さらにラオス、カンボジアを占領した。日本軍は、ナチス・ドイツとの戦争で欧州戦線に張り付かざるを得なくなっていた英の植民地に進駐し、1941年12月に英領コタバル、1942年にはビルマに進駐した。さらにオランダ領東インドを占領するなどして、日本軍は、欧州戦線でのナチス・ドイツの攻撃で劣勢に立った英・仏・蘭の東南アジア植民地を占領支配する植民地奪取の戦争を遂行したのである。いまだ、はっきりしないままだが、日本占領下の犠牲者は、仏領インドシナでの餓死者100万人をはじめ、マラヤ、シンガポール支配の犠牲者は数万人など、日本軍の占領・植民地支配は苛烈を極めた。

こうした情勢のなか太平洋戦争のもう一方の当事者アメリカは、日本の東南アジア植民地侵略を、日独伊三国軍事同盟条約（1940年）にもとづく軍事行動ととらえた。もともとアメリカは、中国の「門戸開放と列国の機会均等宣言」（J・ヘイ国務長官、1899年）に示されるように、出遅れたアジア大陸への進出の欲望をもっており、日本の侵略に手をこまねいて見ているわけにはいかなかった。だが、モンロー主義以来の南北アメリカ大陸と欧州大陸の相互不干渉を主張するアメリカの外交政策の原則から直接的な軍事加入、参戦は抑えられていた。F・D・ルーズベルトは1937年の日中戦争に際し、援蒋ルートを通じて大量の軍事物資を蒋介石・

2 CENTS PAY NO MORE!
Chicago Daily Tribune
THE WORLD'S GREATEST NEWSPAPER
FINAL
THURSDAY, DECEMBER 4, 1941.—46 PAGES
PRICE TWO CENTS
F. D. R.'S WAR PLANS!
REDS BEGIN NEW DRIVE TO BREAK VISE ON MOSCOW
LEIBER TRADED TO GIANTS; CUBS GET BOWMAN
HOUSE ADOPTS DRASTIC BILL TO BLOCK STRIKES
THE STRONGHOLD OF PEACE
GOAL IS 10 MILLION ARMED MEN; HALF TO FIGHT IN AEF

第２図　シカゴ・デイリー・トリビューン紙[2]

国民党政権に送るとともに、アメリカ退役軍人を中心とした軍隊も派遣していた。

１９３９年の９月の第２次世界大戦勃発に際しても不介入を宣言していたＦ・Ｄ・ルーズベルトは、歴代政権と同様、イギリスへの援助を強化する以外は、大戦への参戦には消極的で慎重な態度を取り続けていた。しかし１９４０年10月の大統領選挙三選後の12月に、Ｆ・Ｄ・ルーズベルトは「炉辺談話」と呼ばれたラジオ放送を行い、アメリカは「民主主義の大兵器工場」になると宣言した（１９４０年12月29日）。Ｆ・Ｄ・ルーズベルトは１９４１年３月にはレンドリース法（武器貸与法）を成立させ、大量の兵器や軍需物資の生産に着手した。アメリカの工業全体が、軍需物資の生産に動員されることは明らかだった。Ｆ・Ｄ・ルーズベルトは、１９２９年の大恐慌以降、回復しきらないアメリカ経済を、軍需によって立て直そうとしたのである。軍事＝ケインズ政策である。

１９４１年12月４日のシカゴトリビューン紙は、「Ｆ・Ｄ・Ｒの戦争計画」とタイトルが躍るＡＷＰＤ－１（航空戦計画部）のスッパ抜き記事をトップで掲載した。その記事には、Ｆ・Ｄ・ルーズベルトが兵員１０００万人と膨大な数の戦略爆撃機を要求しており、そのほかの必要機材も膨大である、と報じている。事実その年の５月から９月にかけてＦ・Ｄ・ルーズベルトは議会に79億３２００万ドルの予算要求をし、議会もそれを認めた。この急増した予算には「年間航空機５万機生産」や「海軍拡張」計画が盛り込まれていた。これだけの軍事物資

100万ドル

財閥グループ	産業	公益	鉄道	銀行	合計
モルガン＝第1ナショナル	3920	12191	9678	4421	30210
ロックフェラー	4262			2351	6613
クーン・ロェブ		342	9963	548	10853
メロン	1648	859	153	672	3332
シカゴ	858	813		2595	4266
デュポン	2232			306	2538
クリーヴランド	1066			338	1404
ボストン	425	554		740	1719
合計	14411	14759	19794	12061	61025
			集計	11971	60935

第１表　アメリカ８大財閥総資産[5]

を生産し軍隊を維持するのには、アメリカの工業全体が戦争に協力する必要があることを、その数字は示していた。この軍需生産・設備拡張は、企業・資本に代わって陸軍省、海軍省の子会社である国防工場公社（Defense Plant Corporation）が、国家資金で工場・設備を建設した。それらの工場・設備は、わずか１ドルのリース料で企業に貸し付けられ、生産額に応じて利潤も政府が保証した。[3]「親方日の丸」ならぬ「親方星条旗」というわけである。またそれらの工場で生産された軍需物資は、アメリカ軍はもとより、連合国側の中華民国・蒋介石、イギリス、ソビエト、フランスなどに供給された。戦争終了までに累積援助額は５０２億ドル[4]に上った。これらの軍需生産にロックフェラー、メロン、デュポンなどの財閥が深くかかわっていたことは、言うまでもない。全国資源委員会の『アメリカ経済の構造』は、アメリカの金融寡頭制の中心として、モルガン＝第１ナショナル、ロックフェラー、クーン・ロェブ、メロン、シカゴ、デュポン、グリーヴランド、ボストンの８財閥をあげ、「８大グループが利害関係にある２５０社の資産が、６０９億５８００万ドルに上る。また、それは２００の非金融会社の総資産と50の大銀行の資産を合計した総資産の62％にあたる」[5]と報告している。モルガンはゼネラル・エレクトリック社やＵＳスティール社を抱え、第１次世界大戦でも英仏連合国へ融資し、連合国側は、その資金によって軍事物資を調達した。同時にモルガン財閥は、アメリカ政府が発行する戦時公債の販売を一手に引き受け、全米第１位の金融財閥にのし上がった。デュポンは、黒色火薬、ダイナマイトの製造、ウラニウム・プルトニウムの精製、ポリマー・ナイロン・合成ゴムなどの化学製品を生産し、戦争特需の「恩恵」を受けた。一族の娘エセル・デュポンは、フランクリン・ルーズベルトの息子と結婚し、政府との結びつきを深めた。ナイロンストッキングは姿を消し、爆薬やパラシュートになった。ウォール街は一致団結して、史上最大の戦争協力体制を固めたのである。

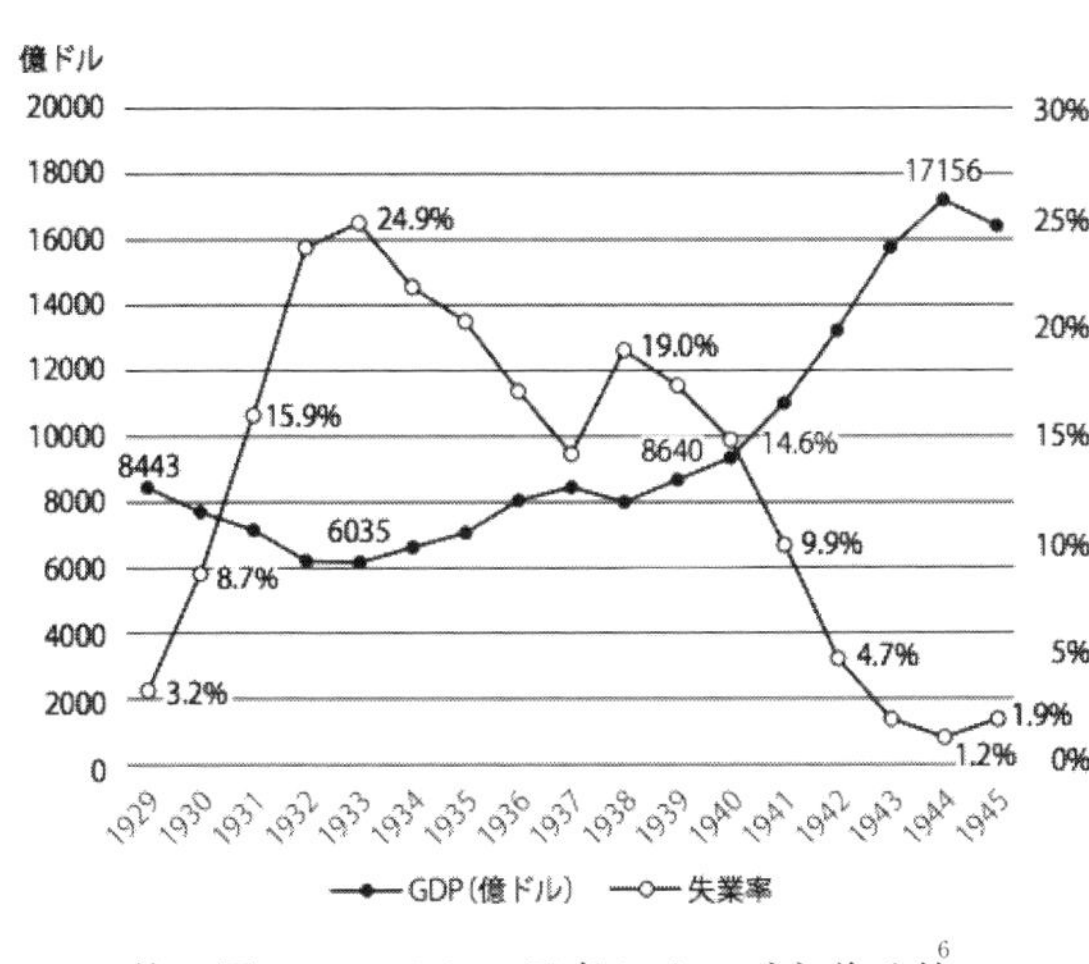

第３図　アメリカの軍事ケインズ主義政策[6]

その軍需生産の結果が、第３図の右肩上がりのＧＤＰと右肩下がりの失業率に表れている。１９２９年大恐慌発生時のＧＤＰ８４４３億ドルは、10年後の１９３９年に８６４０億ドルといくぶん持ち直したものの、低迷したままだった。

だが、「Ｆ・Ｄ・Ｒ・Ｓ（フランクリン・Ｄ・ルーズベルト）の戦争計画」が起動した１９４１年からＧＤＰは急増し、１９４４年の戦前ピーク時には１億７１５６億ドルへと２倍以上に跳ね上がった。また失業率は１９３３年24・９％の最悪状態から44年には１・２％にまで低下した。

シカゴトリビューン紙のスッパ抜き記事の３日後、日本軍の真珠湾攻撃で太平洋戦争は始まった。日本軍は、１９４１年12月８日未明（午前３時）ハワイ時間の７日午前８時に、真珠湾のアメリカ艦隊の攻撃を開始した。５時間の時差があるワシントンでは７日午後１時だが、野村吉三郎駐米大使が、対米交渉の打切り通告である「対米覚書」をハル国務長官に手渡したのは、攻撃開始後の2時20分だった。アメリカはこれを「リメンバー・パールハーバー」「だまし討ち」と宣伝し、戦意昂揚に活用した。アメリカの世論は一気に対日参戦へと向かっていった。

（2）侵略戦争と天皇財閥の形成

真珠湾攻撃と同時に日本軍はマレー半島の英領植民地コタバルを占領し、東南アジアの英・仏・蘭植民地の奪取へと突き進んでいった。1941（昭和16）年1月30日の大本営政府連絡会議において「対仏印、泰施策要綱」[7]が決定され、2月1日に昭和天皇の允裁（いんさい）（君主が臣下の申し出を許す）も出された。日本の対アジア侵略戦争を合理化するために唱えられたスローガン「大東亜共栄圏」の具体化である。その後7月2日御前会議で南方施策が再検討され、仏領インドシナ進駐の具体策は、国策として決定された。[8]小倉庫次の1941年12月25日の日記には、昭和天皇が「平和克復（こくふく）後は南洋を見たし、日本の領土となる処なれば支障なからむ」[9]と述べた、と書かれている。その後の戦争遂行についても、昭和天皇は深く関心を寄せ続けた。こうした天皇の戦争への関与は、法制度にもとづくものであり、天皇は戦争に深くかかわり続けた。

戦争遂行の中枢組織が大本営である。大本営は戦時または事変の際に設置され、天皇に直属する最高統帥機関である。大本営は、日清、日露、日中・太平洋戦争時に3度設置された。大本営は、陸軍（参謀総長）と海軍（軍令部総長）と天皇との三者が直結する機関である。その大本営で軍の指揮＝統帥事項が保持され、議会などからの干渉も遮断されていた。

そのためには独自財源が必要となるが、天皇の独自財産の形成が、明治以降図られたのである。江戸時代には禁裏（きんり）10万石などと称された天皇家一族の財政は、大半を幕府が収納して必要経費として天皇家に献じられていた。その額は御料地（禁裏御料）３万石と定められていた。３万石は江戸時代の大名の格式では最も低い、城をもてない無城の小大名の財政規模にすぎない。これが明治維新直後の皇室財産の実態だった。

３万石では陸海軍の軍事費を賄うには程遠く、帝国議会から切り離された制約のない天皇財政の構築が図られた。そこで天皇のいわば個人財産である帝室財産の形成が、明治憲法制定、帝国議会開設に先立って１８８２（明治15）年ごろから開始された。その狙いが岩倉具視の意見書によく表れている。「皇室財産ニ関シ意見書ヲ閣議ニ提出」し「皇室ノ財産ヲ富贍（ふたん）ニシテ陸海軍ノ経費等ハ悉（ことごとく）皆皇室財産ノ歳入ヲ以テ支弁スル」[10]と岩倉は主張した。明治国家の国是「富国強兵」を天皇の資金力＝軍事力によって実現し、議会・人民の影響や制約を受けない体制を作る。天皇の資金、帝室財産の創設が、１８８９（明治22）年の大日本帝国憲法発布を前に実行に移された。

そのために、まず１８８２（明治15）年開業の日本銀行が１８８４（明治17）年に、つづいて横浜正金銀行が１８８５（明治18）年に、国庫から皇室財産・天皇家へ移管された。続いて佐渡金山、生野銀山、それに次いで山林・原野の大量移管が行われた。１８８９（明治22）年から翌年にかけて３５０万町歩が帝室財産・天皇家に繰り入れられた。株式の配当や土地の貸付けや林野事業あるいは鉱山経営によって、明治天皇の収益を生み出す仕組みが作られた。こうして始まった皇室・天皇家の財産形成は、アジア・太平洋戦争敗北まで続いた。第４図は、そうした70年間の天皇家皇室財産の軌跡を記録したものである。その中で最初の皇室財産の基礎となったものが、清国賠償金である。

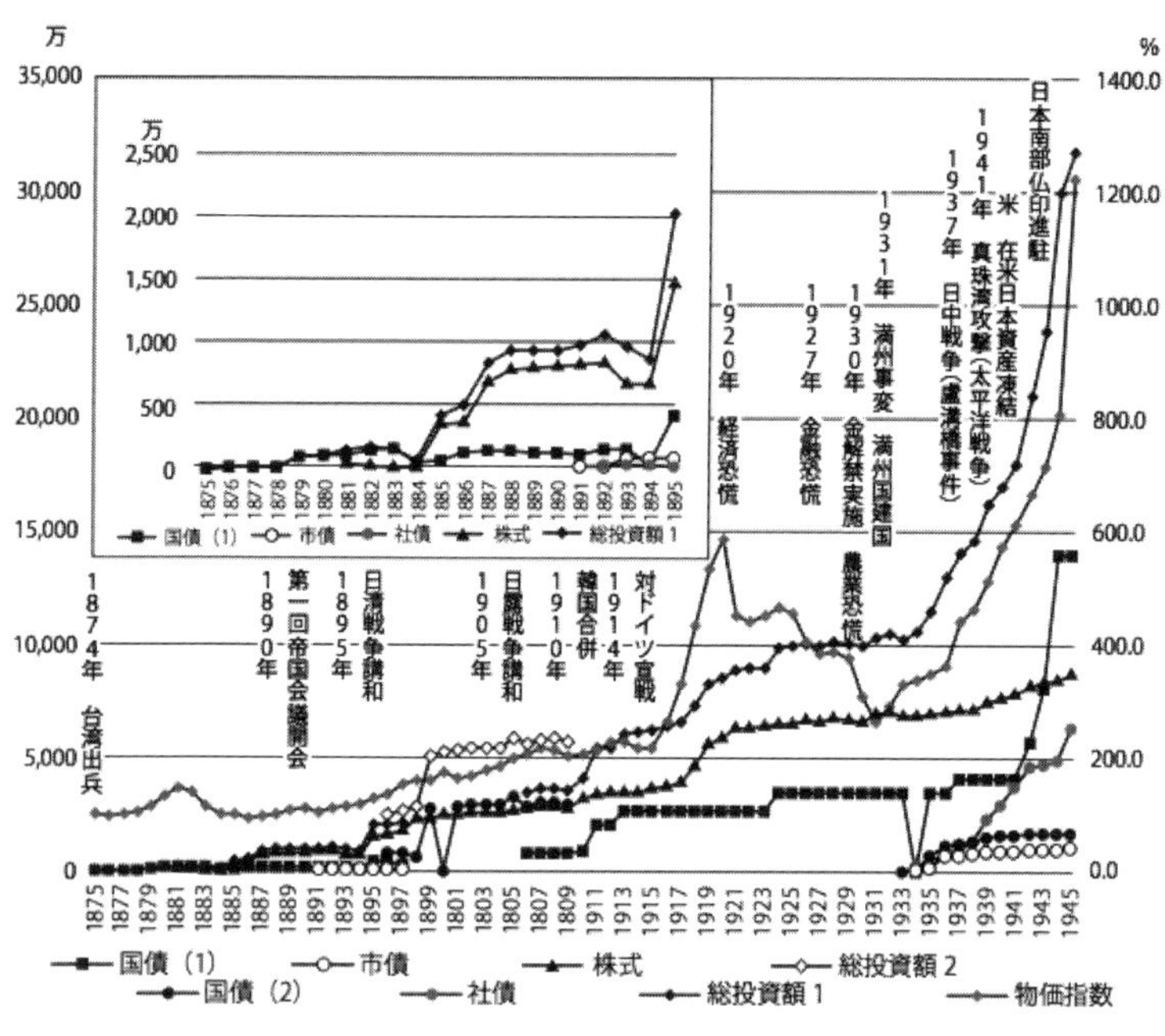

第４図　天皇家の有価証券投資額推移（1875 ～ 1945 年）[12]

１８９５（明治28）年、日清戦争の勝利によって、清国賠償金の一部が皇室財産へ繰り入れられた。清国賠償金は総額２億３１５０万両（邦貨換算：３億５４９６万円　英貨３８０８万ポンド）で、その使途は、戦費支出と軍拡に84・5％、帝室御料編入（明治天皇家）に5・5％があてられた。以降、株式や国債の引き受け・保有によって天皇・皇室財産は形成されていった。[11]

邦貨３億５４９６万円と言えば、日清戦争の年の１８９５年度の国家歳入予算９０１９万円の実に３・９倍に相当する。この賠償金によって日本は銀本位制を廃止して金本位制へと移行し、国際的な金融組織・制度への参入も可能となったのである。

その後さらに日露戦争の勝利によって皇室の権威・国威は高まって行った。これにつれて天皇・皇室の経費も増大していく。この経費を賄ったのは国庫からの支出と山林収益を柱とし

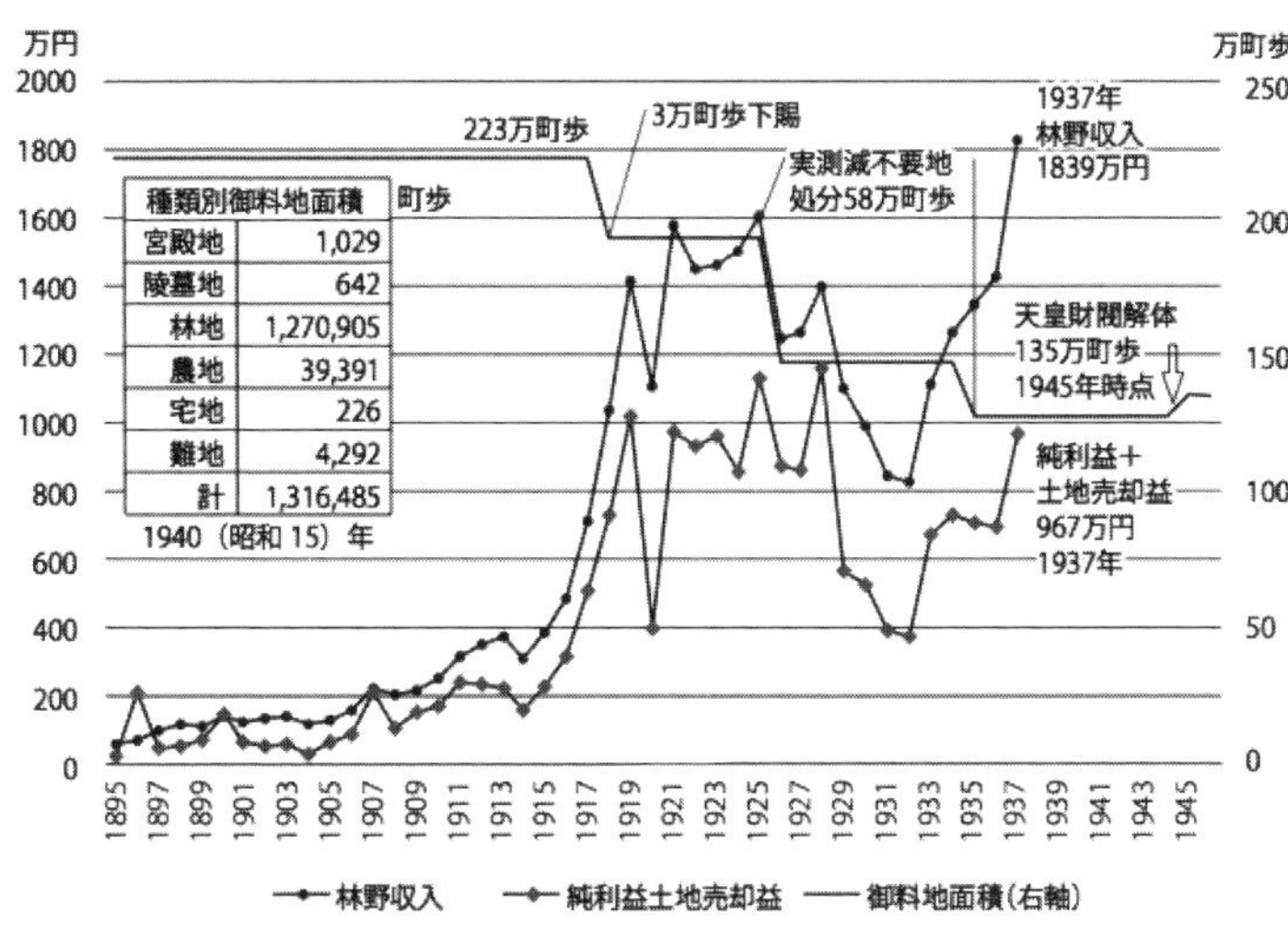

第５図　日本最大の地主としての天皇家[13]

た「御料地」収益であった。すでに述べたが１８８８（明治21）年佐渡金山・生野銀山の皇室への移管に続き、翌年には官有の山林原野を大量に皇室に移管した。第５図[13]に示したように、林野収入は大正中期ごろまでは増加し、林野経営の経費を差し引いた純利益と土地売却益を合わせると８００万円から１２００万円に達した。この収入は、この時期の皇室・天皇家の通常支出をほぼ賄えたのである。

封建領主顔負けの地主としての天皇家の姿が見えてくる。ただこれ以降、景気変動によって乱高下を繰り返しながら、土地収益は停滞基調になっていく。御料地面積も１８９５（明治28）年の２２３万町歩から、下賜や不要地処分や測量の見直しによって、１９４５（昭和20）年には１３５万町歩にまで減少した。日本一の山林地主は島根県奥出雲の田部家で、最盛期２万５０００町歩を所有していたという。また田畑農地についても「本間様には及びもせぬが、せめてなりたや殿様に」と謳われた山形県酒田本間家の所有地は１７５０町歩であった。そ

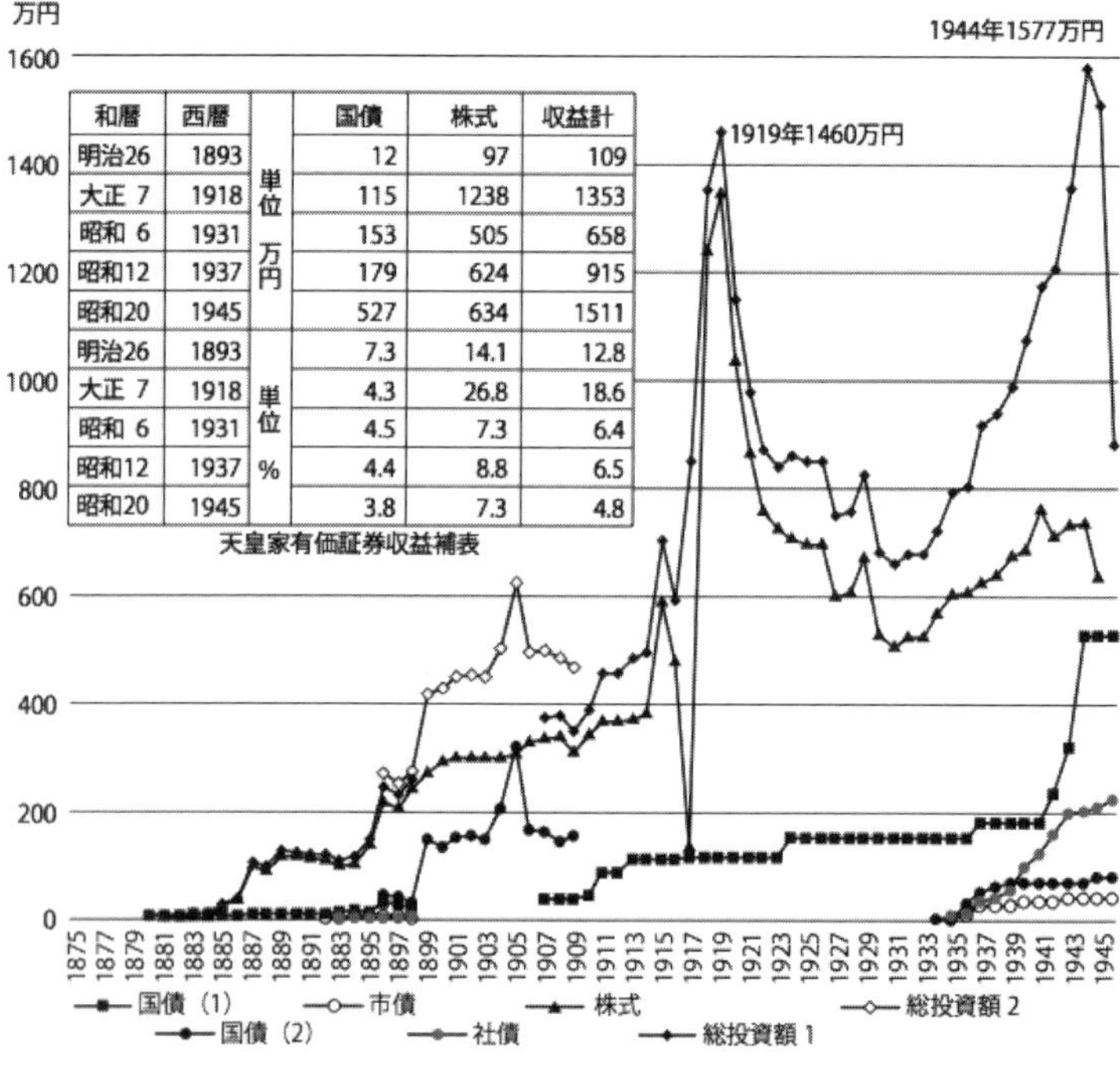

和暦	西暦		国債	株式	収益計
明治26	1893	単位 万円	12	97	109
大正 7	1918		115	1238	1353
昭和 6	1931		153	505	658
昭和12	1937		179	624	915
昭和20	1945		527	634	1511
明治26	1893	単位 %	7.3	14.1	12.8
大正 7	1918		4.3	26.8	18.6
昭和 6	1931		4.5	7.3	6.4
昭和12	1937		4.4	8.8	6.5
昭和20	1945		3.8	7.3	4.8

天皇家有価証券収益補表

第６図　天皇家の有価証券収益推移[14]

の規模から見ると林地１２７万町歩、農地４万町歩近くを所有する天皇家は、桁違いの地主でもあった。こうした土地所有による天皇家の資産形成の柱が、国債・社債・株式などの投資収入へとシフトしていく。これは単に前者の後者への適応・変身ではないだろう。問題は、日本資本主義が天皇制土地所有を絶対的必要条件として生成し、拡大するほかには道はなかったことにある。天皇家・宮内省御資部の証券の投資額は、「第４図　天皇家の有価証券投資額推移」ですでに示したが、第６図はその投資収益の推移を示したものである。とくに「総投資収入」の第１次世界大戦時の急伸、その後の世界恐慌の深い谷、そして満州事変以降の再度の急伸は、当然のことながら証券投資収益が戦争と深く関連をしていることを示している。投資収益のピークは１９１９（大正８）年の１４６０万円と

1944年の1577万円である。この額は、2019年現在の金額で前者はおよそ225億円、後者は81億円に相当する。また第6図内の「天皇家有価証券収益補表」に収益率の概略を示したが、1893（明治26）年12・8%・1918（大正7）年18・6%、1937（昭和12）年6・5%、1945（昭和20）年4・8%と推移している。それぞれの年の金利を見ると郵便貯金1893（明治26）年4・2%、1917（大正6）年4・8%である。同年の銀行の定期預金協定金利5%、1945（昭和20）年の郵便貯金金利が2・64%[15]であったから、その収益率の高さがわかる。

和暦	西暦	歳出額	投資額	%	投資収入	%
明治 18	1885	61	4	6.6	NA	NA
明治 23	1890	821	9	1.1	1	0.1
明治 28	1895	85	21	24.7	1	1.2
明治 38	1905	421	58	13.8	6	1.4
明治 43	1910	569	40	7.0	4	0.7
大正 4	1915	583	62	10.6	7	1.2
大正 9	1920	1360	85	6.3	11	0.8
大正 14	1925	1524	99	6.5	8	0.5
昭和 5	1930	1557	99	6.4	7	0.4
昭和 10	1935	2206	114	5.2	8	0.4
昭和 15	1940	5860	170	2.9	11	0.2
昭和 20	1945	21496	317	1.5	15	0.1

第2表　天皇家の投資額と収入の国家[16]歳出に対する比率　単位＝100万円

天皇家の投資額と収入は第6図に示した通りだが、その投資額の国家歳出に対する比率は、第2表に示したように、日清戦争時の1895年は24・7%、日露戦争時の1905年は13・8%、第1次世界大戦開戦翌年の1915年には10・6%に達している。2020（令和2）年度の国の一般会計歳出額が128兆円、そのうち防衛費は4・1%の5・3兆円であるから、投資額とその比率の大きさがわかるであろう。

戦前の天皇は、国家元首として政治権力（統治権）と軍の統率者として軍事大権（統帥権）を一身に保持していた。と同時に天皇は、新穀などの収穫祭である新嘗祭、建国の祖であるとする神武天皇を祀る紀元節祭などをつかさどる、伝統的な祭祀大権を有する神聖不可侵な現人神とされた。戦前の明治・大正・昭和天皇は、絶対的真理と普遍的道徳を体現する至高の存在であるとされ、あらゆる価値が天皇に集中一元化されていた。その絶対性は、昭和天皇の肖像写真「御真影」の「天皇陛下のお顔を見ると目が潰れる」[17]という天皇観にまで高められ、世の中に浸透した。だが同時に天皇は戦前における日本最大の寄生地主であり、三井・三菱・住友などの財閥をはるかにしのぐ、時にはその投資額が国家歳出の4分の1に達するほどの大財閥だったのである。

(3) 日本敗戦と天皇財閥の解体

日本軍の真珠湾攻撃で1941(昭和16)年に始まった太平洋戦争で、日本軍は初戦では破竹の勢いで勝利した。マレー沖海戦でイギリス東洋艦隊を沈め、西太平洋の制海・制空権を握った。優勢な海軍に支援されて、陸軍はタイ、マレー、フィリピンに進駐し、翌42年1月にはマニラ、2月にはシンガポールを占領し、3月にはラングーン(現ヤンゴン)も占領した。太平洋では開戦と同時にグアム島上陸が行われ、マーシャル群島の線にまで日本軍は進出した。こうして西太平洋からビルマ(現ミャンマー)に至る広大な地域が日本軍の占領下に置かれた。昭和天皇は、南方作戦が一段落した1942年3月9日「余り戦果が早く挙がりすぎるよ[18]」と喜んだ、という。

だがこうした初戦の勝利も束の間、同年6月のミッドウェー海戦を転機に、日本軍の敗北は積み重なっていく。ミッドウェー海戦の敗北は国民には伏せられたが、昭和天皇には正確に伝えられた。その報告は聞くや否や昭和天皇は「之により士気沮喪(そそう)を来さゞる様に注意せよ、尚、今後の作戦消極退嬰(たいえい)とならざるようにせよ[19]」と述べたという。太平洋諸島を島伝いに北上を続けたアメリカ軍は、1945(昭和20)年3月に沖縄に上陸した。同時に主要都市への精密絨毯爆撃によって、東京をはじめとする全国の主要都市は焼け野原となった。そして広島、長崎への原爆投下、ソ連軍の参戦によって日本は、８月10日に「天皇ノ国家統治ノ大権ヲ変更スルノ要求ヲ包含シ居ラサルコトノ了解ノ下ニ受諾ス」[20]とポツダム宣言の受諾を連合国側に通知した。１９４５年８月30日厚木飛行場に到着したマッカーサー連合国軍総司令官は、宿泊先の横浜のニューグランドホテルに向かった。マッカーサーの車列は、その車列を背に銃口を日本人に向けた日本軍によって守られていた。

マッカーサーを総司令官とするアメリカ占領軍（ＧＨＱ）は、日本の非軍事化・民主化のために、政治・経済・社会全般にわたる一連の改革を実施した。戦後改革と呼ばれた日本改造計画は、日本の侵略戦争とファシズムの根源を断つため、まず非軍事化を強力におし進めた。それらは、軍隊の解体、軍需産業の生産停止、軍国主義者の公職追放、修身・歴史教育の禁止、国家と神道の分離などである。と同時に、アメリカン・デモクラシーを下敷きにしながら、ＧＨＱ内のニュー・ディーラーを中心に諸制度の民主化を行った。それらは、新憲法の制定、特別高等警察・内務省の解体、農地改革、財閥解体、労働者の基本的権利の保障などである。これら改革の中でＧＨＱは、財閥を戦争の推進者と位置づけ、その支配メカニズムを財閥家族による株式保有に基づく企業支配と考えた。ＧＨＱは、１９４５（昭和21）年９月６日付の「降伏後における米国初期の対日方針」において、皇室財産についても「皇室財産も、占領目的の執行から除かれるべきではない」[21]と財閥と同様、天皇財閥の解体方針を指令した。

指令に従い幣原内閣がＧＨＱに提出した各財閥家の資産は、第３表[22]の財産目録のとおりである。天皇家以外の最大の財閥は三井家であるが、三井家11名の所有する持株＝有価証券財産は３億９０５７万円で、住友家以下の各財閥の持ち株は表のとおりである。５大財閥の持株を合わせたより多くの金融資産を天皇家は保有していた。これに不動産の保有額を合わせると財閥解体の対象となった天皇家の財産総額は、37億4795万円に達する。読売新聞は「財産税ベスト・テン」[23]なる見出しで、財産税徴収実績の徴収の途中経過を報道している。その第1位に「内蔵頭（くらのかみ）（皇室）」を挙げ、徴収した税額を33億3826万円と伝えている。天皇家は日本第1位、最大の財閥

天皇家	374,795
ｳﾁ不動産	234,654
〃金融資産	110,141
三井家 11 名	39,057
住友家 4 名	31,496
三菱岩崎家 11 名	17,731
中島家 5 名	7,165
安田家 10 名	3,959
5 大財閥計	99,408

第3表 財閥解体における各財閥の資産[22]

	1937（昭和 12）年			1945（昭和 20）年			
	投資額	収入	利回り(%)	投資額	収入	利回り(%)	購入開始時期
国　債	40,634,202	1,791,653	4.4	139,924,450	5,267,390	3.8	
地方債	19,235,121	766,585	4.0	27,716,382	1,207,822	4.4	
社　債	9,770,031	351,178	3.6	63,148,592	2,099,261	3.3	
株　式	70,739,161	6,243,744	8.8	86,547,836	6,335,192	7.3	
総　計	140,378,515	9,152,178	6.5	317,337,260	14,909,665	4.7	
株式の内訳銘柄							
日本銀行	21,152,800	2,115,280	10.0	21,152,800	2,115,280	10.0	1884(明17)年
横浜正金銀行	22,491,200	2,249,120	10.0	22,491,200	2,249,120	10.0	1885(明18)年
台湾銀行	662,025	23,171	3.5	1,891,500	66,203	3.5	1899(明32)年
日本興業銀行	1,136,250	68,176	6.0	1,420,313	99,422	7.0	1902(明35)年
朝鮮銀行	110,000	4,400	4.0	325,000	22,750	7.0	1909(明42)年
朝鮮殖産銀行	450,000	37,125	8.3	787,500	70,875	9.0	1926(大15)年
他 15 行計	24,736,886	137,591	0.6	2,703,035	218,649	8.1	
金融小計	70,739,161	4,634,863	6.6	50,771,348	4,842,299	9.5	
京釜鉄道	NA	NA		NA	NA		1901(明34)年
南満州鉄道	1,875,000	140,000	7.5	3,164,063	253,125	8.0	1939(大14)年
他 13 鉄道計	1,677,500	84,000	5.0	4,270,000	92,500	2.2	
鉄道小計	3,552,500	224,000	6.3	7,434,063	345,625	4.6	
日本郵船	8,055,000	483,300	6.0	8,055,000	281,952	3.5	1887(明20)年
北海道炭鉱汽船	3,594,960	271,619	7.6	6,990,200	279,608	4.0	1889(明22)年
台湾製糖	1,386,000	166,320	12.0	1,683,000			
王子製紙	2,327,500	212,583	9.1	3,103,400	124,136	4.0	1925(大14)年
他 14 社計	3,924,301	251,059	6.4	10,193,825	461,572	4.5	
会社計	19,287,761	1,384,881	7.2	28,342,425	1,147,268	4.0	
総合計	70,739,161	6,243,744	8.8	86,547,836	6,335,192	7.3	

第4表　天皇家の金融資産[24]

だったのである。その天皇財閥の金融資産の内容を第４表で見ると、国債１億３９９２万円が最も多く44％を占め、それに株式、社債が続く。

戦争開始年の１９３７年から敗戦時までは社債が６・５倍の伸びを示すが、おそらく財閥系軍需産業への投資であろう。また銀行株の投資・保有では日本銀行と横浜正金銀行への投資が86％に達している。言うまでもなく日本銀行は、中央銀行として銀行券の発行などのみならず、経済・金融の中枢銀行である。横浜正金銀行は、外国貿易金融・為替業務を専業とする銀行で、日露戦争以降、中国に対する投資も積極的に展開した。鉄道株では植民地・満州鉄道への投資が４割を占めている。その他の会社資本では日本郵船と北海道炭鉱汽船の２社で53％を占めている。北海道炭鉱汽船は、１８８９（明治22）年設立時からの保有であるが、明治政府から幌内炭鉱と幌内鉄道の払い下げを受け、集治監の囚人を使役できるなどの特権を与えられ設立された会社である。

日本郵船は、三菱財閥の起源となった海運会社である。１８７１（明治４）年琉球船が台湾に漂着し、宮古島島民54名が殺害された事件があった。解決のための日清の交渉は進展しなかった。日本政府は１８７４（明治７）年２月に清国領台湾へ出兵を決定した。だが、英米や木戸孝允（たかよし）の反対や内外の船会社からも軍事輸送を断わられ、出兵は一時中断の状況にあった。その軍事輸送を請け負ったのが、その年に設立された岩崎彌太郎・三菱蒸気船会社[25]であった。それを好機に西郷隆盛らは台湾出兵を強行し、現地を平定した。イギリスの仲介で同年11月に和解が成立した。「日清両国間互換条款[26]」で日本の出兵は「民ヲ保ツ義擧ノ爲メ」で、清国は「難民撫恤（ぶじゅつ）」すなわち殺害された琉球民をいつくしみ憐れんで、銀10万両（テール）と出兵費用40万両、計50万両を日本に支払った。50万両と言えば明治７年の邦貨で約76万円であるが、この額は同年の歳入決算額７３４５万円の１％

にあたる。天皇家は、1887（明治20）年に三菱財閥の日本郵船株を、1889（明治22）年に北海道炭鉱汽船株を購入し、財閥解体時まで保有していた。

西郷隆盛「征韓論」の意味はここにある。帝国主義列強諸国に伍して富国強兵を実現する具体的で手っ取り早い方策は、戦争に勝利して賠償金を取り立てることである。台湾出兵で50万両、日清戦争で2億3150万両を清から巻き上げた。第1次世界大戦では日本は、ドイツから1億1381万ライヒスマルクの賠償を獲得した。邦貨で6238万円である。政府はこれを原資として「賠償金特別会計」を立て、予算執行した。それらには、現金や債券のほか物納賠償である自動車や船舶、機械、工業原料なども含まれ、三井、三菱、大倉などの財閥に譲渡された。その中にはドイツ・アーレンス商会から輸入した硫酸アンモニアが、三菱や三井にはドイツ・クルップ社製鋼片圧延機などが引き渡された[27]。

1905年に日露講和条約（ポーツマス条約）が無賠償であることなどに反対する集会が開かれた。そこに集った数万の民衆が、政府建物などを焼打ちした。「日比谷焼き討ち」事件である。その後反対集会が各都市で開かれ、焼打ちも発生した。都市下層民衆の困窮や対外強硬派の思想的影響を背景に発生した事件だった。だが、これは戦争による戦利品＝賠償金の取り立てで、富国強兵を進める国策への民衆の屈折した支持であり、征韓論の意味するところである。

（4）まとめ——天皇の戦争責任と天皇財閥の解体

天皇家・財閥は、戦前の日本経済の土台となり侵略戦争を最初から支えてきた。アメリカ占領軍は、天皇家を財閥解体の対象から外さなかった。それは天皇家が民間財閥と同様、あるいはそれ以上に軍国主義国家の土台であり推進者であった、と考えたからである。再び軍国主義日本へ逆戻りさせないために、その土台となる天皇家の財産を没収したのである。

「天皇陛下のために」とは思っても、三菱財閥のために命を落とそうという若者いなかっただろう。「神風特攻」の神がかりの狂信的な軍事行動に表れたように、戦前の絶対主義天皇制の権威は、ドームのごとく威容を誇った「天皇制＝軍義的官府」権力と共に、戦前日本の強力な国民統合＝統治のイデオロギーだった。アメリカは、丸山真男の言う天皇制の権威である「国体と呼ばれたこの非宗教的宗教」を改変して、戦後の日本統治に利用しようとした。「真珠湾攻撃の直後から、アメリカは、日本人の国民性と天皇制を利用」する……『日本計画』を作成していた[28]」という。アメリカの占領をスムーズに執行するための天皇の利用である。

ここに万世一系の天皇家を存続させたい、全てを失っても血筋だけは残したい、という昭和天皇の思惑とアメリカの天皇利用の思惑がコラボレーションする余地が生まれたのである。戦後の日本国家改造・統治イデオロギーとしての「象徴天皇制」である。

ポツダム宣言の日本側の受諾の条件は国体の護持、天皇制の保証であったが、結局、確証が得られぬまま絶対主義的天皇制官府はポツダム宣言を受諾することになった。終戦の詔書は、ラジオ放送による昭和天皇の肉声・玉音で伝えられ、国民は「情ノ激スル所濫(みだり)ニ事端ヲ滋(しげ)ク」することなく、敗戦を受け入れた。

９月２日にミズーリー号上で降伏文書の調印式が行われ、その２日後の９月４日には第88回帝国議会開院式で昭和天皇の勅語が読み上げられた。そこには「平和国家ヲ確立」が記されていた。東久邇宮首相は翌５日の所信表明演説で「平和的新日本の建設の礎たらんことを期して居ります」と述べ、勅語に通じる表現を繰り返した。ここには憲法第1章1条から8条の天皇条項と第2章9条の平和条項の基本骨格が、透けて見える。

アメリカは、戦後の日本占領をスムーズに執行するための不可欠な仕組みとして、日米開戦時には、すでに象徴天皇制を構想していたという。[29] 憲法第1章（第1条〜8条）と第2章第9条は、いわば丸腰の天皇制として戦後日本の基本的枠組みとなった。これは、奇しくも昭和天皇の戦後の天皇の在り方とも暗合する新憲法の要点でもある。それは1946年「1月24日に行われた幣原首相とマッカーサーとの会談で詰められていく。幣原が友人の枢密顧問官・大平駒槌に語った会談内容に関するメモによれば、マッカーサーは米国の一部や関係諸国から天皇制の廃止や昭和天皇を戦犯にすべきとの声が高まっていることに危機感をもち、幣原に対して『幣原の理想である戦争放棄を世界に声明し、日本国民はもう戦争しないという決心を示して外国の信用を得、天皇をシンボルとすることを憲法に明記すれば、列国もとやかく言わず天皇制へふみ切れるだろう』と語ったという[30]」。

憲法学者の故宮沢俊義・東大教授のノートに書かれたメモには、昭和天皇が憲法GHQ草案にたいして「これでいいじゃないか」と発言し、幣原首相は「安心して、これで行くことに腹をきめた[31]」という心情も記載されていた。その翌日の1月25日に幣原は昭和天皇に拝謁した。『昭和天皇実録』には、幣原がマッカーサーと会見し「天皇制維持の必要、及び戦争放棄等につき談話した旨の奏上を受けられる[32]」と記録されている。つまり新憲法の骨格ともいうべき1条と9条が、幣原を介してではあるが、マッカーサーと昭和天皇によって論議され決定されていたのである。現行憲法の骨格ともいえる第1章（第1条〜第8条）の天皇条項と第2章（9条）の戦争放棄に、昭和天皇は深くかかわっていたのである。それは又、太平洋戦争を遂行した最高責任者である天皇の免罪でもあった。同時にこの憲法はアメリカとの強固な同盟関係と親米政権によって保障される、とも天皇は考えていた。

昭和天皇の戦争責任がたびたびに問題になった。昭和天皇の戦争責任の問題は、アメリカの占領政策に協力する形で、帳消しにされ歴史の中に吸い込まれていった。１９７５（昭和50）年のことである。生涯一度限りだったが昭和天皇は、かつての敵国アメリカを訪問した。ホワイトハウスの晩餐会で「わたくしが深く悲しみとするあの不幸な戦争の直後、貴国が我が国の再建のために温かい行為と援助の手を差し伸べられた」と晩餐会出席者を通じてアメリカ国民に感謝を述べた。

その後の記者会見で昭和天皇が晩餐会で「深く悲しみとするあの不幸な戦争」と述べたことを記者が取り上げ、「陛下は戦争責任を感じておられるのですか」と尋ねた。天皇は、質問した記者に向かって「そういう言葉のアヤについては、私は文学方面はあまり研究していないので、よくわかりませんからお答えできかねます」[33]と答えた。昭和天皇は生前、公には戦争への反省を表明したことは一度もなかった。昭和天皇にとっては、戦争責任問題は、アメリカとの少なくとも占領軍マッカーサーとの間で合意・解決済みだったのである。

だが国民の間には昭和天皇の戦争責任を問う声は、澱となって沈みこんでいる。昭和天皇も晩年には「辛(つら)いことをみたりきいたりすることが多くなるばかり。……戦争責任のことをいわれる」と漏らしていたという。だから徳仁・平成天皇は、生涯にわたって天皇の第一の公務として戦没者慰霊の旅をつづけたのである。そしてそれをできなくなったことを理由に生前退位をしたのである。

天皇がその責任を問われないということは、すべての批判が封鎖され、一般国民の戦争責任も封鎖される、ということになる。とりわけアジアの人々に加えられた加害責任はなおざりにされ、日本人は被害の殻のなかに閉じこもるようになった。象徴天皇制は、竹内好が言うように「諸価値を相殺する一種の装置」として戦後の日本社会を蔽い、反ソ連＝反社会・共産主義を始めとした様々なイデオロギーを排除する防壁となり、「天皇制コンフォーミズム」（大勢順応主義あるいは集団同調主義[34]）となって、戦後の日本社会を真綿のようになって、すっぽりと包んでいったのである。

〈注記〉

1、諸資料より筆者作成。

2、University of Wisconsin–La Crosse　HP　https://minds.wisconsin.edu/bitstream/handle/1793/75323/Bollinger_Neil_Arch_Thesis.pdf?sequence=1&isAllowed=y　(2021/07/20)

3、このパラグラフは、以下の著作によっている。堀一郎「第２次大戦期におけるアメリカ戦時生産の実態について⑴」『北海道大學）經濟學研究』29巻3号、２３９頁。http://hdl.handle.net/2115/31466　(2021/07/21)

4、須藤功「武器貸与援助とその清算」（『政経論争』第87巻第１・２号）https://m-repo.lib.meiji.ac.jp/dspace/bitstream/10291/20152/1/seikeironso_87_1-2_91.pdf　(2021/07/18)

5、National Resources Committee, The Structure of American Economy, Part 1, p.317(# 339) https://babel.hathitrust.org/cgi/pt?id=mdp.39015022651262&view=1up&seq=12&skin=2021

6、(1) U.S.Bureau of Labor Statistics HP　Labor force, employment, and unemployment, 1929–39: estimating methods,p.2,Table 1. https://www.bls.gov/opub/mlr/1948/article/labor-force-employment-and-unemployment-1929-39-estimating-methods.htm

⑵アンガス・マディソン『世界の経済成長史１８２０〜１９９２年』（東洋経済、２０００年）２８２頁。ＧＤＰはゲアリー

＝スミス・ドルによる実質。

7、国立公文書館アジア歴史センター HP　https://www.jacar.archives.go.jp/das/meta/C12120201400（2021/07/31）

8、公文書に見る日米交渉 HP　https://www.jacar.go.jp/nichibei/popup/pop_10.html

9、小倉庫次，半藤一利解説「小倉庫次侍従日記」（『文藝春秋』2007年4月号）156頁

10、岩倉具視「具視皇室財産ニ関シ意見ヲ閣議ニ提出スル事」国会図書館デジタルコレクション　https://dl.ndl.go.jp/info:ndljp/pid/781065/515?tocOpened=1　（2021/08/21）富贍（ふたん）とは豊にすること。

11、このパラグラフの数値は以下による。日本銀行ＨＰ　日本銀行百年史　https://www.boj.or.jp/about/outline/history/hyakunen/index.htm/　（2021/08/02）内　hyaku1_2_9_1.pdf - 日本銀行

12、⑴大沢覚（編纂）『戦前期皇室財政統計―内蔵頭名義の公社債・株券』（法政大学日本統計研究所、1995年）36-37頁、120-121頁。
⑵吉野俊彦『円の歴史』（至誠堂、1955年）275-280頁。
⑶帝室林野局 編『帝室林野局五十年史』（帝室林野局、1939（昭和14）年　国会図書館デジタルコレクション　https://dl.ndl.go.jp/info:ndljp/pid/1686768　（2021/08/28）　上記資料から筆者作成。

13、⑴黒田久太『天皇家の財産』（三一書房、1966年）109頁（表：御料地面積の移動）、112頁（表：類別御料地面積）の数値から作図。種類別御料地面積は1940（昭和15）年12月末
⑵前掲著248、249頁（表：御料林収支実績）の数値から作図。「林野収入」は維持管理費用を除いた金額。「純利益土地売却益」は林野経営費用を差し引いた純益と土地売却益の合計金額

14、〔資料出所〕
⑴大沢覚（編纂）『戦前期皇室財政統計―内蔵頭名義の公社債・株券』（法政大学日本統計研究所、1995年）108、109頁。

(2)『昭和財政史―終戦から講和まで』（第17巻資料―1）Ⅱ東久邇・幣原・第一次吉田・片山・芦田内閣時代。「皇室財産に関する特別調査委員会報告書」（１９４５年12月13日）４３１頁（＃１５１）https://www.mof.go.jp/pri/publication/policy_history/series/syusenkouwa/17_02.pdf　財産目録のデータは、(2)の「持ち株整理委員会、皇室財産ニ関スル調査報告書」１９４５（昭和20）年12月12日による。

15、(1)日本銀行ＨＰ「日本銀行百年史」48頁　https://www.boj.or.jp/about/outline/history/hyakunen/data/hyakus_1_2.pdf
(2)日本統計協会、日本長期統計総覧ＣＤ-ＲＯＭ 17物価

16、(1)大沢覚（編纂）『戦前期皇室財政統計―内蔵頭名義の公社債・株券』（法政大学日本統計研究所、１９９５年）38、39頁。
(2)財務省ＨＰ統計表一覧　https://www.mof.go.jp/policy/budget/reference/statistics/data.htm (2021/08/14)

17、田原総一朗「日本人にとって天皇とは何か《第一回》いまなぜ天皇論なのか」中央公論　https://chuokoron.jp/society/116439.html　(2021/09/07)

18、木戸幸一、木戸日記研究会編『木戸幸一日記　上』（東京大学出版会、１９６６年）１９４２年３月９日、９４９頁

19、前掲著、１９４２年６月８日、９６１頁

20、国会図書館「日本国憲法の誕生〉論点〉国民主権と天皇制」　https://www.ndl.go.jp/constitution/ronten/01ronten.html
(2019/07/13)

21、国会図書館「日本国憲法の誕生」米国の「初期対日方針」https://www.ndl.go.jp/constitution/shiryo/01/022shoshi.html
(2021/09/09)

22、(1)大蔵省財政史室編『昭和財政史―終戦から講和まで　第９巻 国有財産・造幣・印刷・専売』（東洋経済新報社、１９７６年）４５４頁。当該ページにおける「皇室財産に関する特別調査委員会報告書」（１９４５年12月13日）下記 pdf コマ番号１６２　https://www.mof.go.jp/pri/publication/policy_history/series/syusenkouwa/17_02.pdf
(2)持株会社整理委員会編『日本財閥とその解体(2)』原書房、１９７４年４９０～４９３頁

23、「読売新聞」１９４７（昭和22）年6月13日

24、(1)大沢覚（編纂）『戦前期皇室財政統計、内蔵頭名義の公社債・株券』（法政大学日本統計研究所、１９９５年）１０８、１０９頁。財産目録の列のデータは、資料出所(2)の「持ち株整理委員会、皇室財産ニ関スル調査報告書」１９４５（昭和20）年12月12日による。
(2)『昭和財政史・終戦から講和まで』（第17巻資料―１）Ⅱ東久邇・幣原・第一次吉田・片山・芦田内閣時代「皇室財産に関する特別調査委員会報告書」（１９４５年12月13日）４３１頁（下記pdf画像番号１５１）https://www.mof.go.jp/pri/publication/policy_history/series/syusenkouwa/17_02.pdf。表出外であるが、このほか現金（銀行預金）３３０１万４８５５円がある。

25、Ｍｉｔｓｕｂｉｓｈｉ・ｃｏｍＨＰ「三菱人物伝、vol. 12台湾出兵と三菱」https://www.mitsubishi.com/ja/profile/history/series/yataro/12/（2021/09/12）

26、データベース「世界と日本」ＨＰ「日清兩國間互換條款及互換憑單」https://worldjpn.grips.ac.jp/documents/texts/pw/18741117.T1J.html（2021/09/13）

27、国立公文書館　アジア歴史資料センターＨＰ「第57議会賠償金特別会計参考書」https://www.jacar.go.jp/〈データベース内検索〉レファイレンスコード：A08071754500を入力

28、加藤哲郎『象徴天皇制の起源』（平凡社、平凡社新書、２００５年）12頁。

29、船越耿一「「天皇制コンフォーミズム」とＪ．Ｓ．ミル『自由論』」長崎大学教育学部社会科学論叢41号、１９９０年、1頁。http://hdl.handle.net/10069/33541（2019/11/03）

30、古関彰一『日本国憲法の誕生』（岩波現代文庫増補改訂版、２０１７年）１４５頁。

31、「朝日新聞」２０１７年5月3日　http://www.asahi.com/shimen/20170503/index_tokyo_list.html

32、宮内庁『昭和天皇実録』第10巻、１９４６（昭和21）年1月25日（東京書籍、２０１７年）。（この書物にはページ数がな

く、本文中に年月日が記載されているだけである）
33、「朝日新聞」１９７５年11月１日。
34、船越耿一『天皇制と民主主義、戦後50年の考察』（社会評論社、１９９４年）１１８頁。

第3章

戦後日本を覆うドームのごときアメリカ＝象徴天皇制

(1)「一身二生」を生きた「人」昭和天皇

2019年4月30日は平成時代の最後の日となる。翌日の5月1日から元号が令和に変わり、皇太子・徳仁親王が天皇に即位し、令和という新たな時代が始まる、という。第2次世界大戦後の日本は、昭和・平成・令和と続いていく。

昭和（裕仁）天皇は、生涯のほぼ3分の1を「絶対主義天皇」として戦争の時代を、残りの3分の2を象徴天皇として「平和」の時代を生きた。昭和天皇は、「一身二生」を生きた「人」である。昭和天皇の後半生、昭和後期時代の44年間は、日本資本主義の「高度経済成長」の時代であった。その成長ぶりを1人当たりGDPで見ると、次のようになっている。1950年から2000年までの半世紀間で、1人当たりのGDPは、欧州12か国と米国は約4倍、全世界平均では2・9倍の伸びであった。これにたいして、日本の伸びは実に10・7倍[1]に達している。日本は、好不況を繰り返しながらも、世界が驚くような高度経済成長を遂げた国である。成長ほど、格差や貧困をはじめとした社会の諸矛盾・「歪み」への妙薬はない。敗戦後の昭和後半時代は、成長を享受できた時代だった。だがそれに続く平成時代は、昭和とは真逆の「停滞と格差と貧困」「失われた30年」の時代として、歴史に記録されるだろう。そして令和と命名された時代は、どのような時代になるのかよくわからないが、昭和後期時代に肩を並べるような経済成長は望めそうにない。人名で時代が画される元号制度は、日本だけだという。だが天皇名による後期昭和と平成という時代区分が、真逆の時代となるのも因果で皮肉めいた話だが、それは、戦後の日本資本主義の経済構造の投影でもある。

「上部構造とは、土台（下部構造）としての一定社会の経済構造の上に形成される政治的・法的・哲学的・道徳的・美的・宗教的な観念形態（イデロギー）やそれに対応する制度・組織（例えば国家・政党など）をいう。上部構造は下部構造によって生みだされ、それと不可分に結びついているが、いったん成立すると、一定限度において土台へ反作用を及ぼす」。『広辞苑』は上部構造をこのように規定する。〔経済＝下部構造〕とそれを土台として、その上に形成される政治・法・宗教などの〔観念形態＝イデオロギー〕である〔上部構造〕との統合的な分析によって明瞭な戦後日本像を、我々は得ることができる。

（2）戦後日本資本主義の構造と動態

戦後日本資本主義の下部・経済構造は、一言でいえば「外生循環構造」である。第2次大戦後、アメリカの世界戦略＝冷戦体制に組み込まれた日本は、アジアの工場として、はじめから外需・輸出をおり込んだ経済構造の構築を、アメリカから求められた。20世紀社会主義体制防遏のために、である。戦後日本の成長・蓄積メカニズムは、アメリカとその勢力圏への輸出・外需を推進力としたものであった。それに引っ張られて、国内の設備投資や個人消費などの内需も伸びていく。それを端的に示しているのが、朝鮮戦争、ベトナム戦争特需であり、そして日米貿易戦争とまで言われた対米輸出である。それが成長の道を拓いたのである。日本資本主義はその道を驀進し、日本の国内総生産（ＧＤＰ）は２０１０年に中国に抜かれるまで、１９６８年から42年間にわたって世界2位の座を維持し続けた。朝鮮戦争特需は、経済成長のスプリング・ボードとなり、ベトナム戦争特需は神武以来の好景気「いざなぎ景気」を日本にもたらした。朝鮮とインドシナ人民の呻吟をよそに、

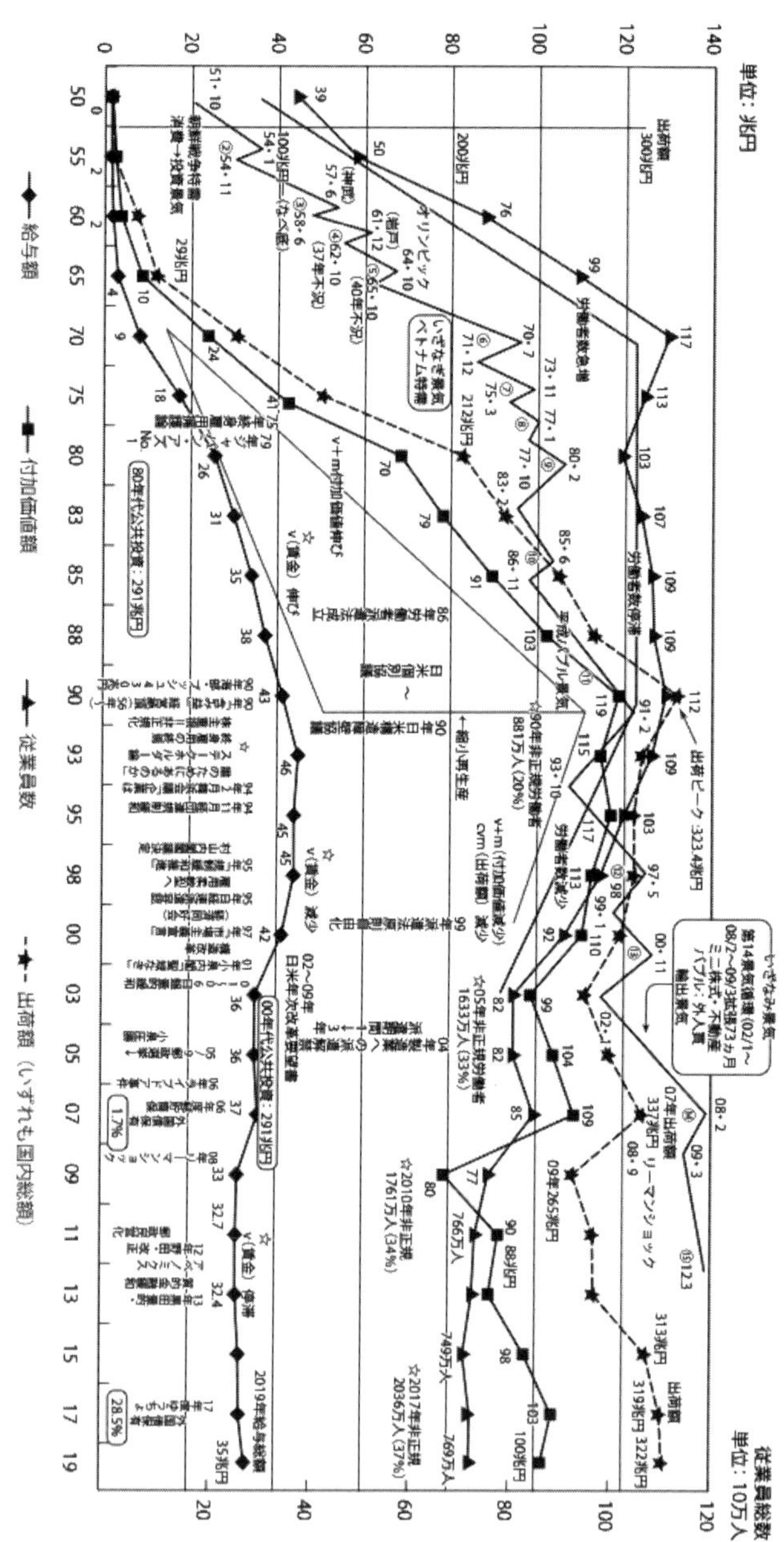

第１図　戦後資本賃労働関係

その犠牲の上に立っていた成長は、繊維、造船、鉄鋼、家電、自動車、半導体と輸出の主役を入れ替えながら、戦後40年以上にわたって継続したのである。だがそれは「ワンダラー・ブラウス」事件から始まり、家電、自動車、半導体と続く日米貿易摩擦となり、貿易戦争とまで言われる政治問題となったのである。

日本資本主義は景気後退を含みながらも朝鮮戦争特需から「岩戸景気」「神武景気」へと、１９５４年12月から１９６１年12月までの７年にも及ぶ好景気（第１次高度成長）を、享受することになる。その成長は ベトナム戦争を契機とする特需によって、１９６５年11月から１９７０年７月まで５年９か月に及ぶ「いざなぎ景気（第２次高度成長）」へリレーされ加速されていく。この成長は〔外生循環構造〕として定着することになる。〔外生循環構造〕とは、一国内での「生産＝消費」・「需要＝供給」が照応する構造ではない。初発からその照応を破ったがゆえに、いや、そうせざるを得なかったがために、成立した再生産・経済構造である。内需を代位補完する外需＝輸出を必要不可欠な構成要素とする構造である。輸出は選択の余地のない強制的なものとなる。別様な表現をすれば、かつての植民地の一次産品ならぬ工業製品の〔冷戦植民地＝加工モノカルチャー構造〕である。

この構造は思いもよらぬものの出現で、ブラッシュアップされていく。ソニー創業者の井深大は、欧米が発明し製品をつくったら、日本は商品を作る、と名言を吐いた。１９７０年代から輸出の主力商品となる家電や自動車に製造・製品革命が起きたのである。日本の電卓メーカーの要請によって１９７１年に製作されたインテル「ｉ４００４」というシリコン・チップは、４ｂｉｔから８ｂｉｔマイクロ・コンピュータへと成長し、旧石器時代から新石器時代への人類史の転換に匹敵する、あるいはそれを超える衝撃をもたらした。マイクロ・エレクトロニクス革命（ＭＥ革命）である。それを搭載した家電製品やそれを応用した商品は、稲作に起源をもつ日本人の「苦汗」・「稠密」・「協同」・「協調」労働力＝労働者によって生産され、比類なき輸出競争力をもつ商品になって、世界中とくにアメリカに輸出された。世界がスタグフレーションに苦しむ中、社会学者エズラ・ヴォーゲルによる『ジャパン・アズ・ナンバーワン』（原題：Japan as Number One: Lessons for America）が１９７９年発売され、「Newsweek」の１９８７年2月第2週号の表紙を「Your Next Boss May Be Japanese」が飾った。だがその時すでにアメリカによる巻き返しは、始まっていたのである。１９８５年のプラザ合意による円高ドル安への為替操作と日本の内需拡大による対米輸出の抑制である。「ウサギ小屋に住む仕事中毒」の日本人と批判を浴びせながら、アメリカ病と言われていた双子の赤字、とりわけ貿易赤字の削減をアメリカは目指した。円高＝ドル安に耐えながら、日本は国内の建設土木を柱とする輸出抑制＝内需拡大に突き進んでいった。だが昭和が終わり、平成が始まった１９８９年、その時だれもがバブル景気に酔いしれ、気づいてはいなかったが、驚異の成長の終わりが、影のごとく忍び寄っていたのである。アメリカの対日収奪戦略は、始動し始めていた。その第1弾が、平成元（１９８９）年7月の非公式協議から始まり１９９０年に最終報告書がまとめられた「日米構造障壁協議」である。この年次報告に充てられたタイトル「Initiative：発議、主導権」が示すように、それは、アメリカによる対日要求で「日本経済破壊＝収奪作戦」計画書であった。アメリカの貿易赤字は、日本の経済構造に由来するものであるから、「経済構造を改革せよ」とアメリカは日本に迫った。ソ連崩壊後アメリカは、国益を害する最大の敵を「日本の経済力」とみなし、国防総省、国務省、財務省、ＣＩＡ、金融機関、マスコミ、シンクタンクなどの日本専門家を集めた対日収奪作戦チームを結成して、日本の収奪作戦を開始したのである。１９８９年開始された日米構造協議は、包括協議へ、さらに「規制改革要望書」（１９９４～２００８年）[2]へバージョン・アップされながら、アメリカ側から発し続けられた。その中には「第2の黒船」などと呼ばれた当初430兆円、その後200兆円積み増しされた合計630兆円の「公共投資」も含まれていた。その公共投資には、阪神淡路大震災復興事業（1995年）や東京湾横断道路（1997年）なども含まれていた。[3][4]

アメリカの対日要求は、第2の日本敗戦＝米占領政策の開始であった。この収奪作戦は、21世紀以降、小泉内閣（2001年–2006年）の「聖域なき構造改革」へと引き継がれていく。アメリカの金融収奪、第2の敗戦後の日本再占領政策を日本政府は受け入れざるを得なかった。その象徴的な事案が郵政民営化である。小泉純一郎元首相が喧伝した「民営化でバラ色のサービスが可能」どころか、今の郵便局の現実は「民営化の破綻」を具体的に示している。郵便事業を支える40万人のうち、およそ半数の19万人が非正規雇用で、正社員との待遇差は歴然としている。小泉元首相は「郵便局は減らさない」と豪語したが、民営化後、全国で300以上の郵便局が廃止された。郵政民営化で郵貯の海外投資も自由となった。日本はアメリカの金融収奪の餌食となった。

アメリカの第2の占領政策は、日本の金融信託統治領化であった。その典型例をひとつだけ挙げれば、旧長期信用銀行のアメリカのヘッジファンド・リップルウッドによる引き受け、売却である。旧長期信用銀行は、バブル期に不動産投資や融資の失敗で、1998年経営破綻し一時国有化された。旧長銀に投入された公的資金は約8兆円、そのうち4兆円を超える部分が損失となり国民の税金で穴埋めされ、旧長銀は新生銀行として再上場された。その株式をリップルウッドは10億円で引き受け、その後1200億円を増資し、2004年に再上場し、この時点で2300億円の株式売却益を手にした。その後も米投資家グループの株式売却がつづき、現時点（2021年）でも投資ファンドによる新生銀行の売収騒動が繰り広げられている。

その間2002年2月から6年1か月続いた「ヒルズ族」が流行語になった「いざなみ景気」もあった。「いざなみ景気」は神話にちなんだ命名である。イザナミはイザナギの配偶女神だが、夫神イザナギと別れて死者の国、黄泉国（よみのこく）に住んでいる、という。「いざなみ景気」は、外人買いによるミニ・株式バブルと輸出＝外需による、神話のような実感なき「好」景気であった。「格差社会」が流行語になったことが表しているように、年越し派遣村が開村するなど、社会矛盾は深刻さを増すばかりであった。海外子会社もつ企業やインバウンド消費に潤った企業など「しっかり儲けた人・企業」もあったが、1・2％という実質GDP年平均成長率が示すように、景気が落ち込んだところからの上昇局面にしかすぎず、個人消費は落ち込んだままの実感のつかめない景気回復であった。

（3）戦後日本を覆うドームのごとき象徴天皇制

1945年、第1の敗戦が昭和後期時代の開始であったが、第2の敗戦は平成時代の「失われた30年」の始まりとなった。二人の天皇によって画された二つの時代は、対称的な時代となったのである。このいわば陽と陰の対比を論ずるとき、それは戦後日本資本主義の経済構造＝土台（下部構造）の上に形成された政治的・法的・哲学的・道徳的・美的・宗教的な観念形態（イデオロギー）である上部構造が問題となる。その上部構造とは、権威としての象徴天皇制とアメリカであり、このもとに権力＝制度・組織であるアメリカ＝象徴天皇制政府がある。

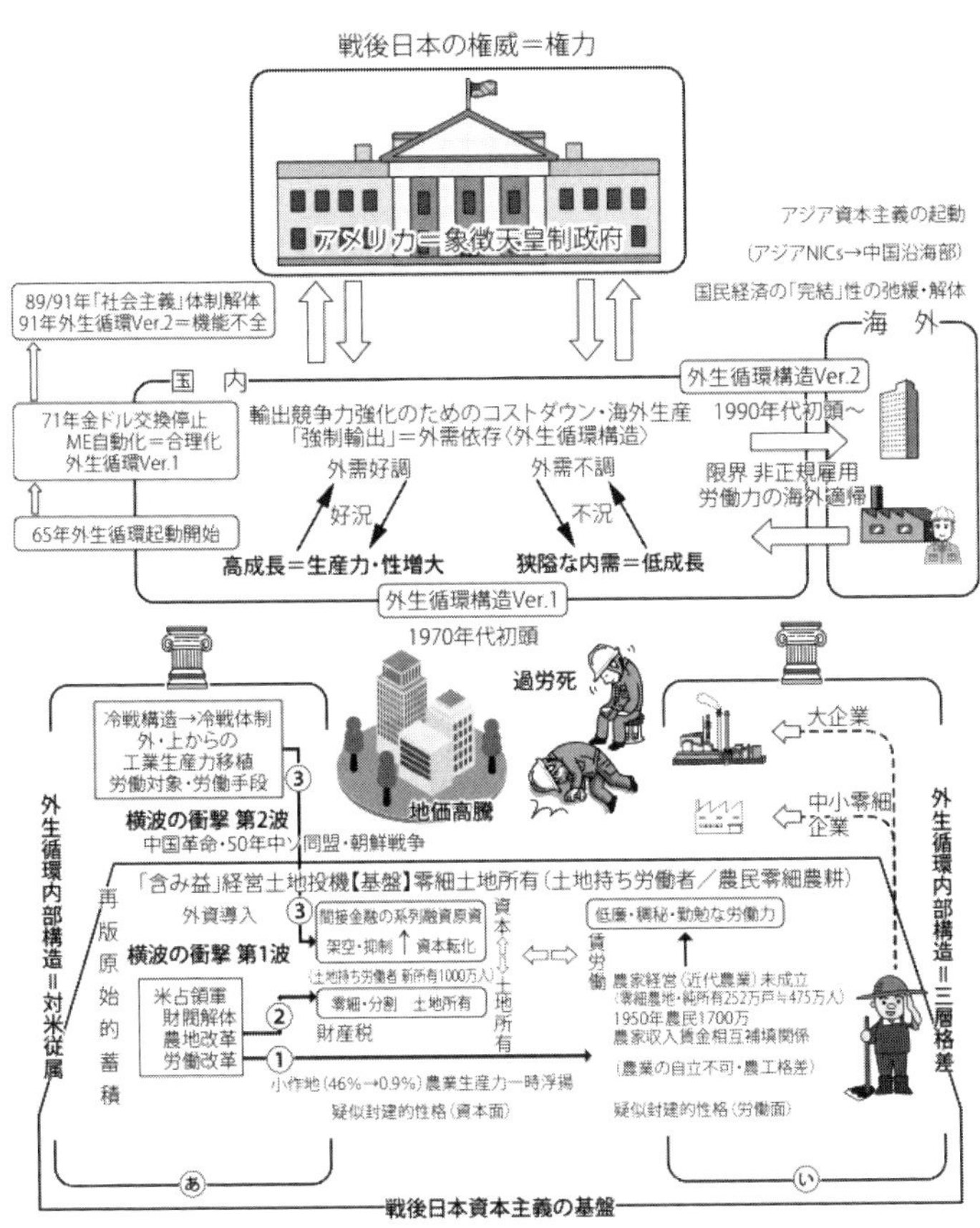

第2図　戦後日本資本主義の基本構成／構造[5]

丸山眞男は、象徴天皇制が日常生活の隅々にまで浸透して「自発的服従を組織する」と言う。象徴天皇制は、「ヨーロッパ文化千年にわたる『機軸』をなして来たキリスト教の精神的代用品建前として」、実際には強力な社会統合のツールとなっている。「権威と権力」のなかでとらえられてきた天皇制をどうとらえるのか。昭和後期時代と平成時代の象徴天皇制の有様と役割を対比しながら考えてみよう。

そして、もう一つの大きなドームのごとく日本を覆っている社会統合機能、権力を内包した権威がある。それがアメリカである。前段の経済に関して述べた箇所で、昭和時代の対米享受から平成時代の対米貢納への反転について述べた。アメリカの権威＝至高の価値観がいかにして形成され、それが国民の中にどう深く浸透し、戦後日本社会を統合・統治する役割をどう担ったのか。

戦後日本の経済構造＝外生循環構造をすっぽりと丸天井のように覆う権威が、【アメリカ＝象徴天皇制】であり、その傘の下で国家・政府が権力を握っている。アメリカという権威の中身は、異常で屈辱的な対米従属であり、この対米従属ときっちりと結びつき、機能している国民統治支配イデオロギーが象徴天皇制である。この「アメリカ＝象徴天皇制」が大伽藍、ドームのように戦後日本社会全体を蓋(おお)っている。

（4）戦後の昭和天皇――アメリカと反共主義

敗戦の年の2月、近衛は「国体護持の立場より憂(うれ)うべきは敗戦よりもこれに伴う共産革命[6]」と上奏した。この近衛上奏文は、敗戦へと向かうなかで、アメリカに一撃を与えて有利な条件の下で講和に臨み、天皇制＝「国体の護持」を担保しようという思惑からのものであったのだろう。この文脈は、戦後のアメリカの対日占領政策の民主化・非軍事化措置から経済復興へと転換してアメリカの戦略となった。いわゆる「逆コース」となって表れた。この方向転換は１９４８年1月のロイヤル声明に始まり、10月のアメリカ国家安全保障会議（NSC13/2）の決定によって実行に移されてゆく。アメリカの対アジア戦略にとって必要な日本の重工業化が本格化してゆく。こうした状況下１９５０年の朝鮮戦争と東欧諸国のソ連による属国化＝「共産化」の懸念は現実味を帯び、昭和天皇にとっては「共産化」は絵空事ではない、リアリティーを帯びた恐れとなった。

１９５３年4月に、離日するロバート・マーフィー駐日米国大使夫妻との昼食の席で昭和天皇は「朝鮮戦争の休戦や国際的な緊張緩和が、日本の世論に与える影響を懸念している。米軍撤退を求める日本国内の圧力が高まるだろうが、私は米軍の駐留が引き続き必要だと確信している。……ソ連と中国の指導者への不信を表明する一方、台湾の蒋介石総統が同大使に示した日本・韓国・台湾の反共提携構想に好意的な反応を示した」[7]ということ。昭和天皇がアメリカを迎え入れた動機は、万世一系の天皇家の存続と並んで、ソ連・共産主義に対する恐怖と嫌悪であった。

戦後の次の事がそれを証明している。朝鮮戦争が停戦になった１９５５年8月には日本民主党（当時：以下断りなき場合は同じ）鳩山一郎首相は、ソ連との国交樹立を目指し、日ソ平和条約の日本側の案も準備していた。と同時に自主防衛強化を構想し、3年以内の米軍撤退も考えていた。[8]この政府方針を重光葵外相が、昭和天皇に内奏したところ、昭和天皇は「日米協力反共の必要、駐屯軍の撤退は不可なり」[9]と答えたという。鳩山や重光らの自衛軍事力保持と親ソ外交に対して、後の首相・岸信介日本民主党幹事長は、対米交渉に向かう鳩山内閣・重光葵外相を評して「重光という人はああいう人だ。気持ちがわからん。保守合同はアメリカからオレが帰ったらまたまき返すさ」[10]と語ったという。保守合同によって親米同盟路線を国是とする政権を、岸らは樹立しようとしたのである。この「宮廷クーデター」にアメリカCIAは、「POKAPON（ポカポン）[11]」の暗号名を付け、日米同盟強化のための政治工作を本格化させた、という。

中国革命と朝鮮戦争勃発後、冷戦が誰の目にもはっきりとしてきたなかで、アメリカが鳩山一郎や重光葵（日本民主党）らのソ連への接近を警戒したとしても何の不思議もない。この動きに対して、アメリカに忠実な政権を作るよう対日工作が仕掛けられ、自由党と日本民主党との保守合同が成立し、1955年11月に自由民主党が生まれた。その1か月前には左右両派に分裂していた日本社会党も合同していた。世にいう「55年体制」が出来上がったのである。短命65日間の石橋湛山内閣の後、1957年岸信介内閣は誕生し、1960年に新「日米安保条約」が自動延長で成立した。このようにして戦後日本統治の基本的枠組み「55年体制」は仕上がったのである。この体制は、言うまでもなく対米従属と表裏の関係にある。岸らは未来の「自立」を夢に見ながら、社会主義から日本を守るため、天皇制を象徴としてでも温存してくれたアメリカに依存しよう、と考えたのである。

この考え方は奇しくも昭和天皇の考えとも一致していた。鳩山一郎内閣の「自主外交」路線で日米関係が揺らいでいた1956年2月17日に、駐米大使として赴任直前の谷正之に、「米国の軍事的・経済的援助が、戦後日本の生存に重要な役割を果たしてきたことに深く感謝し、この援助の継続を希望する。日米関係が緊密であることを望み、それが両国にとって持つ意義を十分認識している[12]」とのべ、これをアメリカ側に伝えるように依頼した、という。この発言を受けた谷大使は米国に赴任すると、天皇のメッセージをジョン・F・ダレス国務長官に届けた。同長官は「日本の安定と統合に天皇が果たしている、目立たないが重要な役割」に触れ、「将来の日本と良好な二国間関係に天皇の影響力は重要だ[13]」と述べたという。

第３図　スマート在日米軍司令官に話しかけた園遊会[15]

象徴天皇制のもとでも、昭和天皇の意識は、戦前のままであった。こうしたことは、その後しばしば内奏や園遊会などの皇室行事での会話がもれて、政治問題となった。内奏とは明治憲法下で、天皇に官庁・議院などが文書や口頭で意見・事案を述べることだが、昭和天皇が、戦後もそのまま在位したことで、慣習として戦後も引き継がれた。またアメリカ公文書にもその後の昭和天皇の「政治的発言」[14]が記録されている。これが昭和天皇の象徴天皇制なるものの実像である。その他の事例を二、三あげてみよう。キューバ危機収束２日後の１９６２年10月30日の園遊会で、昭和天皇はスマート在日米軍司令官に列を離れて直接語りかけ、「最近の出来事を注意深く見ていたが、平和的な結果に安心した。米国の力と、その力を平和のために使ったことに個人的に称賛と尊敬の念を持つ。世界平和のために米国がその力を使い続けることを希望する」[16]と述べたという。スマート司令官は「出席者の多い園遊会で天皇が米軍司令官を選んだことは重要で、ソ連代表が聞こえる距離にいたのも興味深い」[17]と、フェルト太平洋軍司令官に電報を打ったという。またエドウィン・ライシャワー駐日米大使も、「重要なのは、天皇や側近が在日米軍への評価と感謝を表明するのに、この時期がふさわしいと判断したことだ」[18]と国務省に報告した。

「１９７２年３月２日付と推定される駐日米国大使館発米国務長官あて電報では、ニクソン米大統領の訪中直後の同日、アーミン・マイヤー駐日米国大使と会見した昭和天皇は、同大使の『米中接近と世界の緊張緩和にもかかわらず、米政府はアジアの平和にとって日米関係ほど重要なものはないと考えている』との発言に『目に見えて感動し、感謝の意を表した』という」[19]。昭和天皇が冷戦下で一貫して日米安保条約や米軍の日本駐留を極めて重視していたことがうかがえる。これらの資料はアメリカの公文書の新聞報道であるから、詳しく検証するには、日本側の資料も必要ではある。だが日本側の資料は、内奏の「漏洩」や側近の日記など、ごく限られている。そうした中で次の出来事は、注目に値する。

1973年5月増原恵吉防衛庁長官が、昭和天皇に「当面の防衛問題」について内奏したとき、昭和天皇は、次のように述べたという。「『近隣諸国に比べ自衛力がそんなに大きいとは思えない。国会でなぜ問題』になっているのか』とお聞きになった。増原防衛庁長官は『おおせの通りです。わが国は専守防衛で野党に批判されるようなものではありません』というと、昭和天皇は『防衛問題は難しいだろうが、国の守りは大事なので、旧軍の悪いことは真似せず、よいところは取り入れてしっかりやってほしい』といわれた」と述べたあと、同長官はさらに「『国会での防衛二法の審議を前に勇気づけられました』と感想を語った」[20]。昭和天皇が積極的にアメリカを「迎え入れた」最大の動機は、くり返すが天皇制を否定する共産主義への恐怖と嫌悪だったのだろう。そしてその恐怖と嫌悪を取り除き天皇制を保証してくれるものがアメリカであり、日米安保条約なのである。革新自治体が全国に広がろうとしていた1970年代、京都・黒田、東京・美濃部、横浜・飛鳥田の誕生について昭和天皇は、「革命」が起きて象徴天皇制が揺らぐことの危機感を抱いた。卜部亮吾よる1971年4月12日付の日記には、昭和天皇から「東京・京都・大坂の3府を革新に奪わしは政府ショックならん、政変があるかと御下問あり[21]」と記されている。「象徴天皇制」と藩屏である日米安保体制・アメリカこそが、昭和天皇にとっては戦後の『国体』だったのである。象徴天皇制がアメリカに支えられていることを昭和天皇は理解し、自ら象徴としての「勤め」を果たしたのである。昭和天皇は、「象徴」だとしても「万世一系」の天皇家を残してくれたアメリカの恩を忘れず、意を体して積極的に自らの役割を果たした。それは「打てば響く」、いやそれどころか打った以上に響いたのである。その音は、アメリカの冷戦体制戦略の「反ソ・反中国」「反共産主義」との共鳴音でもあった。

憲法6条に基づいて天皇が内閣総理大臣や最高裁判所長官を任命する国事行為は、天皇があたかも国政の最高の地位にあるかのようにみえる。さらに皇居への一般参賀・園遊会・地方巡幸・アマチュアスポーツへの天皇杯・皇后杯の「下賜」・相撲やプロ野球の観戦、皇族の結婚式の演出などによって、天皇家は親しまれる皇室づくりに腐心している。

昭和天皇は戦後になっても国家元首としての意識をもち続け、首相などによる内奏を通じて、また園遊会などの公的行事のなかで、政治的な意思表示を繰り返し行ってきた。昭和天皇は、このようにして憲法と日米安保体制の制定、すなわち戦後日本の支配層の統治＝権力の基本骨格の形成に深くかかわっていたのである。アメリカの構想した象徴天皇制は、こうして仕上げられて、昭和の象徴天皇制として、ドームのごとく戦後日本・昭和を覆ったのである。

（5）平成（明仁）天皇の象徴天皇制

平成時代の象徴天皇制とは、どういったものだったのだろうか。新憲法下で昭和天皇から続く国事行為は継続した。平成天皇[22]は、日本全国を巡行し海外の戦争犠牲者の慰霊を続けた。昭和天皇は、国民と握手することもなかったが、平成天皇は国内の被災地で膝をついて被災者の目線で見舞い、被災者に言葉をかけつづけている。この姿は、天皇の「慈悲深さ」を表すものとして、メディアでも絶賛され続けている。このような「公的行為」の拡大は、天皇の権威を高めるための巧みな政治的演出であることは違いないが、昭和と平成の象徴天皇制のおおきな違いではないのだろうか。その一つは沖縄を含む戦没者の慰霊であり、二つ目が国内災害被災地の訪問と見舞いである。

沖縄本島を中心とした南西諸島地域（以下沖縄）は、沖縄戦以来米軍占領下に置かれた。１９５２（昭和27）年4月28日発効のサンフランシスコ講和条約によって、沖縄は日本から分離され、米軍の直接統治下に置かれた。米軍は、沖縄を「太平洋の要石（キー・ストーン）」と称し、無制限に使用できる恒久基地を建設した。沖縄住民はアメリカの軍事支配のもとで無権利状態に置かれ、軍事基地の重圧が生活や人権を圧迫した。１９７２年に本土復帰を果たした今日でも、沖縄の状況は基本的には変わってはいない。辺野古の米軍基地建設の状況を見ればよくわかる。

沖縄では１９５０年代初頭から復帰運動が始まった。56年には軍用地接収に反対する土地闘争が起こり、「民族的悲願としての祖国復帰」というスローガンを掲げた運動が展開された。１９６０年4月28日沖縄県祖国復帰協議会（復帰協）が結成され、それから毎年4月28日の「屈辱の日」（沖縄ディ）を中心に、日本本土復帰を目指す「島ぐるみ運動」が展開されるようになった。同時に本土でも沖縄返還が国民的課題として取り組まれるようにもなった。こうした政治情勢のなか１９６２年末から沖縄と日本本土の中学生たちの「豆記者団」の相互訪問が始まった。「豆記者」とは、沖縄と本土の中学校の新聞部員の相互派遣メンバーのことである。

1963年沖縄からの第1次沖縄「豆記者」に、明仁皇太子（平成天皇）、は、東宮御所で面会し、以降毎年欠かさず面会を続け、沖縄への深い関心をもち続けた。

昭和天皇は沖縄訪問に強い意欲を示していたのにもかかわらず、生涯一度も沖縄訪問を果たすことはできなかった。昭和天皇はおそらく、沖縄に対して「自責の念」を生涯もち続けていたもの、と思われる。それは、沖縄戦が、国体、天皇制存続の確証を連合国側から引き出すために、米軍を沖縄にくぎ付けし、時間稼ぎをするための戦争だったからである。すでに敗戦は、時間の問題となっていた。1945年6月上旬から、日本はソ連を仲介とする和平工作の打診[23]を行っている。和平条件の最重要項目は、国体の護持、天皇制の保証であった。鈴木貫太郎内閣は、1945年7月26日に発せられた「ポツダム宣言」受諾について、中立国のスイスやスウェーデンを通じて「皇室及国体」護持を問い合わせている。回答を得られないまま、鈴木内閣は、7月28日にポツダム宣言を「黙殺」し、8月10日に「天皇ノ国家統治ノ大権ヲ変更スルノ要求ヲ包含シ居ラサルコトノ了解ノ下ニ受諾ス[24]」、と連合国側に通知した。確答を得られないまま鈴木内閣は8月14日の御前会議で「ポツダム宣言受諾最終決定、中立国を通じ連合国に申入れ[25]」を行ったのである。その間に広島、長崎に原爆が投下され、ソ連軍の対日参戦もあった。歴史に「もしも」はないのだろうが、もし鈴木内閣が、米英中三国から発せられた「ポツダム宣言を『黙殺』」せず、7月28日に受諾していれば、原爆もシベリア抑留も中国残留孤児も朝鮮半島の南北分断もなかったであろう。

昭和天皇は、本土防衛「国体護持」のために沖縄を「捨て石」にし、戦前沖縄県民を皇民と認めず、「皇室」維持のために犠牲にしたのである。そればかりではない。敗戦後の1947年9月には、昭和天皇は宮内庁御用掛の寺崎英成を通じてシーボルト連合国最高司令官政治顧問に、「米国による琉球諸島の軍事占領の継続を望む」[26]との意思を伝えていた。天皇制維持、皇室保全と引き換えに沖縄を「切り捨てた」負い目を、皇太子時代の平成天皇は、昭和天皇から引き継いだに違いない。

皇太子時代の平成天皇夫妻は、本土復帰3年後の1975年7月17日、初めて沖縄を訪問した。車列にガラス瓶や石などが投げ込まれ、献花のために訪問した「ひめゆりの塔」では火炎瓶を投げつけられた。だがその晩、平成天皇は「常に多くの苦難を経験しながらも、常に平和を願望し続けてきた沖縄が、さきの大戦で、わが国では唯一の、住民を巻き込む戦場と化し幾多の悲惨な犠牲を払い今日にいたったことは忘れることのできない大きな不幸であり、犠牲者や遺族の方々のことを思うとき、悲しみと痛恨の思いにひたされます。……平和への願いを未来につなぎ、ともどもに力を合わせて努力していきたいと思います」[27]と、「異例の談話」を発表した。沖縄に強い思いを抱きづづけた平成天皇の沖縄訪問回数は11回に及んだ。沖縄県民は、明治政府の琉球処分[28]以来、今でも日本国民として、くくられることに違和感をもつ人が多いという。国連も、沖縄の人々を「先住民族」と認識しない日本政府に懸念を表明している。日本政府は、アイヌ民族を先住民族と認めたものの、沖縄の人々を琉球先住民族とは認めていない。平成天皇の沖縄への思い入れは、沖縄をはじめとした国民統合の周辺にいる人々を、再統合しようとする強い意志の表れのように思える。これは被災地住民や太平洋戦争の戦争犠牲者など、いわば日本国民として阻害され周辺に追いやられた国民に手を差し伸べ、再統合しようとする姿勢に通ずるものであろう。

平成天皇が美智子皇后同伴で行っている「戦没者慰霊の旅」も、象徴天皇の役割である国民統合を果たそうとする表れであろう。その行為「行幸」は、平成天皇が「平和主義者」である、というイメージを国民に強く印象づけている。沖縄を含む日本国内のみならずサイパンやパラオなどの太平洋の島々を訪れ、戦没者の魂を

第4図　床に膝をついて被災民を見舞う平成天皇[29]

慰める「慰霊の旅」は、平成天皇夫妻のみならず、皇室の「慈悲深さ」の表れとして、メディアで絶賛され続けている。しかし遠藤興一が「天皇制慈恵主義」と論じた平成天皇の「慈悲深さ」は、周辺国民や異国民には違和感をもって迎えられた。サイパン島への「慰霊の旅」で、犠牲者全員の慰霊の願いにもかかわらず、「韓国人犠牲者の慰霊場所への訪問は理由なくスケジュールからはずされ、サイパンの朝鮮半島出身者の大きなコミュニティーから抗議の声が出た[30]」と、ＢＢＣは伝えている。最終的に平成天皇夫妻は、韓国人犠牲者の記念碑を「短時間訪れ頭を下げたが、写真を撮ることは禁じられた[31]」という。

平成天皇の「慈恵主義」による国民再統合は、国内の被災地への訪問によっても強く印象付けられている。平成時代に入って１９９１年雲仙普賢岳、１９９３年以降11回に及ぶ沖縄訪問、１９９５年阪神大震災、２００１年三宅島、２００４年新潟中越地震、２０１１年東日本大震災、２０１８年西日本豪雨、北海道地震など被災地を見舞う「祈りの旅」は、「即位から15年たった２００３年に全都道府県を踏破した。この時点で、移動の総距離は地球3周分の約12万キロメートルに及んだ。２０１７年の鹿児島訪問で2巡を果たしている[32]」。平成天皇・皇后が被災地に入り床に膝をつき、時にはスリッパも履かずに避難所の床に正座して被災者の話に聞き入る姿は、歴代天皇として初めてであり、「慈悲深さ」を表すものとして賞賛され続けている。平成・明仁天皇は、憲法に定められた国民統合の象徴としての役割をここに見出し、行為をとおしてその役目を果たしたと言えよう。

（6）象徴天皇制、昭和と平成二つの位相

1、平成の象徴天皇制

平成天皇の象徴天皇制とは、いったい何だったのか。権力の基本構造に陰に陽に深くかかわった昭和天皇の「象徴」とは、ずいぶんと違っている。敗戦と日本国憲法制定によって、確かに戦前天皇制の「権力的契機」は拭い去られた。だが昭和天皇は、象徴天皇制のもとでも、あたかも戦前の絶対主義天皇制下の天皇のようにふるまった。これと比べると平成天皇は、憲法に定められた「象徴としての天皇」をめざしたと言える。昭和天皇から引き継いだ平成天皇への内奏は、２０１６年末までの間に、総理大臣にかぎっても１２４回[33]に及んでいる。閣僚の内奏は40回、そのほか新閣僚や新大使の認証式に伴う内奏は４５５回に及んでいる。しかし、そこでの総理大臣や閣僚たちと平成天皇とのやり取りは公表されず、また昭和天皇のように外部に漏れることもほとんどなかった[34]。平成天皇は、昭和天皇と違って、慎重に政治的発言を控えていた、と言えよう。ただ、天皇の見識を養うための自衛隊幹部・都府県知事・閣僚・学者らの「進講」では、災害や自衛隊に関するものが多かった。とくに国連平和維持活動に派遣された自衛隊員１００名から２００名に面会し「いろいろと苦労もあったでしょう」「滞りなく任務が遂行されてよかったですね[35]」とねぎらいの言葉をかけたという。平成天皇

には政治的な意図はなかったのかもしれないが、進講が政治的な効果を果たしていることは、見過ごすわけにはいかない。また「慰霊の旅」や被災地への「お見舞い」は、政権批判を和らげ周辺に置かれ阻害されていると感じている国民をつなぎ留め、再統合する役割を果たしている。このことがはっきりと表れた事例がある。

２００６年の教育基本法改定が進行中の６月に行われた在日外国報道協会の記者会見で、代表が、「愛国心を促す方向で日本の教育基本法の改正が進められています。……近隣諸国では、そういった動きが戦前の国家主義的な教育への転換になるのではと恐れられています」と質問した。この質問にたいして、平成天皇は、そうした「時代のあったことを多くの日本人が心にとどめ、そのようなことが二度と起こらないよう日本の今後の道を進めていくことを信じています」[36]と答えた。だが学校現場では「日の丸」「君が代」が強制されている。２００６年に改訂された新教育基本法は、第2条5項に「我が国と郷土を愛する」が加筆された。それが学習指導要領の「日の丸」・「君が代」条項に反映されるようになった。学習指導要領は、１９５８（昭和33）年の改訂で、「儀式などを行う場合には、……国旗を掲揚し、君が代を斉唱させることが望ましい」とされていたが、１９７７年の改訂により、「君が代」が国歌と改められ、さらに、１９８９（平成元）年の改訂により、「入学式や卒業式などにおいては、……国旗を掲揚するとともに、国歌を斉唱するよう指導するものとする」という内容になった。「告示」は、行政機関が一般に向けて行う通知である。だが２００６年の教育基本法の改定により、「告示」が強制力を伴うものとなり、「君が代」起立・斉唱を拒否する教員らの行政処分が発生している。「国家主義的な教育への転換」が「二度と起こらない……ことを信じています」と、平成天皇が述べたことが、その「願い」とは裏腹に、「国家主義的な教育への転換」懸念を緩和し相殺する役割を果たす結果になっている。

また、こうした国内問題とあわせて外交問題においても、象徴天皇の「役割が何か」を示す事案があった。

それは、1992年の平成天皇の中国訪問である。1989年天安門事件で、アメリカ国務省は対中資金供給停止を世界各国に要請し、アメリカは勿論、世界銀行も対中国融資の全面停止を行った。だが同時に1989年の東欧革命やマルタ会談をうけ、1990年のヒューストン・サミットでは、中国に対する「経済改革」促進の融資が提起された。これを受けて中国も1991年には鄧小平が「南巡講話」で「改革・開放」を国是にして、「社会主義市場経済」を宣言した。日本も1991年海部首相が訪中し、中国接近を実現しようとした。だが、訪中反対の声も強く国内世論はまとまらなかった。こうした状況を打開するために、天皇の訪中が計画され、1992年に平成天皇は訪中したのである。楊尚昆（ヤンシャンクン）国家主席主催の晩餐会（人民大会堂）のスピーチで、平成天皇は「我が国が中国国民に対し多大の苦難を与えた不幸な一時期がありました。これは私の深く悲しみとするところであります[37]」と述べ、中国に対する侵略戦争の非を認め、日本の責任も明らかにしたのである。

また韓国に対しても、植民地支配の責任についても、その非を認める発言をしている。昭和天皇も平成天皇も、韓国を訪問できなかったが、1990年5月の盧泰愚大統領歓迎の宮中晩餐会で平成天皇は次のように述べた。「昭和天皇が『今世紀の一時期において、両国の間に不幸な過去が存したことは誠に遺憾であり、再び繰り返されてはならない』と述べられたことを思い起こします。我が国によってもたらされたこの不幸な時期に、貴国の人々が味わわれた苦しみを思い、私は痛惜の念を禁じえません[38]」と述べ、1984年の宮中晩餐会での昭和天皇のスピーチを引用しながら、「不幸な過去」の責任は日本にある、と謝罪したのである。また1994年金泳三大統領歓迎の宮中晩餐会でも、平成天皇は、植民地支配の時代について「我が国が朝鮮半島の人々に多大の苦難を与えた一時期[39]」と述べ、責任の所在をはっきりと示した。そのうえで「先年、私の深い悲しみの気持ちを表明いたしましたが、今も変わらぬ気持ちを抱いております[40]」と、4年前の盧泰愚大統領に対して「痛惜の念」と表現した「おわびの気持ち」を改めて示した。

こうした事案は、「天皇の政治利用」との批判が常に付きまとう。平成天皇は1992年の訪中前の会見で「私の立場は、政府の決定に従って、その中で最善を尽くすことだ」と述べている。平成天皇は、憲法の定める「象徴としての天皇」をめざした、と言える。だが、政権の意図「天皇の政治的利用」が、そこに織り込まれていることも事実である。昭和後期と平成時代の二人の天皇の象徴天皇制は、ずいぶんと違ったものになったが、国民統合の象徴、「権威」としての役割は十分にはたしていた、と言えよう。

「権威」というと、「権」という文字から、暴力をともなう強い「権力」をイメージするが、そうではない。権威は、さまざまな意味で用いられる。日常的には、その道の第一人者という意味や、社会的信用や資格を意味したりもする。共通していることは、社会において制度、地位、人物などを優越的な価値を有するものと万民が認め、その優越的な価値を遂行することを社会が受け入れると、それらの制度、地位あるいは人物は権威を有している、ということになる。この権威がもっとも顕著に現れる支配と被支配・服従関係に限定してみると、強制力をもつ権力、例えば政府が社会的に承認され妥当性をもつようになると、権威が成立する。権力者・権力機関が権力をもち、服従する者が権力を行使することを正しいと認めると、服従者＝大多数の国民は自発的に権力に服従することになる。このように、権力の正当性が服従者に植え付けられたとき、権力は権威になる。日本国民の社会に対する、あるいは国民相互間の行為の善悪を判断する基準として、一つの考え方が広く一般に流布し承認される規範の総体と、とらえられるようになる。それが「権威」である。軍事・警察力や法律のような外面的強制力を伴わなくとも、国民一人一人の内面的な価値秩序への服従が「権威」なのである。

1946年5月の食料メーデーには、共産党員・松島松太郎の「國體はゴジされたぞ　朕はタラフク食って

るぞ　ナンジ人民飢えて死ね　ギョメイギョジ」と書かれたプラカードもあったが、大会決議・上奏文は、「わが日本の元首にして統治権の総攬者たる天皇陛下の前に謹んで申上げます」で始まり「人民の総意をお汲みとりの上、最高権力者たる陛下において適切な御処置をお願い致します」と結ばれていた。毎日新聞の世論調査にもみられるように、天皇制は、1946年敗戦直後の時点でも支持85％にたいし反対は13％[41]にとどまっている。1919年「民主的なワイマール憲法によって、真の政治への扉が開かれた時、ドイツ人は、宮殿に嘆願に行った農民たちがどう行動したらよいのかほとんど分からないように、ぽかんとして戸口に立っていた[42]」という。これと似た状態だったのかもしれない。

丸山眞男でさえ、1989年の昭和天皇死去に際して発表した「昭和天皇をめぐるきれぎれの回想」の中で、1946年2月に「超国家主義の論理と心理」を執筆した時の心境を、次のように語っている。「論文は、私自身の裕仁天皇および近代天皇制への、中学生以来の『思い入れ』にピリオドを打った、という意味で……私の『自分史』にとっても大きな劃期となった。敗戦後、半年も思い悩んだ揚句、私は天皇制が日本人の自由な人格形成……にとって致命的な障害をなしている、という帰結にようやく到達したのである。あの論文を原稿紙にかきつけながら、私は『これは学問的論文だ。したがって天皇および皇室に触れる文字にも敬語を用いる必要はないのだ』ということをいくたびも自分の心にいいきかせた。私にとってはつい昨日までの自分にたいする必死の説得だったのである。……天皇制の『呪力からの解放』はそれほど私にとって容易ならぬ課題であった[43]」と。

昭和天皇は、戦前の大日本帝国憲法「第3条天皇ハ神聖ニシテ……国ノ元首ニシテ統治権ヲ総攬」する元首としての意識を捨てきれず、首相による「内奏」などを通じて政治的な意思表示を繰り返し行う象徴天皇として昭和後期時代を生きた。そして平成天皇は、「慰霊」と「お見舞い」という「天皇制慈恵主義」で、憲法第1条に規定された「日本国民統合の象徴」としてその役割を果たした。この象徴天皇制という「権威」は、「昭和の終わり平成の始まり」と「平成の終わりと令和の始まり」に特異な現れ方をした。それは、昭和天皇「崩御」の自粛と平成天皇の退位・令和（徳仁）天皇の即位の祝賀のなかで、である。前者の自粛は、昭和天皇の闘病中からで、歌舞音曲を伴う派手な行事・イベントが中止または縮小された。平癒祈願の記帳をした国民は、病臥の報道から1週間で235万人にも上り、記帳者総数は900万人に達した。自粛の動きは大規模なイベントだけでなく、結婚式などの個人の生活にも波及した。今次の平成から令和への時は、新時代が始まる「祝賀ムード」として演出され、テレビなどは天皇代替わり報道で埋め尽くされた。

いずれの時も象徴天皇制に異を唱える、などということは、「恐れ多い」とのムードが国中にあふれかえった。異なる意見は、強圧によってではなく「自粛」によって封印されたのである。民主主義とは、異なる思想や良心を認める、ということだろうが、それを自ら封印することを余儀なくされたのである。これこそが「内なる天皇制」「象徴天皇制」なのではなかろうか。これに対置・対抗できうる「内なる民主主義」が、改めて求められている。

2、「内なる天皇制」としての象徴天皇制、代替わりの谷間

歴史上天皇家は、宗教的とも文化的ともいえる不可解な権威を保有してきた。各時代を通じて、政治権力を掌握した勢力は、権力のシンボル（象徴）として天皇家を処遇してきた。処遇の仕方は様々だったが、天皇家

を担ぎ上げなかった政治権力はなかった。権力の正当性を担保する証、その象徴としての天皇制である。

　そういう点からみると、昭和前期時代、戦前の天皇制は、権威（教育勅語・国体思想）も権力（陸海軍）を具有した「絶対主義天皇制」で、歴史上特異な天皇制だった、といえよう。だが戦前の「絶対主義天皇制」は、戦後するりと変質し「象徴天皇制」となって本来の姿に戻ったかのようにも見えた。しかしすでに述べたように昭和天皇は、憲法制定と日米安保体制の構築に巧みにかかわり、戦後日本の統治＝権力機構の形成に、象徴天皇というベールをかぶり、深くかかわっていたのである。これは、疑似絶対主義（象徴）天皇制とでもいうべきであろう。そればかりではない。

　昭和時代の末期、１９８８年秋口から翌89年初にかけて昭和天皇が吐血・下血を繰り返し重篤に陥り死亡した時、日本各地で「自粛」の動きが広がった。「自粛現象」は、象徴天皇制が日常生活の隅々にまで浸透して「自発的服従」を組織している、ということをはっきりと示してくれた。奥平康弘は、昭和天皇の重篤にさいして日本全国で見られた異常な「自粛」や平癒祈願の「記帳」は、国民の「内なる天皇制」によるものと指摘した。奥平は「わが私事の身辺を公にさらすのは『内なる天皇制』と同根の日本的生活感覚に適わないところがあるが」[44]と断りながら、次のようなエピソードを語っている。昭和天皇が重篤に陥った１９８８年末、国際シンポジウムの準備過程で、同僚が「いつ、なん時、Xディが来るかもわかりませんよ、シンポジウムの……中止とか延期とかの準備をしておく必要があるんじゃないですか」。昭和天皇死去で「喪に服す」」、「自発的服従」という「『内なる天皇制』が自然的に発露しているのであるが、その論者が私（＝奥平：涌井挿入）の最も尊敬する社会科学者のひとりであり、かれはまた他の点ではきわめて鋭い文明批判をしてみせてくれる冷静な観察者でもあるのだから、私のショックは並みのものではなかったのである」と。さらにもうひとつは「１９８７年来日のベルリン・オペラ……初日第一夜のことである。皇太子（平成天皇）・妃臨席をひとびとは起立して迎えた。初日ということもあってか、開幕まえ『君が代』が演奏された。周辺を見回したところが、私を含めほんの二、三の人だけが未起立。少数者感をいやというほど感じさせる一刻であった[45]」。

日本国中が自粛ムードに包まれていた時、筆者がかつて所属していた明治学院大学でも、大学祭開催について、森井眞・学長名で次のような半紙1枚ほどの告知文が掲示された。「天皇の病状悪化に伴い、世間では行事の自粛等が行われているが、……『当面特別なことはしない』と決めている。つまり現（昭和）天皇がなくなっても、……白金祭を中止するよう学生に勧告するとか、半旗を掲げるとか、そのようなことは一切しない」。そして「天皇制を絶対化、神聖化してはならない」との学長声明と共に、1週間にわたって天皇問題の集中講義とシンポジウムが開かれた。これに対して、明治学院大学キャンパスの内外のあちこちに「国賊学長を許すな」というポスターがはられ、街宣車による脅迫まがいの圧力が加えられた。

それから30年後、平成最後の年の翌日、２０１９（令和元）年5月1日、同じキャンパスで、「天皇の代替わりを考える講演会」が開催された。その閉会の挨拶で、この講演会の開催の経緯が話された。大学学長室から「この講演会開催をメイル等で拡散しないようにして欲しい。また開催のホーム・ページ上の掲載期間を短縮するように」との要請があった、と。会場内に「エッ」という戸惑いが広がった。

筆者にも同じような体験がある。１９９０年、息子の中学校の卒業式冒頭で、進行役の教頭が「君が代斉唱、一同起立」と号令をかけた。一斉に講堂の参列者が起立するなか、私一人だけが起立しなかった。式は粛々と何事もなく進められたが、日常生活の隅々にまで浸透する異を唱え反対する考え・態度を封鎖するバリアーとしての「内なる天皇制」が作動し、私は、そこに「象徴天皇制」を見た。その翌々年の娘の卒業式では、司式者は式冒頭で「起立」とだけ号令をかけ、そののち「君が代斉唱」となった。だが歌声はか細かったような記憶がある。

学習指導要領の「日の丸」・「君が代」条項は、1989（平成元）年「入学式や卒業式などにおいては、その意義を踏まえ、国旗を掲揚するとともに、国歌を斉唱するよう指導するものとする」[46]という内容に変更された。この学習指導要領改訂から30年、平成時代は教師や生徒らにとって、思想良心の自由に「踏み絵」が迫られた時代であった。卒業式などで起立せず、「君が代」を歌わなかったのは職務命令違反だ、として教員らが処分を受けた。この「処分取り消し」を求めた裁判が、全国で起こされた。2019年春に、国連・国際労働機関（ILO）は、「愛国的な式典に関する規則に関して、教員団体と対話する機会を設ける。規則は国旗掲揚や国歌斉唱に参加したくない教員にも対応できるものとする」[47]などを、日本政府に勧告した。

奥平康弘は、昭和天皇の重篤にさいして行われた「自粛」や平癒祈願の「記帳」は、上からの操作・動員によるだけでなく、いわば国民の「内なる天皇制」にもよるものと指摘した。「天皇フィーバーにかんしては、……政府の誘導・操作やマスコミのはしゃぎ（はたまた右翼の有言無言の圧力）に、国民がいわば『打てば響く』形で反応した面があるに違いない。けれども、それだけではないところに私は問題をみる。『打たなくても響いた』あるいは『打った以上に響いた』面があったことを見失ってはならないのではなかろうか。……よく用いられる語法でいえば、『内なる天皇制』がしたたかな強さを持って生き残っていることを、それは示すものであった[48]」。

「内なる天皇制」とは、「伝統的情緒的倫理的な天皇憧憬感情である」と奥平は言う。そして奥平は「内なる天皇制」を「国体」概念から説き起こす。戦前の「国体」は、天皇に主権があるという明治憲法上の法概念としての「国体」と、倫理的、伝統的、情緒的な「あこがれの中心としての天皇」としての「国体」という、いわば２層構造になっていた。「内なる天皇制」は、後者の「伝統的、情緒的、倫理的なあこがれの中心といった文化現象としてのそれであ[49]」り、瀬長が「ゾクッ」としたという情緒的な天皇憧憬感情のことである。

３、「内なる天皇制」としての天皇憧憬感情

情緒的な天皇憧憬感情は、戦後どのようにして生み出されてきたのであろうか。昭和天皇の「権威的契機」は、象徴天皇制としてその後も生き残った、と言えよう。あたかも絶対主義天皇制の残滓として、である。象徴天皇制下の「権威的契機」が、アメリカ占領軍の間接統治の強力なツールにもなり、社会・国民統合の機能をはたした。戦前の話だが、それは沖縄人民党、のちの共産党副委員長の瀬永亀次郎が、昭和「天皇が白馬に乗ってくると背中がゾクッとする[50]」と話した感情だろう。戦前、昭和天皇の行幸行列に連れられ参列した北野武は、母から「頭を下げろ！決して上げるんじゃない……バチが当たるぞ[51]」といわれ、昭和天皇をみることができなかったエピソードを、平成天皇即位30年の「奉祝感謝の集い」で話した。「お上をみると目がつぶれる」などという噂や教育勅語・軍人勅諭をはじめとした洗脳教育の所為だろうが、そうした天皇崇敬の念は、戦後も継続し、一般国民にも深く浸透していった。この丸山眞男の言う「呪力」は、敗戦後も形を変えて継続したのである。

第５図はそうした状況を解明するために、ＮＨＫの実施した世論調査をグラフ化したものである。１９７３年時点で60歳以上の人々のうち「尊敬の念」をもつ人々は75％を占めている。１９７３年時点で60歳以上の人々

は、1913（大正2）年以前に生まれた人たちであるから、1907（明治40）年生まれの瀬永亀次郎と同じような天皇への感情をもった人たちで、戦後も尊敬の念をもち続けていたことがわかる。しかしそうした感情は次第に薄れ、60歳代以上では2003年に、全世代では1998年に最低となった。1988年では「尊敬」と「好感」を合わせると50％である。しかしその低下に反比例するようにして1993年に「好感」を持つ人が急増し、追いかけるように「尊敬」の念を抱く人たちも増加していく。2018年では「尊敬」と「好感」を合わせると全世代の77％に増加した。平成天皇に代替わりしたのちに、こうした「尊敬」と「好感」という憧憬感情が人々の中に生まれ、増加してく。そうした反転は、1991年の平成天皇として雲仙普賢岳の被災地、1995年の阪神淡路大震災をはじめとする被災地への見舞いが影響したのではないか。こうした訪問は、被災者のみならず日本国民への強いメッセージとなって、天皇憧憬感情を呼び起こしたに違いない。被災地を見舞う「祈りの旅」で、平成天皇・皇后が被災地に入り床に膝をつき、時にはスリッパも履かず避難所の床に正座して被災者の話に聞きいる姿は、「慈悲深さ」を表すものとして賞賛され続けている。「被災地への見舞い」や各地への訪問を象徴天皇制の中核とみて「象徴の務めを果たしていくことが、難しく」なったと自覚したから、平成天皇は2016年8月に「退位のビデオメッセージ」[52]を発表したのである。そのなかで平成天皇は、「天皇が象徴であると共に、国民統合の象徴としての役割を果たすためには……各地への訪問」が大切であるが、「体力の低下」と共にそれができなくなることを憂慮したからである、と述べている。中村正則が言うように「戦前の天皇制の民衆支配の巧妙さはこのホンネを押さえ込み、ねじふせることによって、タテマエの世界での天皇＝国家への忠誠を民衆から引きだし、それによってホンネをも知らず知らずのうちにタテマエに同化させてしまったことにある。それは意識せざる自律的民衆精神の自壊作用をともなってさえいた。

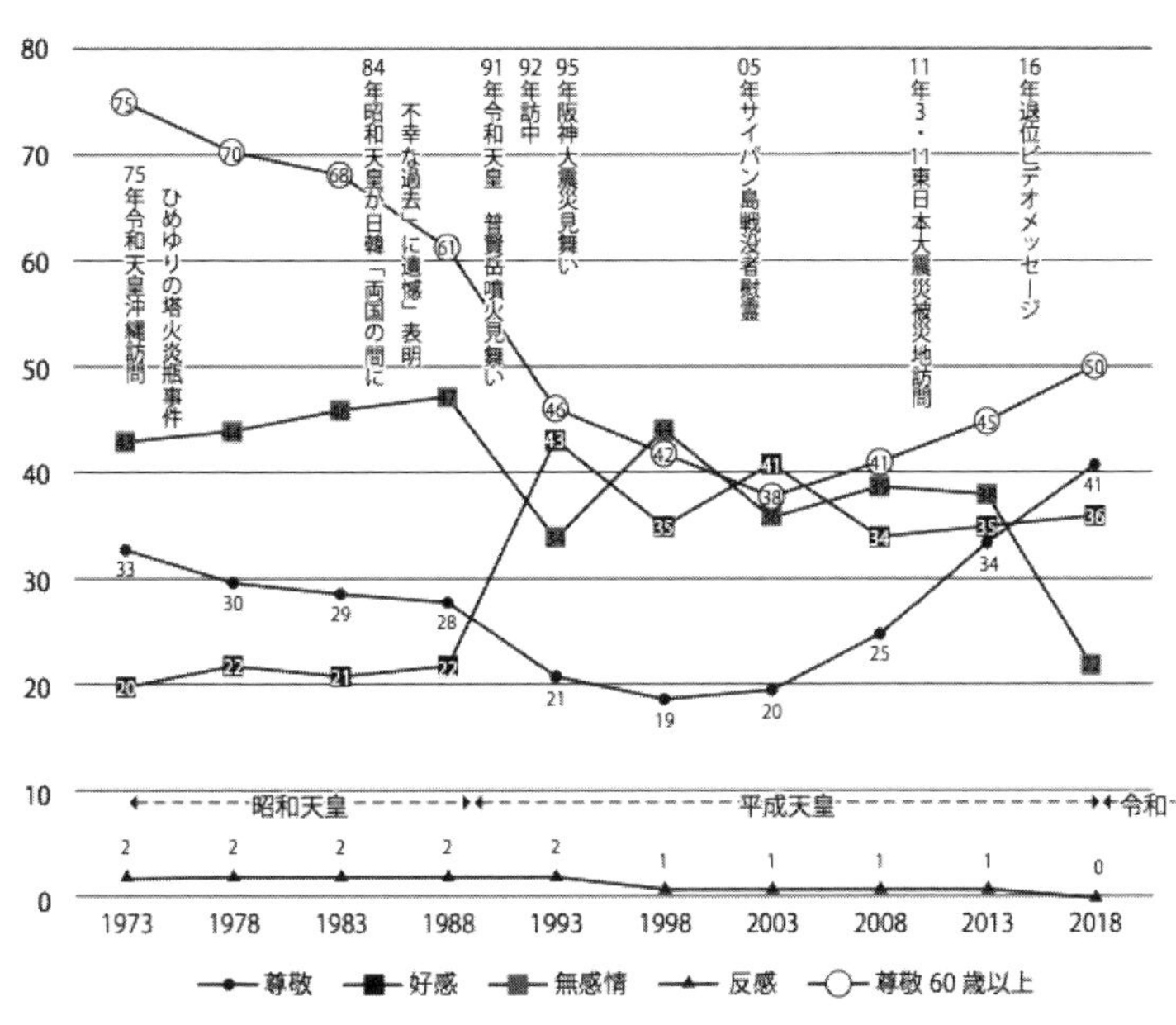

第５図　「内なる天皇制」としての天皇憧憬感情[54]

日本人の心の中にはびこる『内なる天皇制』は長い歴史的経過のなかでつくりだされたものである」[53]。天皇憧憬感情を核心とする「内なる天皇制」は、平成天皇によって、バージョン・アップされ新しい「象徴」へと変異した。「お上の命令の中に正義が含まれて居り、即ち正義という価値が権力者と合体している。このように客観的権力の権力者による独占ということから権威信仰は生れる。……反抗すること自体を悪と考えるに至るのである」[55]。戦後日本では、大勢順応・横並び・「自発的服従」・「自粛」というソフトな、すり寄るようにして権威信仰が生み出され「国民の総意」となったのである。ではどのようにして「国民の総意」になったのであろうか。そこにはそれを生み出し育てる土壌があったからである。その土壌とは、文字どおり土地である。

(7) まとめ――「内なる天皇制」をはぐくむ土壌としての稲作

日本においては、邦自体が、「豊葦原の千五百秋の瑞穂の国」と、いわれてきたように、国の基礎に田と稲と米が置かれてきた。とりわけ近世以降、幕府諸藩の所領は、米の生産高で表示（石高制）され、公租（税）も米で貢納（年貢）された。日本経済は、「米遣いの経済」とよばれるほど、米は特別な物品であった。明治維新以降も、政府は地主に地租を負担させ、地主は現物小作料＝米を換金して地租を納めた。「寄生地主・小作関係」は戦前日本資本主義の「基柢」であって、絶対主義天皇制官府を支えていた。このように少なくとも弥生時代以降戦前、戦後も1950年代ころまでは、米は社会の基本的物品・商品だったと言えよう。

「米作り」は、日本農業の中核であるが、稲作の特徴を簡潔に述べれば以下のとおりである。稲作は小区画の隣接しあった水田・耕地に、人力農具を基本とした労働手段で、気象条件の変化に対応しつつ病虫害を防ぎながら、田植・除草・収穫など、適期における膨大な作業と相互の水田を結ぶ水の管理を伴って進められる。したがって一定地域の水田を対象として、強固な横組みの協働組織・共同社会（農村共同体）が形成される。家族を中心とした農業生産は、17世紀なかばごろには支配的な農業生産形態になったと思われる。それは今日に至るまで生産単位として基本的には変わっていない。「苦汗」・「稠密」・「協同＝協調」という労働力の質がうまれることになる。ここで「内なる天皇制」にかかわる重要な点は、一定地域の水田を対象とした強固な横組みの協働組織・共同社会（農村共同体）の形成と「協同＝協調」という労働力の質が生まれることである。

労働力の陶冶である。稲作労働が、人の持って生まれた性質を円満完全に発達させるのである。稲刈りと同様、田植えにおける協同作業は極めて重要な作業である。田植は各地域によって開始時期はまちまちであるが、適切な期間は長くても20日間程度でこの間に田植を終了しないと収量に影響が出る。稚苗（ちびょう）が根付き穂を形成するために、適切な気温・水温が必要だからである。同時に田植には用水管理が重要で、耕起・代掻（しろかき）後、表土が落ちつき水の澄む時期を見計らって、田植をしなければならない。用水は、田の高低などの位置関係によって全地域一斉には出来ない。全体を見計らって順次おこなわなければならないから、その順序の取り決めに従うことは、絶対に必要である。自分の田に適切な時期に田植をするためにも、他人の田を手伝うことも必須である。「横並び」にならないと生きてはいけない。

「村八分」とは、村人に規約違反などの行為があった時、全村が申合せにより、その家との交際や取引などを断つ私的制裁である。「八分」には諸説あるが、火事と葬式の二つを例外とするところからともいう。戦後も村八分は事件となって、世間にしばしば知られることになっていて、今日に至るまで続いている。朝日新聞で「村八分」を見出検索すると83本の記事がヒットする。直近の例だと大分県で「村八分、池の水抜かれ…転居」提訴との見出しがある。この土壌に植え付けられた象徴天皇制が、国民に深く根を張っている。そもそも天皇は、その歴史の初発から軍隊を持たず、直接統治せず、「権威」＝「神職」として「農治」を担い、百姓は天変地異の鎮めを「神職」に付託してきた。稲作の歴史は３０００年にもなろうが、稲作を中心とした「農」を介して天皇と百姓・農民は、一蓮托生の歴史を過ごしてきたと言えよう。

それを明示する行事が行われる。「即位の礼」と「大嘗祭」である。新天皇（令和・徳仁天皇）の皇位継承の重要儀式は、２０１９年10月に行われた「即位の礼」と11月に行われた「大嘗祭（だいじょうさい）」である。「即位の礼」は、

195か国の海外代表と、国内からは内閣総理大臣はじめ、三権の長・国務大臣・国会議員・重要な民間人など、合計2200人が参加した。「大嘗祭」は、新天皇の即位後に初めて行われる新嘗祭（にいなめさい）で、稲作農業文化で伝承された収穫儀礼に根差した儀式である。天皇が新穀（米）を天神地祇（てんしんちぎ）（神々）にすすめ、また自ら食べる。ここからも天皇と稲作の関係が浮かび上がってくる

これが日本における象徴「天皇制民主主義[56]」である。これは戦前の絶対主義権力による上からの、表門からの強制統治に対して、いわば「からめて（裏門）」からの権威による統治といえよう。象徴天皇制は、強力な国民統合＝統治のイデオロギーとなり、「日本は天皇を中心にして、みんながひとつの家族みたいに暮らす社会だからうまくいっているのだと、そういう考え方がいま大きく出てきています。……こういう考え方の基本にあるのは、単一文化、単一民族としての日本です[57]」。象徴天皇制が諸価値を相殺し、大勢順応、お上にタテを突かない、国家の一大事に異議申し立てをしてはならぬ。そして日本人としてまとまっていく、という約束事・了解となって、民衆に深く根付き染みついている。今どきの処世訓で言えば「空気を読む」といったところだろうか。

敗戦直後の世論調査でも天皇の支持は85％に達し、最近の世論調査でも74％[58]が天皇制を支持している。このようにして象徴天皇制は、日本という国家の一体性の弛緩、拡散を締め上げる国民統合の原理となり、いわば国民国家日本という樽を外側から締め上げる箍（たが）の役割を果たしている。

憲法の言う「国民統合」とは、戦前の「家族国家」というイデオロギーを新しく言い直したに過ぎない。あいかわらず、お互いの協調とか上下関係の維持が、緊張した議論や個人を尊重することよりも価値あることとされる。「象徴天皇は、19世紀から20世紀はじめの発明品である『大和民族』なる自己意識を、ひきつづき象

徴するものとなった。そしてそれは朝鮮人、台湾人、中国人、白人――とにかく異民族すべて――は、『日本人』にはなれないことを意味した。……あいかわらず天皇は、日本人は遺伝的に違うのだという意識を維持させ、『血統』にもとづくナショナリズムを象徴する最高の偶像となり、日本人をして他の民族や文化とは、永久に切り離された――しかも上位の――存在たらしめる、架空の本質を体現する存在となったのであった[59]」。

だが平成時代は、高度経済成長が終焉し、「失われた30年」の時代として記録されるだろう。２０１０年、日本のＧＤＰは中国のＧＤＰに追い越され、世界第3位になってしまった。輸出の花形産業だった電気・電子産業は、韓国・サムソンに追い越され、シャープは台湾・鴻海に、東芝家電部門は中国・美的に買収された。日本モノづくりの要である工作機械メーカーも中国・台湾に売却された。なんという「屈辱」。明治以来、日本人の欧米に対する劣等感とアジアに対する優越感は表裏一体だった。今でも「日本人はアジア人」と問われると、戸惑いを感ずる人もいるだろう。「脱亜入欧」という明治以来の悲願は、戦前は野蛮な侵略によって、戦後はＧＤＰで後期昭和時代までは保持されていた。だが、平成時代になって、アイデンティティーは大きく揺らぎ、否定された。アジアの先進国の地位の喪失と展望を打ち出せない焦燥感が、大衆の間で排外主義的心情（ヘイト・スピーチ）となって広がっている。

エコノミスト誌は「バック・ツー・ザ・フューチャー、安倍晋三が組閣したぞっとするほど右寄り内閣が、この地域に悪い兆し[60]」と懸念した。「保守・右翼」は、国粋主義者のはずである。自国の伝統を他のどの国よりもすぐれたものと考え、それを守り広げようとするはずである。「愛国保守」がアイデンティティーである。日本では、そこに天皇崇敬の念が重なり会う。これを否定する思想は、断じて許さない。だが現実は、アメリカへの追随、情けないほどの対米従属を余儀なくされている。本来なら嫌米右翼のはずが、親米右翼でいなければならない。今はアメリカに頼らざるを得ないと自分に言い聞かせたとしても、親米保守右翼は「日本はどこか貶(おとし)められている」と感じ、心のバランスは崩れていく。安倍晋三元首相が言う「美しい国日本」そして「戦後レジームからの脱却」とは、対米従属はやむを得ないとしても、アメリカの力を借りながら、せめて「アジアの盟主」としての地位を死守する、という決意表明だろう。その心のバランスを取ってくれるのが「象徴」であったとしても、「天皇」なのである。

〈注記〉

1、Maddison Project Database から計算 http://www.ggdc.net/maddison/maddison-project/home.htm (2017/05/05)

2、アメリカ大使館ＨＰ https://web.archive.org/web/20130715230246/http://aboutusa.japan.usembassy.gov/j/jusaj-econ-doc.html (2019/04/10) 閲覧日以下同

3、「日米構造問題協議（ＳＩＩ）第5回会合は3日目の（１９９０年6月）27日深夜、最大の焦点である日本側の公共投資拡大について、海部首相が橋本蔵相と相談のうえ、１９９1年度から10年間の投資総額を４３０兆円に増額する「政治決断」を下した。これには米国側も、本国政府と連絡をとった後、同意し、25日からの構造協議は予定を1日延ばして事実上決着した」。「朝日新聞」１９９０年6月28日 1頁。その後村山内閣（１９９４年）時に２００兆円上積みされた。

4、１９９０年代の公共投資は、名古屋市立大学 学術機関リポジトリ山田明 http://id.nii.ac.jp/1124/00001395/ (2019/04/29)

5、諸資料から作成

6、世界大百科事典内の【近衛文麿】近衛上奏文。https://kotobank.jp/word/ (2019/05/17)

7、「朝日新聞」２００5年6月1日（「昭和天皇、米重視の発言53～72年、公文書6点」）

8、「朝日新聞」１９５5年8月17日。

9、伊藤隆ほか編『続重光葵手記』（１９８８年、中央公論社）７３２頁。
10、「朝日新聞」１９５５年８月28日。
11、「毎日新聞」２００９年７月26日。
12、「朝日新聞」２００５年６月１日（「昭和天皇、米重視の発言53～72年、米公文書６点」）。
13、前掲紙。
14、前掲紙。
15、前掲紙
16、前掲紙。
17、前掲紙。
18、前掲紙。
19、前掲紙。
20、「朝日新聞」１９７３年5月28日夕刊。
21、卜部亮吾『昭和天皇最後の側近卜部亮吾侍従日記　第1巻』（朝日新聞社、２００７年）59頁。
22、昭和天皇など、時代を冠した天皇の呼称は、死後に用いられることが、慣例であるようだが、本稿では明仁天皇を平成天皇と呼ぶ。元号の時期区分と照応させるためである。
23、ジャパンナレッジ「終戦工作」の項 https://kotobank.jp/word/近衛上奏文-268535　(2019/7/13)
24、国会図書館ＨＰ「日本国憲法の誕生　論点　国民主権と天皇制」https://www.ndl.go.jp/constitution/ronten/01ronten.html (2019/07/13)
25、国会図書館ＨＰ，日本国憲法の誕生，詳細年表1　https://www.ndl.go.jp/constitution/etc/history01.html　(2019/06/09)
26、沖縄公文書館　http://www.archives.pref.okinawa.jp/uscar_document/5392　(2019/05/28)「マッカーサー宛に1通のメッセー

ジが届けられた。天皇のメッセージは、共産主義に対する闘いを支持するために、そして、いわゆる本土の占領終了を早めるために、沖縄を25年から50年、あるいは『それ以上』の期間にわたって米国に貸し付けることを提案する内容であった」。進藤栄一「分割された領土」（『世界』４０１号、１９７９年４月）45〜50頁。

27、「朝日新聞」１９７５年7月18日。

28、琉球処分とは、明治政府が、琉球の清の冊封関係の廃止を求め、武力を背景に強制的に日本へ統合した過程をいう。１８７９（明治12）年琉球藩を廃し、沖縄県が置かれることとなった。

29、長崎県の雲仙普賢岳噴火の際、「歴代天皇で初めて，床に膝をついて日難問を見舞った」。「毎日新聞」１９９１年7月10日。

30、BBC NEWS（電子版）http://news.bbc.co.uk/2/hi/asia-pacific/4628947.stm （2018/07/28）

31、BBC NEWS（電子版）。この点に関して吉田裕は次のように述べている。「『平和塔』は、戦没者の単なる追悼碑ではなく、日本の植民地支配に対する断罪の碑である。それに拝礼するという行為は、本来ならば、植民地支配の歴史に対する反省とひとつながりのものとしてなされなければならないはずである。それが、日本側の報道では、碑文の内容について触れられることはなく、天皇・皇后が拝礼したという事実だけが注目され、『慰霊の旅』の新しさを示す事例として肯定的に評価されているのである」。吉田裕「『平成流』平和主義の歴史的・政治的文脈」吉田裕，瀬畑源，葛西秀哉『平成の天皇制とは何か』（岩波書店、２０１７年）１２７頁。

32、「朝日新聞」２０１９年4月30日。

33、冨永望「柔らかな『統合の形』」吉田裕、瀬畑源、葛西秀哉『平成の天皇制とは何か』（岩波書店、２０１７年）59頁。

34、「朝日新聞」は、２００１年10月４日付朝刊で、「田中真紀子外相が、天皇に国際情勢の報告（内奏）をした際の天皇の発言を外務省幹部らに語ったとされる問題が浮上した」と報じた。

35、冨永望、前掲論文66頁。

36、宮内庁ＨＰ http://www.kunaicho.go.jp/okotoba/01/gaikoku/gaikoku-h18-seasia.html （2019/05/21）

37、宮内庁ＨＰ http://www.kunaicho.go.jp/okotoba/01/speech/speech-h04e-china.html （2019/05/30）
38、「朝日新聞」１９９０年５月25日。
39、「朝日新聞」１９９４年３月25日。
40、前掲紙。
41、「毎日新聞」１９４６年５月27日。
42、ピーター・ゲイ、到津十三男訳『ワーマール文化』（みすず書房、１９７０年）１０４頁。
43、丸山真男「昭和天皇をめぐるきれぎれの回想」（『丸山真男集』第15巻　岩波書店）　東京女子大　丸山眞男文庫　草稿類デジタルアーカイブ　http://maruyamabunko.twcu.ac.jp/archives/ （2019/05/30）
44、奥平康弘「日本国憲法と『内なる天皇制』」（岩波新書編集部、『昭和の終焉』岩波書店、岩波新書、１９９０年）８頁。
45、前掲著、10、11頁。
46、文部科学省ＨＰ、小学校学習指導要領　（平成元年３月）第４章　特別活動。http://www.mext.go.jp/a_menu/shotou/old-cs/1322454.htm （2019/7/6/）
47、「東京新聞」２０１９年４月20日
48、奥平、前掲著7頁。
49、前掲著　23頁。
50、牧港篤三「新聞は読者を監視する」新崎盛暉・川満信一編著『沖縄・天皇制への逆光』（社会評論社、１９８８年）96頁。
51、日刊スポーツＨＰ、https://www.nikkansports.com/entertainment/news/201904100000587.html
52、宮内庁ＨＰ、https://video.mainichi.jp/detail/video/5713179434001 （2020/11/21）
53、中村政則『戦後史と象徴天皇』（岩波書店、１９９２年）59頁。
54、ＮＨＫ放送文化研究所『現代日本人の意識構造，第九版』（ＮＨＫ、ＮＨＫブックス Kindle 版，No.1253）より筆者作成。

対象は全世代で、尊敬のみ60歳以上の人を分離した。

55、丸山眞男『戦中と戦後の間、１９３６―１９５７』（みすず書房、１９７６年）３４３頁。

56、加藤哲郎『象徴天皇制の起源』（平凡社、平凡社新書、２００５年）参照。

57、小田実「民主主義、『市民社会』の『敵』としての天皇」新崎盛暉・川満信一編著『沖縄・天皇制への逆光』（社会評論社、１９８８年）２６８頁。

58、毎日新聞ＨＰ　https://mainichi.jp/articles/20190502/k00/00m/010/103000c（2020/11/26）

59、Ｊ・ダワー『敗北を抱きしめて（増補版）』（岩波書店、２００４年）４、５頁。

60、"The Back to the future."*The Economist* (London, England), Saturday.2013

第4章

戦後日本を覆うドームのごときアメリカの権威＝権力

――アメリカニゼーション

（1）はじめに――焦土のなかでのアメリカとの出会い

「終戦の詔勅」が読み上げられた8月15日から13日後、アメリカ占領軍先遣部隊（テンチ大佐：第11空挺師団）148名が、沖縄基地から神奈川県厚木飛行場に輸送機で到着した。その2日後の30日にマッカーサーは、コーンパイプをくわえながら、そこに降り立った。そのアメリカ軍を、8月26日付朝日新聞は「冷静に迎える『進駐　横浜市民は黙々と街頭を清掃』」との見出しで、次のように伝えている。「けふ占領軍の厚木到着を前にして……縣民はあくまで冷静で都市のビルディングでは防空設備の取り外しや市内の清掃が進められ黙々として世紀の大變動を迎へんとしてゐる」と。同じ紙面で、「燃える艦上、突っ込む特攻機」という見出しで、日本海軍航空部隊が米空母ワスプ攻撃の様子を外電で報じている。もっともこの外電は誤報だったようだが、「忠良なる臣民」は、アメリカ占領軍を冷静に迎え入れた。さらに同紙は、連合軍の第一次進駐主力部隊とともに来日したマッカーサー司令部付従軍記者ロバート・ルーベンの印象を「案外静穏な東京　驚異の目瞠（めみは）る入京の連合軍四記者」との見出しで伝えている。そして「窓外に映る日本人はみんな知らん顔して無表情のまま歩いて行く。中には極く僅かの人々が手を挙げたけれど……初めて受けた印象は外部に気持ちを表はさないということである」と。原爆を投下し日本全土を焼き尽くしたアメリカ占領軍を、日本人は驚くほど冷静に迎え入れたのである。占領軍による「婦女子に対する暴行」の懸念から混乱や降伏を阻止しようとした将校達のクーデター未遂事件（宮城事件）や厚木航空隊事件のような軍人による抵抗もあったが、「情ノ激スル所濫（みだり）ニ事端ヲ滋（しげ）ク」[1] することもなく、アメリカ軍による日本占領は、平穏に始まり進行した。

この占領と共に戦争中には封印されていた食糧への渇望が、一気に現れた。とりわけ１９４５年は冷夏と台風のために、コメの収穫量は５８７万トンと１９０５（明治38）年以来の大凶作となった。朝日新聞は次のように伝えている。「始っている『死の行進』餓死はすでに全国の街に」[2]と。また毎日新聞も要旨次のように報じている。１９４５年11月には米３合の配給を要求して、餓死対策国民大会が東京・日比谷公園で開かれた。[3]終戦の１か月前に主食の配給は２合１勺（２９７グラム）と定められてはいたが、敗戦後食糧事情はより悪化し、米はほとんど配給されず、芋や豆粕、くず芋が配給品となった。このため米を要求するデモが各地で頻発していた。だが、いっこうに配給は増えず、国民は農村への買い出しや闇市などで隠匿されていた食糧を調達しなければならなかった。

全国で餓死者が続出した。翌１９４６年５月19日、皇居前広場で行われた「食糧危機突破人民大会」食料メーデーには約25万人の労働者が参加し、代表者が上奏文を持って皇居の天皇のもとに向かった。昭和天皇はこれに応えるかのように５月24日、２度目の「玉音」放送「食糧難克服のための御放送」を行った。敗戦時の玉音放送に次ぐ２度目の放送だったが、聴衆は「食糧事情が好転するとは思えない」[4]との反応を示した。

この危機を救ったのは、アメリカだった。日本政府の懇請により１９４６年１月に小麦粉１０００トンがはじめて到着した。この小麦は米軍物資の転用だったが、大部分がコッペパンに加工され、米の代用品として配給された。アメリカによる正式な援助は、ガリオア（Government and Relief in Occupied Areas）援助プログラム（食糧以外に原綿、肥料、燃料、医薬品など）にもとづいて１９４６年７月から開始され、その後この援助は、１９４８年エロア（Economic Recovery Occupied Areas）援助に吸収統合された。ほかに国連が管理したララ（Licensed Agency for Relief of Asia）援助があり、これによって粉ミルクが日本全国の小学生に配給された。同時に占領軍の指揮のもと、コメなど隠匿された物資の強制供出、いわゆるジープ供出も行われた。だが、1950年時点での餓死者が9119人[5]であるというから、敗戦直後には、それよりはるかに多くの餓死者がでていたことは想像に難くない。

占領軍による緊急食糧援助によって、深刻な食糧不足が幾分か緩和されたことに、日本人は感謝を表した。朝日新聞は、マッカーサー元帥に寄せられた投書を紹介している。朝日新聞には「食糧の放出には地方の各種団体やまた個人からの感謝の手紙が寄せられた。仙台の市民は『元帥の援助に対して深甚なる感謝』の意を表し、またある主婦は『配給所の前を通るたびにいつも感謝し全世界は一つの家族であるとつくづく考えた』[6]」と。また、盆踊りのやぐらの看板には食糧援助への感謝が、大きかったことが伺える英文が書かれていた。その看板には「MID SUMMER MASS DANCE PARTY IN APPRECIATION OF GENERAL MACARTHUR'S SINCERE AIDE FOR JAPAN'S FOOD CRISIS」（日本の食糧危機に対するマッカーサー元帥の真心のこもった援助への感謝[7]）とあった。これが戦後日本に、アメリカが至高の価値をもち、日本全体を覆う親米感情が生み出される源となったのである。だがその水源には地下深くの水脈があった。

（2）アメリカの対日戦略とアメリカニゼーション――「対米従属」の起源

1、戦後日本のアメリカニゼーションの地下水脈

日本・日本人とアメリカとの出会いは、幕末アメリカ黒船の来航であった。「泰平の眠りを覚ます上喜撰(じょうきせん)　たっ

た四杯で夜も眠れず」と、ユーモアたっぷりに幕府を批判したこの狂歌の通り、アメリカは日本全土を震撼させた。ペリーは、大統領の国書を幕府に受理させて、いったん中国に引き揚げた。翌１９５４年2月、ペリーはふたたび7隻の軍艦を率いて来航し、武力を背景に強硬に開国を迫り、日米和親条約（神奈川条約）を締結させた。ペリー来航の当初の目的は、北太平洋での商業捕鯨のための補給港を求めたものだったが、その4年後には日米修好通商条約が調印され、日本は帝国主義列強の跋扈する世界経済の中に投げ込まれた。明治以降の日本国家は、ドイツをモデルとした欧州列強を下敷きにして形成されてゆくが、思想的には自由民権運動を介して、後の大正デモクラシーにつながるアメリカ流の思想的潮流も流れ込んだ。

それらは、アメリカ独立宣言、自由、自主や人間の権利を述べた文明社会の解説書である福沢諭吉の『西洋事情』などである。又それらの思想は、新渡戸稲造や内村鑑三を生み出したW・S・クラークの札幌農学校、大村益次郎や高橋是清が学んだJ・C・ヘボンの横浜ヘボン塾やブラウン塾などの教育・啓蒙施設で広められた。民主主義の理念を体現したアメリカと競争と拝金主義にまみれたアメリカとのギャップに戸惑いながら、それらの思潮は、１９２０年代の大正デモクラシーへとリレーされてゆく。

大正デモクラシーは、護憲・普選運動と共に民衆運動などを含む大正期の社会状況をいう。１９２０年代（大正9年～昭和4年）は、第1次世界大戦後の経済恐慌、つづく金融恐慌や農業危機、さらに１９２９年の世界大恐慌へと、不況・停滞の時代だった。しかし、この無残な現実をよそに、１９２０年代震災復興の都市改造によって「帝都」東京に建造された帝国ホテル・丸ビルなどの高層ビル、松竹キネマ・東宝などの映画会社、ラジオ放送の開始は、「モボ・モガ」とよばれた都市のモダニストたちを生み出した。彼・彼女らは、大震災から復興の進んだ１９２０年代末には、自分たちがアメリカやヨーロッパの人々と同じ生活をしていると感じていた。このモダニゼーションはアメリカ文化の圧倒的な影響のもと、モボ・モガに代表される風俗における「街頭」若者文化として展開したが、都市下層民と地主小作関係に縛られた貧農の壁に阻まれ、たかだか都市上層の一部にしか浸透しなかった。それでもこのアメリカニズムは、マネキンガールによるファッションショー・ショーウインド・カフェ・ダンスホール、果てはエロ・グロ・ナンセンスという退廃的風俗の大衆文化のエネルギーに支えられて、一世を風靡した。

思想の面からこの時期のアメリカニズムをみると、アメリカン・デモクラシーは天皇制の壁に阻まれていた。主権はあくまで天皇にあり、一般民衆の福利に政治目的を置く、いわゆる民本主義としてしか展開できなかった。それでも個人の欲望を開放してゆくベクトルとしてのアメリカニズムは、天皇を頂点とする家父長的・絶対主義的天皇制と対抗しながら、自由民権運動や浅草の民衆娯楽のレベルで、モダニティーの表象として大衆に支持され、受け入れられていったのである。

1920年代以降繰り返される恐慌、失業、凶作による農家の一家心中や娘の身売り、左翼思想家や活動家の徹底的検挙など、暗い出口のない絶望と虚無感を背景に社会不安は深刻化した。第1次世界大戦後の戦後恐慌（1920年）から続く世界恐慌（1929年）によって、社会とくに農村は壊滅的打撃を受け、「天皇制」は、大きく揺らぎ始めたのである。1931年満州事変から始まる15年戦争（1931～45年）は、農村解体・破滅を大陸への侵略によって防遏しようとした絶対主義天皇制政府の選択なき選択・「国策」であった。

だがその国策の結末は、敗戦時点での中国各地の居留民は、およそ280万人、日本政府の当初方針は、居留民の現地「残留」[8]であった。帰国できた人々も帰った故郷を追われ、僻地での開拓民となり、またもや辛酸をなめたのである。そのなかには、3・11東日本大震災・原発事故で再び開拓村を追われた人々[9]もいた。三度

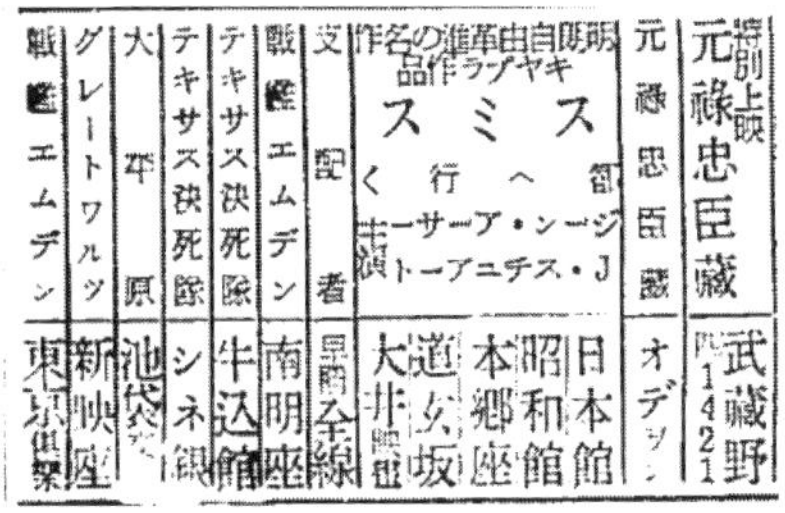

の棄民である。

出所：「朝日新聞」1941(昭和16)年12月4日

第１図　「スミス都へ行く」映画広告[10]

だがアメリカ・モダニズムへの憧憬は、消えることはなく、アメリカ・ハリウッド映画へのそれとなって注がれていた。「スミス都へ行く」は、アメリカの民主主義、議会政治の理想を謳いあげた名作である。政治の汚い部分も描かれているし、主人公は政治的陰謀につぶされそうになる。しかし延々と議会で演説し続ける姿に、アメリカの議会政治、アメリカン・デモクラシーの理想が見える。この映画は、日本が真珠湾攻撃を始める４日前の１９４１年12月４日でも日本で上映されていた。

このアメリカへのあこがれは日本に限ったことではなかった。ナチス統治下のドイツ社会でも「アメリカ音楽が『退廃音楽』の烙印を捺され、排斥の対象となる一方で、ウォルト・ディズニーをはじめとするハリウッド映画やコカ・コーラなどのアメリカの文化商品は流通していた[11]」という。アメリカへのあこがれは、戦時中も社会の底に澱(おり)のように沈殿し、戦後に占領軍の非軍事化政策のもとで展開された戦後民主主義を支える下地となったのである。だが日本の民衆レベルでのアメリカへの屈折した感情と「あこがれ」とは対照的に、アメリカは冷静な眼で日本を観察し続けていた。

2、戦後日本におけるアメリカニゼーションの布石

アメリカの沈着・冷静な日本の観察に日本人が驚いたのは、ルース・ベネディクトの『菊と刀』との出会い

ではなかっただろうか。原著は戦後の1946年に刊行され、48（昭和23）年には日本語訳も出版された。第2次世界大戦下のアメリカの一連の戦時研究のなかから生まれた日本研究の名著である。ベネディクトは『菊と刀』のなかで、日本の文化を「恥の文化」と規定し、日本人の行動様式を自己の体面と他者の感情や思惑を重視する文化と特徴づけている。ベネディクトは、この「恥の文化」に対立する文化として、内面的な罪意識を重視する行動様式として「罪の文化」をあげている。この西欧文化に対し、日本の文化は「恥の文化」で、日本人は、「恥をかかないとか、恥をかく」とかいうように「恥」の道徳律が内面化されていて、この行動様式が日本文化の特徴だ、と論じた。

「恥」とは、なんらかの比較基準にもとづく優劣の感情もしくは観念である。比較されるものは、地位・身分や容姿などの人の属性、あるいは機敏さや勇気などの行動である。その比較基準がある社会集団において人々から支持されていると、恥の感情あるいは観念は、その集団の秩序を維持する機能をもつ、という。ある特定の状況において、従うものとされている基準にもとづく作法にのっとって行動できないと、その人の行動は、周囲の人びとから軽視され馬鹿にされる。例えば村八分などがその典型例であろう。村のしきたり、例えば田植などの時に互いに力を貸しあう村の決まりに従わなければ、その人は「村八分」にされ、農作業もできずその村では生きてゆけなくなる。

日本経済は、古来「米遣いの経済」と呼ばれるほど稲作が重要であった。水稲耕作は、小区画の隣接しあった水田で、適期に膨大で稠密な作業と相互の水田を結ぶ水の管理を伴って行われる。このことから、一定地域の水田を対象として、「結い」などと称される強固な横組みの共同・協働労働組織が生まれる。「村八分」にされ、村の組織から排除されれば農作業ができず、村民は村では生きてゆけなくなる。これがベネディクトの言う「恥の文化」の具体例である。

こうした日本人の性格構造に深い省察を加えたのは、一人ベネディクトばかりではなかった。第２次世界大戦開始直後から、アメリカ政府内では対日戦争勝利と戦後処理のための基礎的研究が開始されていた。その組織が、ＯＷＩ（Office of War Information　戦時情報局）で、真珠湾攻撃の翌年の１９４２年6月13日にルーズベルト大統領令９１８２によって設立された。その組織のディレクターがＣＢＳ Ｎｅｗｓのエルマー・ディヴィス（Elmer Davis）で、ベネディクトやジェフリー・ゴーラー、ヘレン・ミアーズら日本研究者たちが呼び集められた[12]。

その中でも、ジェフリー・ゴーラーの『日本人の性格構造』は、「戦時情報局（ＯＷＩ）の対日ホワイト・プロパガンダの、バイブルになった[13]」という。ジョン・Ｗ・ダワーも、ジェフリー・ゴーラーの「日本人の性格構造」についての分析を、「唯一最大の影響力のある学問的分析[14]」と評価している。そのジェフリー・ゴーラーは、『日本人の性格構造とプロパガンダ』で用便のしつけから始まり、「日本文化における諸テーマ」を論じたが、天皇に関して次のように述べている。やや長いが引用する。

> ミカド自身についてのその観念的な王権について決して攻撃してはならないと、著者は考える。実際、ミカドや皇室については尊敬以外の言葉で語ることはできない。ミカドを攻撃することは、中世のローマカトリックの法王を攻撃するのと同じである。つまり、それは神聖なものを汚すような愚かな行動に対する怒りを掻き立てるだけである。日本の社会では、儀式上の長が存在しないことなど日本人には考えられないことで、ローマ教皇制度のように、現在地位についている人は、どちらかといえば大した重要性はもたない。ミカドの聖なる尊厳が認められれば、人々は天皇を裏切ったり、辱めたり、天皇の名を

利用することで怒りを受けるような人たちを、儀式的ではなく本物の権限で攻撃し得るのである。[15]

この天皇の評価についてダワーも高く評価している。ダワーは、次のように論じている。「戦時中の社会科学者がそれまでの概念を打ち破ろうとして行なった他の二つの主要な成果は、天皇および天皇制についての楽観的な評価と、状況倫理という概念を苦心して作りあげたことだった」。そして、厳しい用便のしつけの影響を強調しすぎるのはいかがなものかと疑問を呈しつつも、「社会科学者が提示した最重要な意見は、天皇が日本において唯一のあまねく尊敬される象徴であったということである。このため天皇は、降伏の決断および戦後改革の手段として保持されねばならなかった。もし天皇制が廃止されるとしたら、それは日本人の手によってのみ遂行されうるであろう。連合国が命令によってそれを企てることは、猛烈な抵抗を招くだけであろう。天皇があいまいな象徴であること——戦争、降伏、平和に等しく適応できること——は、日本人の一般的な倫理および価値の『ご都合主義』性と一致していた。ユダヤ・キリスト教の伝統の特徴をなす絶対的な道徳とは対照的に、日本人はどんな境遇に置かれでも順応した[16]」。

アメリカの日本研究は、これにとどまらなかった。アメリカの敵国・日本の研究は、さらに深く進んでいた。エドウィン・O・ライシャワー教授は、「真珠湾攻撃1年足らずの1942年9月14日付のメモランダム（覚書）で、日米戦争勝利後の『ヒロヒトを中心とした傀儡政権〔puppet regime〕』を陸軍省次官らに提言していた、というのである」。それは、ケネディ大統領時代に駐日米国大使として来日し、日本の近代化の成功を説いた「代表的『知日派』ライシャワーの、日本や日本文化に対する愛着・尊敬から発したものではなかった[17]」。それは、日本人を侮蔑し、天皇そのものについても軽蔑的な態度がにじみ出たものだったという。この天皇利用は、占領後の日本間接統治の要として憲法第1条に書き込まれた。周到に準備された「玉音放送」を聞きながら、日本人は静かに「敗北を抱きしめた」のだった。

（３）戦後日本のアメリカニゼーション

１、飢餓の中のアメリカニゼーション

戦後、マッカーサーを総司令官とするアメリカ占領軍（ＧＨＱ）は、ポツダム宣言に基づき、日本の非軍事化・民主化のために、政治・経済・社会全般にわたる一連の改革を実施した。戦後改革と呼ばれた日本改造計画は、日本の侵略戦争とファシズムの根源を断つために、まず非軍事化を強力に進めた。それらは、軍隊の解体、軍需産業の生産停止、軍国主義者の公職追放、修身・歴史教育の禁止、国家と神道の分離などである。と同時に、アメリカン・デモクラシーを下敷きにしながら、ＧＨＱ内のニュー・ディーラーを中心に、諸制度の民主化を行った。それらは、第１条象徴天皇制と第９条戦争放棄や基本的人権の保障、地方自治の確立など、画期的内容をもつ新憲法の制定であった。特別高等警察・内務省の解体とともに、農地改革、財閥解体、労働者の基本的権利の保障などが実行された。

そうした戦後日本の基本骨格にかかわる諸制度の改革と共に、民衆のアメリカニゼーションとの敗戦後の出会は、穏やかだった。沖縄戦や空襲、原爆投下による徹底的な破壊と犠牲にもかかわらず、プロパガンダ「鬼畜米英」を捨て去って、驚くほどすんなりと何事もなかったかのように、一般の日本人は、アメリカ軍を迎え入れたのである。それを、どんな境遇にも順応する「ご都合主義」といってよいかどうか分からないが、「情

ノ激スル所濫(みだり)ニ事端ヲ滋(しげ)ク」することもなく、アメリカ軍を迎え入れたのである。天皇がアメリカをすんなりと受け入れたのだから、支配層もそれに従ったことは別に驚くことではないのかもしれない。国粋主義者であるはずの愛国者「右翼」も、「親米右翼」にコロリと「転向」した。国粋同盟総裁・笹川良一は、早々と敗戦の翌月の９月に連合軍慰安所・アメリカン倶楽部を大阪に開設[18]し、「戦前は鬼畜米英と言っていた」東久邇内閣参与の児玉誉志夫は、「いきなり親米[19]」になった。

敗戦国のかつての敵・連合国占領軍へのこうした対応は、日本ばかりではなかった。敗戦国ドイツ国民もアメリカ占領軍を、すんなりと受け入れ、抱きしめたのである。ただそこには欧州の敗戦国ドイツの事情があった。「ドイツ住民は、敗色が濃厚となった状況のなかで、英米軍の進軍に救いを見出していた。……アングロ・アメリカによるドイツ占領によって私たちのところにボルシェヴィムが来ないように希望していた[20]」からだという。これは、社会主義ソ連の統治をドイツ人が恐れたこともさることながら、対ソ戦におけるナチス・ドイツ軍の残虐行為、とくに捕虜となったソビエト軍将兵の約６割、３３０万～３５０万に達するといわれる大量虐殺の噂(うわさ)が、帰還した兵士などによって広くドイツ国内に流布し、仕返しを恐れていたからだという。ロシア人は「野蛮・残虐」であるというナチスのプロパガンダが真実味を帯び、そのため多くのドイツ人は、ソビエトの占領を恐れていた、という。事実、敗戦後東プロイセンのドイツ人が、長年の圧政に耐えかねたポーランド人に襲われ、さらにソ連軍の過酷な仕打ちにもあった。

では、日本の一般民衆の受け止め方はどうだったのだろうか。日本とドイツのアメリカ占領軍の受け入れは、それぞれの国民の生存にかかわる飢餓という課題に直面していた。すでに前節で述べたが、日本では降伏から間もない１９４５年11月には餓死対策国民大会が開かれ、そのチラシには「冬が来るぞ！餓死が来るぞ！」

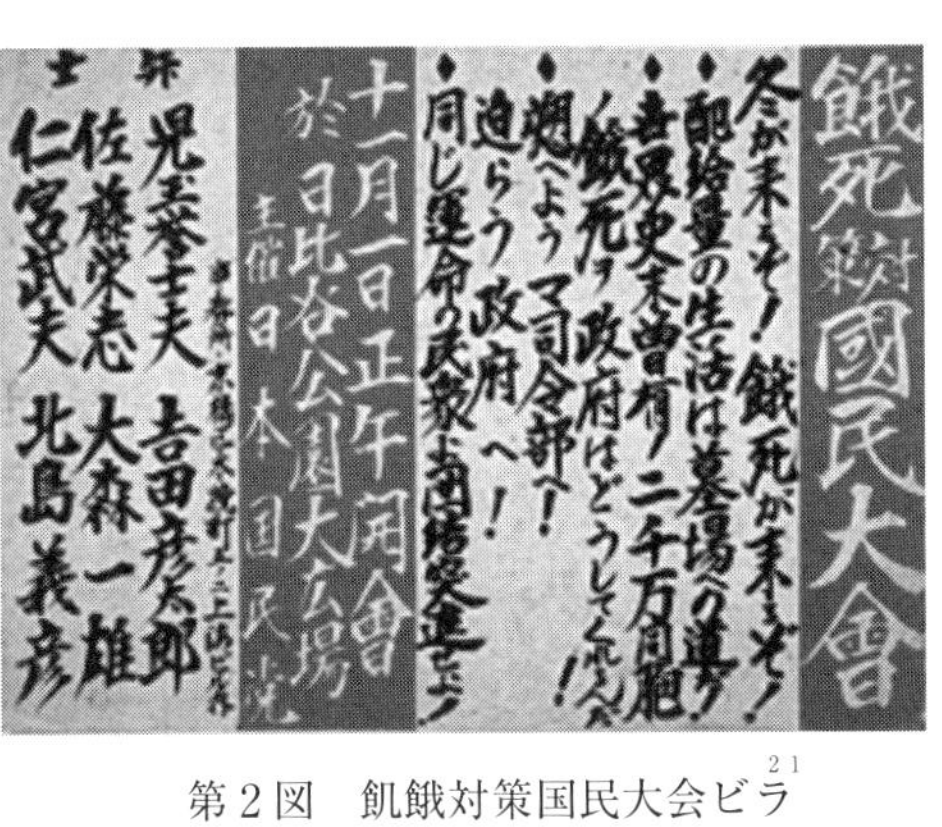

第２図　飢餓対策国民大会ビラ[21]

１９４６年５月には「食糧メーデー」の呼称で有名な「飯米獲得人民大会」が、25万人を集めて皇居前広場で開催された。ドイツでも、同じ年の５月に社会民主党の委員長クルト・シューマッハーは「パンと小麦粉、ジャガイモの問題はドイツにおける第一の政治的重要性を有する問題になった[22]」と述べた。第１次大戦中の３年間（１９１５〜18年）で76万人の餓死者を出した「カブラの冬」と呼ばれた飢餓を体験したドイツ人にとっては、「飢餓の冬」は絵空事ではなかった。

こうしたアメリカ占領下の日本とドイツを救い、国民の期待に実際に応え得たのは、アメリカからの小麦粉などの緊急救援物資であった。このため、マッカーサーの「母親は京都生まれの日本人[23]」などという噂が広がった、という。そして食糧難をしのぐために、日本では買い出し列車に、ドイツでもハムスター列車に乗って、民衆は食糧調達に出かけたのである。

アメリカ兵は、日本でもドイツでも菓子類をばら撒き、アメリカの物資力を誇示した。立派な体格の米ドルをもった金持ちアメリカ兵が、日本でもドイツでもアメリカへの憧れを呼び覚ましたのだろう。整地作業などで使用されたアメリカ軍のブルドーザーやダンプカーは、スコップで手作業する日本人に「アメリカには到底かなわない」と思わせた。

2、図書の中のアメリカニゼーション

アメリカの対外外交政策は戦時中から開始されていた。1942年アメリカの複数の出版社は、戦時情報局（OWI）と連携し、図書を通してアメリカの道義心、国家としての連帯意識を国内外のアメリカ人に植え付け浸透させることを目指した。この内外アメリカ人向けの情報戦略は、1948年成立のスミス・ムント法によって、アメリカ的価値観を啓蒙する対外情報活動全般に及ぶものとなった。図書を通して異なる思想・価値体系をもつ国々、とりわけ戦時中枢軸国の影響下にあった人々に、アメリカ的価値観を注入しようとしたのである。

日本もそのターゲットになったのは言うまでもない。1948年、戦後のアメリカ対日占領政策である民主化・非軍事化が反転し、経済復興と対ソ連「社会主義」防遏を主眼とする、いわゆる「逆コース」が始まった。1948年からCIE（Civil Information and Education Section; 民間情報教育局）の提供するアメリカ映画が急増したことからも分かるように、これ以降日本社会全体が、アメリカを優越的な手本・鑑としながら戦後復興をすすめていくことになる。

こうしたアメリカの受けいれは、図書によって、占領下の日本人のアメリカへの信仰にも似た憧れを作り出していく。ローラ・インガルス・ワイルダーの「小さな家シリーズ（Little House books）」[24]は、戦後日本人の間で最も人気のあった作品である。日本でローラの本が最初に翻訳されたのは1949年で、「小さな家シリーズ」の中の『長い冬』であった。翌1950年には『大きな森の小さなお家』（柴田徹士訳、文祥堂）と『草原の小さな家――少女とアメリカインディアン』（古川原訳、新教育事業協会）が出版された。敗戦・被占領国日本の

民衆にとって、占領軍兵士や漫画や映画を通して見るアメリカは、強さと豊かさの象徴であった。実はこの物語は、作者ワイルダーが、少女時代に実際に過ごした中西部フロンティア各地での苦しい開拓生活を描いた物語である。だが、アメリカにもこの物語のような苦しく厳しい時代があったことを、敗戦国の民衆は初めて知ったのである。貧しい中でも子供の教育に熱心で信仰心の熱い人々、正直で勤勉な良きフロンティア精神に支えられた「頑張り」を敗戦国・日本の民衆は、「抱きしめた」のである。

そのアメリカへの憧れを、日本の民衆は漫画にも見た。三大全国紙の四コマ漫画の連載は、紙面が4ページに拡張された1949年から再開された。その1949年1月から「朝日新聞」でブロンディ（Blondie）の連載が始まった。ちなみに読売新聞では「轟先生」、毎日新聞では「デンスケ」の連載が始まっている。『ブロンディ』は、チック・ヤングによる戦前のアメリカ日刊紙の日常家庭漫画である。このブロンディの連載開始とCIEとのかかわりは不明だが、占領下の日本人がこの漫画ブロンディに見たものは、電気洗濯機、電気掃除機にはじまって食品があふれんばかりの電気冷蔵庫、居間、食堂、浴室、寝室のダブルベッドという「モノ」に囲ま

第3図　ブロンデイ[25]

第3図　ブロンデイその2[26]

れた家庭であった。そして描かれていたものは、２人の子供と犬と共に暮らす普通の勤労者の家庭生活であった。しっかり者で意思を通す女性としての妻ブロンディと「言いわけを考えながら」家事もこなす夫ダグウィドの「主権在主婦」の家庭に、占領下の日本の民衆は、アメリカ流の民主主義を見た。アメリカによるアメリカ的価値観の移植は、英語教育の中にも、しっかりと埋め込まれていた。

「お前たち、何も知らないんだな。それは、電気掃除機だ」

「おじさん、見たことあるんですか？」

「うん、進駐軍のキャンプでね」

「電気掃除機だけじゃないぞ、たいていの家に電気冷蔵庫があるんだ。これからはな、日本もだんだんそうなってくる。世の中は変わるぞ。俺たちだってがんばれば、アメリカと同じ生活を送れるようになるんだ[27]」

このやり取りは、今野勉、堀川とんこう著『ジャック・アンド・ベティ物語』の一節だが、書名の「ジャック・アンド・ベティ」は、１９４９年から英語教育に使用された教科書で、アメリカの豊かな生活の様子が描かれていた。戦前のイギリス英語一辺倒から転換し、アメリカ英語・会話を通じてアメリカを全国の中学生が学ぶことにもなった。その英語の授業を通して、アメリカは、日本の中学生にしみ込んでいった。

「昭太郎は、大きく息を吸うと、花枝と英会話を始めた。I am a boy. I am Jack Johns. I am a girl. I am Betty Smith. ……自分たちの会話がピンポンボールのように教室中を飛びまわった。限界だと思ったとたん、頭の中のものが全部消えて、まっ白になった。それを助けるように、園田先生が声をかけた。……はい、とてもよくできました。ふたりとも席にもどってください。そのとき、進駐軍の方から拍手が起こった。

……ブキャナン中尉がにこやかな顔で二人を見ていた[28]」

アメリカ的な生活への信仰にも似た憧れは、濁流のような勢いで日本民衆の間に広まっていった。日本は、占領軍のいわゆる救援物資によって飢えをしのいだ時代から、朝鮮争特需で息を吹き返した。そして日本民衆は1955～60年ごろに白黒テレビ、電気洗濯機、電気冷蔵庫を「三種の神器」としてあがめ、1965～70年にかけてはカラーテレビ、ルームクーラー、マイカーの「3C」と称する「新三種の神器」を追い求めた。こうしたブロンディの漫画で見た家電製品を手に入れることは、アメリカの生活文化を手に入れることでもあった。そして、社会学者エズラ・ヴォーゲルによる1979年の著書「ジャパン・アズ・ナンバーワン」で語られたように、高度経済成長はその夢を実現してくれた。日本の民衆生活は、アメリカとの同質性を深め、日米は日常的な文化のレベルで共通した地盤に立った、かのようであった。

第4図　英語の授業[29]

だが家電製品を「三種の神器」となぞらえたことに、違いが現れている。確かに漫画ブロンディに見たような、家電製品に囲まれた「マイホーム」での生活を、日本の民衆もできるようにはなった。だがそれはアメリカの生活とは似て非なるものだったのである。「男にとってはいわば『一億総サラリーマン化』が完成し、女にとっては『サラリーマンの妻』＝『奥さん』に成り上がる夢[30]」が1960年代初頭に生まれ、それは1970年代初頭には見る夢から、つかみうる現実になった。だがブロンディの漫画に描かれた「アメリカ民主主義」の家庭とは違って、家電製品に囲まれたマイホームは、企業戦士である夫の城であり、専業主婦になった妻は、城主である夫に仕える奥様であった。ブロンディに描かれていた家庭でのアメリカ流民主主義とは、「似て非なる」マイホームだった。だが日本人はそれに気づかぬまま、アメリカへの憧れを膨らませていったのである。

3、主権国家日本のアメリカニゼーション

アメリカへの憧れを、実際に垣間見ることができた場所は、米軍キャンプであった。アメリカ占領軍は全国に展開したが、当然のことながら東京には、最大で最も重要な占領施設が集中的に配置された。六本木・赤坂・麻布あたりは、戦前から「軍人の街」として栄えたが、旧日本軍の施設・建物は、ほとんどが接収され、米軍施設に転用された。近衛歩兵第3連隊の兵営は、アメリカ陸軍第1師団司令部となり、現在では赤坂サカスと呼ばれる住居・ホテル・商業施設からなる複合超高層ビルになっている。

現在、政策研究院大学院大学と国立新美術館になっている敷地には、旧陸軍近衛歩兵第5・第7連隊、第1師団司令部と歩兵第3連隊の兵舎があった。それらは接収され米軍宿舎になった。その東側の現在の東京ミッドタウンには、近衛歩兵第1・2連隊の兵舎があったが、それらも米占領軍の将校用宿舎となった。また国立新美術館の南西隣りには、現在ハーディ・バラックス、星条旗新聞社があり、都道の六本木トンネルをまたぐ様にして、ヘリポートを備えた「赤坂プレスセンター」という「米軍基地」なっている。そこから北東へ直線距離で2キロメートルの首相官邸の西隣には、1946年に米占領軍によって接収された山王ホテルがあった。その後、「赤坂プレスセンター」から1.7キロ南の代替地に移転し、現在ニュー山王ホテルとして米軍専用ホ

第５図　麻布米軍ヘリ基地周辺図[31]

テルになっている。

現在の山手線原宿駅の西側、接収されたかつての代々木練兵場には、病院、学校、消防署、教会、スーパーマーケット、劇場、テニスコート、ゴルフ場などが完備された下士官家族用の住宅が建てられた。平屋の一戸建てのほか様々なタイプの家があり、軍人の階級や家族構成によって家の広さは違っていたが、それぞれの家屋には、冷蔵庫、掃除機、洗濯機、トースターのほか、電気ストーブも各部屋に設置され、床にはスチームパイプが通されて床暖房になっていた。アメリカ人が「真冬でもTシャツ1枚で過ごすのを見て、出入りしていた日本人」[32]たちは驚いたという。まだ周囲に焼け野原とバラック、闇市の景色が広がるなかに、広々とした芝生と白い家々、色とりどりの大型乗用車に乗る金髪の女性たち。渋谷区議会史[33]によれば、占領軍の捨てた残飯を盗みに入って射殺された区民がいた時代に、突然「豊かなアメリカ」が出現したのである。その後北側は東京オリンピック選手村・国立代々木競技場、そして南側はＮＨＫとなった。

経済成長と共に、近隣には六本木ヒルズ、アークヒルズなどの複合施設が、再開発プロジェクトによって建設され、今日の街並みが出来上がった。今でも六本木・赤坂・麻布あたりは、「六本木族」や「ヒルズ族」などの流行語を次々と生みだす「流行の最先端」の街だ。だが、この街は、戦前から戦後へと、日本からアメリカへと主人公が変わっても、軍人の街である。２０１９年５月に国賓として来日したトランプ大統領は、専用機「エアーホース・ワン」で、米軍横田基地に入国し、そして横田基地から出国した。２０２２年来日のバイデン大統領も同様だった。トランプ大統領は、滞在中は都心の米軍基地である赤坂プレスセンターのヘリポートから専用機「マリーンワン」に乗って千葉県でゴルフに興じ、横須賀基地（神奈川県）で海上自衛隊と米軍の艦船を視察するなどして首都圏を飛び回った。アメリカ大統領は、日本の主権が及ばない自国領土・米軍基地を基点に、まるでアメリカ国内にいるかのように、飛び回ったのである。

その国際法上の根拠が、１９６０年に改訂締結された日米安全保障条約である。その第６条には、「日本国の安全に寄与し、並びに極東における国際の平和及び安全の維持に寄与するため」に米軍に基地を供与する、と書かれている。ここには、米軍の基地維持の目的が、日本だけでなく東アジアの「防衛」にも及ぶことが明示され、同時に日米安保条約に基づき、在日米軍基地の使用条件および米軍人とその家族が有する権利を定めた協定が結ばれている。それが「日米地位協定」である。その第2条には日米合同委員会の設置が、第25条には日米地位「協定の実施に関して相互間の協議を必要とするすべての事項に関する日本国政府と合衆国政府との間の協議機関」が、定められている。

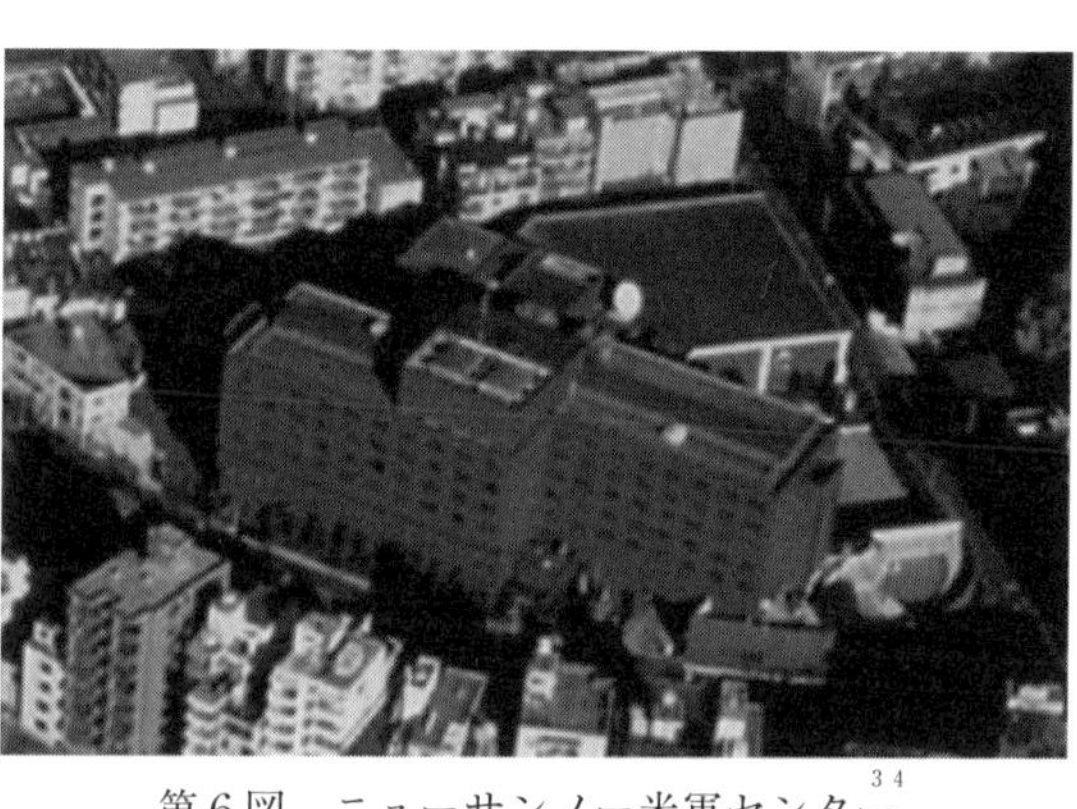

第６図　ニューサンノー米軍センター[34]

それが日米合同委員会だが、その構成メンバーは、次のようになっている。委員会は、日本側が外務省北米局長（代表）1名と代表代理5名の計6名、アメリカ側が、在日米軍副司令官（代表）1名と6名の代表代理の計7名で構成されている。アメリカ側の代表代理は、在米大使館公使と米軍司令部長・参謀長で、在米大使館公使だけが文官で他の6名は軍人である。日米合同委員会は、日本側6名とアメリカ側7名の13名で構成されている。この13名の会議が、いわゆる本会議で、その下に実務的な協議を行う補助機関として25の分科会が設置[35]されている。その分科会には、米軍の訓練場所を沖縄の基地・演習場から県外の基地・演習場に移転する訓練移転分科委員会や在日米軍基地や部隊配備などの再編を検討する在日米軍再編統括部会などが設置されている。アメリカ側は、大使館公使以外はすべて軍人である。このことが合同会議の性格を表している。アメリカ軍からの要求を鵜呑みにする機関だ、ということである。アメリカ軍人・軍属などの刑事事件が発生するが、ほとんどの場合訴追されない。これはアメリカ側が解禁した政府文書だが、「日本に駐留する米兵の『公務外』での犯罪で『著しく重要』な事件以外は、日本は第一次裁判権を放棄するとした日米密約が結ばれているのである。密約は協定の運用について協議する日米合同委員会裁判権分科委員会刑事部会の日本側代表（津田實法務省刑事局総務課長）の声明として、『日本にとって著しく重要と考える事件以外については第一次裁判権を行使するつもりはない』と非公開議事録に明記されていた[36]」。

最近その日米合同委員会が、クローズアップされた。2020年東京オリンピックに向けて羽田の国際線の発着回数を増やすために、「数分間の管制を日本側で行うことを求め、日米合同委員会の分科会などで米軍側と調整していた。……国土交通省によると、米軍側は日本側の要請に理解を示し、（2019年1月）29日付で合意したという[37]」。日本には全国各地に130か所の米軍基地があり、また基地以外にも訓練空域、訓練水域が米軍に提供されている。面積は公海、公空を含め九州よりも広い。とくに首都圏には米軍横田基地を扇の要にして、1都8県におよぶ治外法権、米軍管制下の横田空域が設定されている。

その日米合同委員会が、権力中枢にかかわったと思われる事案を二つ紹介しておこう。2007年7月の参議院選挙で第一党になった民主党幹事長・小沢一郎は、自民党との政策の違いをはっきりさせる政策対比戦略を取った。対米追従外交を「国連中心主義」に切り替え、「東アジア共同体構想」を提唱する。2009年2月24日奈良県香芝(かしば)市で「「今の時代に、米国も前線に部隊を置く意味があまりない。第7艦隊で米国の極東におけるプレゼンスは十分だ[38]」と発言した。その1週間後に小沢の公設秘書が、政治資金規正法違反容疑で逮捕された。その責任を取って小沢は、民主党の代表を辞任することになった。だが民主党は、引き続き政策対比選挙戦略をとった。鳩山民主党新代表は沖縄市の集会で、衆院選で政権を獲得した場合の米軍普天間飛行場移設に関し「(県民の)皆さま方が気持ちを一つにされているならば『最低でも県外』の方向で積極的に行動したい[39]」と述べた。民主党は選挙マニフェストでも「日米地位協定の改定を提起し、米軍再編や在日米軍基地のあり方についても見直しの方向で臨む[40]」とアッピールした。その年2009年の総選挙で民主党は、憲政史上最高の議席占有率64・2%を獲得し、政権交代を果たした。しかし米軍基地問題は、その後の民主党政権に深く突き刺さった。2009年12月「ルース駐日大使は、岡田外相と北沢防衛相を前に顔を真っ赤にして大声を張りあげ(普天間移転の：筆者)、年内決着を先送りした日本側に怒りをあらわにしたという[41]」。また、「普天間飛行場移設問題をめぐり藤崎一郎駐米大使が2009年12月にヒラリー・クリントン米国務長官に呼び出されたとする外務省側の虚偽説明[42]」など、様々な政治工作や圧力が加えられた。そうした状況のなか、2010年4月6日に、鳩山首相は、外務省と防衛省幹部の実務者に普天間基地の「徳之島移転」を、内々に伝えた。朝日新聞は次のように報道した。「作業部会では、先に岡田克也外相から米側に伝えた検討状況について、現時点で米側から返答がない状況も報告された。席上、首相は移転先をめぐって報道が先行していることに懸念を示したという」[43]。徳之島移転の内容が政府部内からリークされ、様々な政治的工作が仕掛けられた。おそらく日米合同委員会でも検討されたのであろう。５月４日米軍普天間基地の移転問題で「最低でも県外」も、「徳之島移転」さえも撤回させられた。「外務省、防衛省内の対米『追従』派から攻撃されて、首相の座から引きずり降ろされた[44]」のである。民主党鳩山内閣の支持率は、坂を転げるように落ちていった。

故翁長雄志前沖縄県知事は、米軍基地被害に苦しむ沖縄の状況を、「日本国憲法の上に日米地位協定があり、国会の上に日米合同委員会がある」と嘆いた。アメリカの属領・植民地、これが独立・主権国家日本の現実の姿である。

(4) まとめ――象徴天皇制とアメリカニゼーション

令和元（２０１９）年11月９日、皇居前広場で行われた「天皇陛下の御即位をお祝いする国民祭典」で、人気アイドル・グループ「嵐」が、奉祝曲として「Ｒａｙ ｏｆ Ｗａｔｅｒ」を歌い上げた。事前の打診に、メンバーの一人は「おれたちでいいの、活動休止することはご存じだよね」と驚いた、という。当日は、「天皇陛下ご臨席のもと、陛下がお言葉を述べられ」安倍晋三首相はじめ各界の代表が出席した。「嵐」といえばジャニーズ事務所所属のアイドル・グループである。そのジャニーズ事務所オーナーで芸能プロモーター、音楽プロデューサーのジャニー喜多川が、２０１９年７月に亡くなった。

ジャニー喜多川は、１９３１年カリフォルニア州ロサンゼルス生まれの日系二世である。太平洋戦争中は、送還され家族と共に日本に在住していたが、敗戦後の1947年再渡米し、高校・大学生活を送りながら、箔付のために訪米した日本の芸能人のステージ・マネージメントなどの仕事をしていた。これを通して、ジャニー喜多川は、アメリカのエンターテインメントを体験し、身に着けていった。

1952(昭和27)年に再来日し、アメリカ合衆国大使館に勤務していた間「ワシントンハイツ」に住んでいた。その時に中学生らに、ワシントンハイツ内の野球場で、少年たちに野球を教えていた、という。「ワシントンハイツの自分の家に、キタガワ氏は次第に子どもたちを招待するようになっていった。日本の中学生にしてみれば、そこに置いてある家具も電気製品も眩しかったに違いない」[45]。そのようなアメリカン・ライフ・スタイルに惹かれたこともあって、週末の野球以外でもワシントンハイツに頻繁に遊びに来ていたのが」代々木中学野球部の、後に飯野おさみ、真家ひろみ、あおい輝彦、中谷良と名乗るメンバーだった。ある日ミュージカル映画「ウエスト・サイドストーリー」を見てすっかり魅せられた4人は、「ああいう踊り、踊ろうよ」[46]と言い出したという。少年野球団の名前をそのまま残した「ジヤニーズ」で、ジャニー喜多川は、4人を「歌って踊れるアイドル」として、芸能界にデビューさせたのである。デビューは、1962年NHKの『夢であいましょう』のバックダンサーとしてで、その時、あおい輝彦は代々木中学の1年生だった[47]。

その後ジャニー喜多川は、1980年代以降、「たのきんトリオ」・「フォーリーブス」・「光GENJI」・「SMAP」・「嵐」・「ジャニーズWEST」と、次々に男性アイドル・グループを芸能界に送り出し、ヒットさせていった。

戦後、音楽・芸能界の草分けたち[48]は、米軍キャンプでジャズやブルースなどを演奏したり歌ったりした人たちが多かった。それは占領軍の兵士たちの娯楽のために、GHQが高給で手配したからである。同時にGHQ

は、在日米軍向けラジオ放送（ＷＶＴＲのちにＦＥＮと改称）を開始した。この放送から流れるアメリカ音楽とくにジャズは、並木路子の「リンゴの唄」や笠置シヅ子の「東京ブギウギ」と共に、焼け跡の国民にアメリカの自由を体感させた。ジャニー喜多川は、日系二世として再渡米中の４年間にアメリカン・スタイルの音楽のエンターテインメントを体験し、早くから日本に移入・移植できた人であった。先ほどジャニーズのメンバーが「ウエスト・サイドストーリー」にすっかり魅せられた、と述べたが、ジャニー喜多川は、このミュージカルにヒントを得て、「歌って踊れる少年たち」を育て、芸能界に送り出し続けたのである。ジャニーズに限らず、その後の歴代のグループもそのスタイルを踏襲している。音楽評論家の湯浅学は「ジャニーさんは黒人音楽をかなり早くから取り入れていた。ジャニーズの歌い手であるためには、リズム＆ブルースの素養と、歌って踊れることが最低限の条件だった」[49]と話す。

ジャニーズがデビューする４年前の１９５８年、マイケル・ジャクソンがデビューしていた。モータウン・レコードの黒人ボーカル・グループ、ジャクソン家の兄弟で構成された５人組、ジャクソン・ファイブは、末弟マイケルの天才的な歌唱力とダンス・パフォーマンスによって一躍人気を得ていった。その時マイケル・ジャクソンは11歳だった、という。それは、コンサートでもオペラでもミュージカルでもない、これまでとは違うジャンルの「エンターテインメント」だったのである。エンターテインメントとは、人々を楽しませる娯楽を指し、類語は、楽しみ・気分転換・気晴らし、などである。それは、サラダボウル・アメリカのアメリカ文化であり、「エンターテインメント」こそ、日本人に教えるべきアメリカ文化だったのである。アメリカの濃い影が、戦後日本社会をドームのようにすっぽりと覆い、「戦後日本の復興と繁栄はアメリカのおかげ」は、信仰・権威となった。ジャニーズの皇居前広場で行われた「天皇陛下の御即位をお祝いする国民祭典」でのパフォーマンスは、戦後日本を覆っている権威＝権力であるアメリカ＝象徴天皇制を体現したものである。

明治以来、日本の近代は、天皇を頂点とする家父長的な権威の下で駆動されてきた。その近代がモデルとしていたのは、フランスやドイツなどのヨーロッパであり、アメリカではなかった。人民民衆の側も、ヨーロッパを向いていた。

自由民権運動は、J・S・ミルの自由論、ベンサムの最大多数の最大幸福論、スペンサーの権利論、ルソーの社会契約論などをよりどころとしていた。だが日常的な生活や大衆文化の面では、かなりの部分がアメリカ文化であった。小麦粉をメリケン粉と称し、ビールや缶詰などもアメリカからやってきた。電灯、電話、市電、自動車、あるいは百貨店などもそうである。野球を筆頭として、スポーツもアメリカから来た。やがて映画がすっかり日本人の心をとらえた。昭和初期には、アメリカのフラッパー（おてんば娘）をまねたモガやモボが都会を闊歩した。戦後は、圧倒的にアメリカから来た物質文化に日本は飲み込まれた。アメリカは、フォーディズムに代表される大量生産＝大量消費を実現した史上初の国である。アメリカはその商品を通して「自由」とか「平等」とかを提唱し、世界はこれを程度の差こそあれ受容してきたが、日本は、アメリカを無批判に受け入れ、アメリカに飲み込まれてしまった。

アメリカニゼーションは、アメリカが民衆をとらえていく過程であり、個人の欲望を開放していく方向をもった近代化の過程である。これは、天皇を頂点とする家父長的な近代化に一見対抗するようでありながら、実のところ両者は互いに補完的な関係にあったのである。アジア・太平洋戦争での敗北によって、大日本帝国がアメリカのヘゲモニーの下に組み入れられると、この近代性はもはや矛盾やずれを解消して抱擁＝結合していく。この「抱擁＝結合」が、戦後の日本を四分の三世紀以上にわたって呪縛し、「安定的」な構造を生みだしていったのである。

戦前から、天皇制とアメリカニズムは、対立していたわけではなかった。それは、加藤周一が「土着の世界観」と呼んだものであろう。加藤周一は言う。「超越的な価値を含まぬ世界観は排他的でない。故に新を採るのに旧を廃する必要もない。しかも新思潮が外部から輸入された場合には内発的変化の場合と異なり土着の世界観の持続性がそのために害（そこな）われるおそれは少なかったはずである[50]」と。戦後日本の経済構造＝外生循環構造をすっぽりと丸天井のように覆う権威が、【アメリカ＝象徴天皇制】であり、その傘の下で国家諸機構（政府）が権力を握っている。アメリカという権威の実態は、異常で屈辱的な対米従属であり、この対米従属ときっちりと結びつき、機能している国民統治支配イデオロギーが象徴天皇制である。この「アメリカ＝象徴天皇制」が大伽藍、ドームのように戦後日本社会全体を蓋（おお）っている。

外来のアメリカ「フリーダム：Ｆｒｅｅｄｏｍ」が、丸山眞男の言う「古層」「通奏低音」、加藤周一の言う「土着の世界観」である天皇制に突き当たり、天皇制絶対主義ならぬ天皇制民主主義[51]となったのである。アメリカ＝象徴天皇制こそがそれであり、戦後日本社会をドームのごとく覆う、威容を誇る戦後の権威＝権力なのである。

〈注記〉

1、終戦の詔書、現代語訳は「感情の激するままみだりに事を起こ」す。

2、「朝日新聞」１９４５年11月18日

3、「毎日新聞」１９４５年11月１日

4、ＮＨＫ ＨＰ https://www2.nhk.or.jp/archives/tv60bin/detail/index.cgi?das_id=D0009060072_00000 (2019/07/24)

5、鶴田敏彦ブログ https://tmaita77.blogspot.com/2012/11/blog-post_22.html　１９５０年時点の餓死者とは、『人口動態統計』で死因が「栄養欠乏」＋「飢え、渇、不良環境への放置」での合計数。

6、「朝日新聞」１９４７年5月8日

7、ジョン・ダワー『敗北を抱きしめて（増補版）』（岩波書店、２００４年）73頁。

8、「１９４５年8月14日、大東亜大臣東郷茂徳による訓令『三ヶ国宣言受諾ニ関スル在外現地機関ニ対スル訓令』において、『居留民ハ出来ウル限リ定着ノ方針ヲ執ル』と定められた」。山村睦夫「上海における日本人居留民の引揚げと留用」日本上海史研究会編『建国前後の上海』（研文出版、２００９年）１８０頁。

9、森武麿・斎藤俊江・向山敦子「戦後福島県葛尾村松島共栄開拓—岩間政金の満州開拓と戦後開拓体験」（『飯田市歴史研究所年報』16巻、２０１８年）１５６、１５７頁　https://www.jstage.jst.go.jp/article/ihrab/16/0/16_140/_pdf

10、映画広告「スミス都に行く」「朝日新聞」１９４１年12月4日

11、田中晶子「戦後西ドイツにおける『アメリカ化』—アメリカ化の概念史的検討」『パブリック・ヒストリー』5巻、２００８年2月、62頁。http://hdl.handle.net/11094/66457

12、福井七子「ルース・ベネディクト、ジェフリー・ゴーラー、ヘレン・ミアーズの日本人論・日本文化論を総括する」『関西大学外国語学部紀要』第7号、２０１２年10月、85頁。https://www.kansai-u.ac.jp/fl/publication/pdf_department/07/081fukui.pdf　(2019/09/03)

13、加藤哲郎『象徴天皇制の起源』（平凡社、平凡社新書、２００５年）、１４３頁。

14、ジョン・W・ダワー『容赦なき戦争—太平洋戦争における人種差別』（平凡社、平凡社ライブラリー、２００１年）２３２頁。

15、ジェフリー・ゴーラー、福井七子訳『日本人の性格構造とプロパガンダ』（日本放送協会出版局、１９９７年）74、75頁。

16、ジョン・W・ダワー『容赦なき戦争—太平洋戦争における人種差別』２５５、２５６頁。

17、加藤哲郎『象徴天皇制の起源』（平凡社、２００５年）26頁。
18、粟屋健太郎、川島高峰『敗戦時全国治安情報』第6巻（日本図書センター、１９９４年）１２２、１２３頁。
19、保阪正康・佐高信・森功「『戦後70年』特別鼎談　児玉誉士夫　笹川良一　瀬島龍三　四元義隆ほか『黒幕たちの戦後史』を語りつくす」（「週刊現代（電子版）」）https://gendai.ismedia.jp/articles/-/41750　(2019/10/25)
20、高橋秀俊「敗北の抱きしめ方」『立命館言語文化研究』19巻1号、１７６頁。http://www.ritsumei.ac.jp/acd/re/k-rsc/lcs/kiyou/19-1/RitsIILCS_19.1pp.175-189takahashi.pdf
21、昭和館ＨＰ「戦後復興までの道のり」https://www.showakan.go.jp/events/kikakuten/past/past20110723.html
22、近藤潤三「占領期ドイツの食糧難」『南山大学ヨーロッパ研究センター報』第24号、16頁。Permalink : http://doi.org/10.15119/00001820　(2019/09/13)
23、タモツ・シブタニ、広井脩・他訳、『流言と社会』（東京創元社、１９８５年）１１９頁。
24、このシリーズは２０１９年末現在でも、ＮＨＫで「大草原の小さな家」として放映されている。ＮＨＫ ＨＰ　https://www4.nhk.or.jp/daisougen-bsp/　(2019/10/31)
25、「朝日新聞」１９４９年2月14日
26、「朝日新聞」１９４９年3月7日
27、今野勉、堀川とんこう『ジャック・アンド・ベティ物語―いつもアメリカがあった』（開隆堂出版、１９９２年）58～60頁。
28、前掲著、24、25頁。
29、『ジャック・アンド・ベティ物語』25頁
30、上野千鶴子『家父長制と資本制』（岩波書店、１９９０年）１９４頁。
31、麻布米軍ヘリ基地撤去実行委員会ＨＰ　http://home.att.ne.jp/sigma/azabu/news/n20-1/panf_preview.html
32、秋尾沙戸子『ワシントンハイツ―ＧＨＱが東京に刻んだ戦後』（新潮社、２００９年）１６４頁。

33、渋谷区議会『渋谷区議会史本編』（渋谷区議会、１９７６年）３０５、３０６頁。

34、東京都都市整備局ＨＰ「都内の米軍基地　ニューサンノー米軍センター」　東京都都市整備局ＨＰ　https://www.toshiseibi.metro.tokyo.lg.jp/bunyabetsu/kichitaisaku/kihon_shisei/usfj_base.html#tonai

35、外務省ＨＰ
https://www.mofa.go.jp/mofaj/area/usa/sfa/pdfs/soshikizu.pdf　（2019/10/4）https://www.mofa.go.jp/mofaj/files/100060689.pdf
（2022/05/24）　詳しくは、松竹伸幸『日米地位協定の真実』（集英社、集英社新書、２０２１年）参照。

36、寺崎昭義「もっと知ろうよオキナワ」LIBRA Vol.15 No.7　２０１５年７月、48頁。https://www.toben.or.jp/message/libra/pdf/2015_09/p42-43.pdf　前掲松竹著、１８２、１８３頁参照。

37、「朝日新聞」２０１９年１月31日。

38、「朝日新聞」２００９年２月25日。

39、「沖縄タイムス」２０１９年７月20日。

40、民主党アーカイブ http://archive.dpj.or.jp/special/manifesto2009/pdf/manifesto_2009.pdf (2019/10/12)

41、「産経新聞」２００９年12月５日。

42、「「琉球新報（電子版）」２０１５年７月６日。https://ryukyushimpo.jp/news/prentry-245319.html　2019/10/13)

43、「朝日新聞」２０１０年４月７日（夕刊）。

44、ジョン・W・ダワー、ガバン・マコーマック『転換期の日本へ』（ＮＨＫ出版、２０１４年）２４８頁。

45、秋尾紗戸子『ワシントンハイツ、ＧＨＱが東京に刻んだ戦後』（新潮社、２００９年）３２６、３２７頁。

46、矢野利裕『ジャニーズと日本』（講談社、現代新書、２０１６年）38頁。

47、前掲著、38頁。

48、そうした中には、プロダクションのナベプロ創始者の渡辺晋・美佐夫妻、ホリプロ創設者の堀威夫、ビートルズの日本公演を実現させた永島達司など、戦後日本のポピュラー音楽界を支えた人たちもいた。東谷護「ポピュラー音楽にみる『アメリカ』」（『グローカル研究』№１　２０１４）43頁。http://www.seijo.ac.jp/research/glocal-center/publications/backnumber/jtmo420000005foz-att/touyaronbun.pdf　(2019/10/6)

49、「朝日新聞」２０１９年7月12日。

50、加藤周一『日本文学史序説　上』（筑摩書房、ちくま学芸文庫、１９９９年）45頁。

51、「天皇制民主主義」という規定は加藤哲郎ネティズン・カレッジ下記参照。http://netizen.html.xdomain.jp/home.html

補注１「１９８９年の原住民及び種族民条約（第１６９号）」

ＩＬＯ　ＨＰ　https://www.ilo.org/tokyo/standards/list-of-conventions/WCMS_238067/lang--ja/index.htm　(2019/10/30)

第5章

アメリカ株価資本主義と世界金融反革命

（1）はじめに

「過労死」・「過疎化」・「限界集落」そして「3・11東日本大震災」と「原発事故」。社会とのつながりが切れた「無縁社会」。世界でもっとも少子高齢化が進んだ国・日本。これらの事象は、個々バラバラな出来事ではない。日本は今、世界がまだ経験したことのない試練に直面している。これをジャパン・シンドローム（日本症候群）と呼ぶようだ。日本は「失われた20年」を通り越し、停滞から抜け出せないままでいる。冷戦の終結とともに、冒頭掲げた諸事象が、地底（じぞこ）から浮き出てきた。これらは、日本に限ったことではない。世界もまたこれまでに遭遇したことのない状況に、直面している。

アメリカ国民は、2016年11月、ドナルド・トランプを次期大統領に選んだ。この選択は、アメリカン・ドリームという夢を打ち砕かれたラストベルト（さびついた工業地帯）の労働者達が託した「希望」だ。この希望は、俺たちの仕事を奪った「不法移民」への深い憎しみと背中合わせになっている。トランプの主張する「メキシコ国境の高い壁」が、その憎しみを代弁している。

同じことが欧州でも起きている。2016年6月23日の国民投票で、イギリス国民はEU離脱を選択した。様々な理由がある中で、移民問題は一つの焦点となった。移民が、俺たち英国民の職・仕事を奪っている。EU離脱で、移民を排斥すべきだ。これが、EU離脱の選択を後押ししたに違いない。大陸欧州での、極右政党の台頭も、そうした排外主義の表れだろう。韓国でも若者の自殺が、深刻な社会問題になっていて、その根っこに若者の失業がある。その怒りが、財閥（チェボル）と朴槿恵に向けられ、百万人単位のローソク・デモとなって現れた。

20世紀末の長期停滞という黒雲が世界を覆っている。

第2次世界大戦後およそ半世紀続いた高成長は、20世紀末から停滞へと変わった。それとともに現れた冒頭の諸事象。これらはなぜ起きているのか。１９５０、60年代のアメリカの黄金期、西ドイツ「ラインの奇跡」、日本の「高度成長」、そして１９８０年代韓国の「漢江の奇跡」に象徴される新興工業諸国（NICs）の登場、さらに１９９１年「改革・開放」による中国の経済成長。これと同調するかのように戦後、縮小していった格差は、１９９０年代以降再び拡大しはじめた。戦後の「奇跡」が終わり、人々は停滞のなかで格差と貧困にもがいている。途上諸国の貧困と飢餓は言うまでもない。国際ＮＧＯのオックスファムは、「世界で最も富裕な8人が、最も貧困な36億人分と同じ資産を所有している」[1]との推計を発表した。

第2次世界大戦後、世界経済を支えてきたアメリカは、ソ連冷戦体制の解体後には、これまでのように資本主義社会を支える必要はなくなった。今度は自分の番だ、「アメリカ・ファースト」と。１９８５年のプラザ合意以降、アメリカの世界金融政策が、アメリカ一国生き残りの世界戦略となった。それは2段階の金融による世界収奪＝金融反革命として実行され、現在、第2段階が進行中である。

その金融反革命劇は１９９０年代なかばに本格化する。それはこうだ。アメリカは１９８５年のプラザ合意以来10年間継続した各国通貨高・ドル安政策を転換した。この政策転換は、メキシコ通貨危機の国内への波及防止も絡んだ上での政策ではあったが、ともかくアメリカは１９９５年4月の7か国蔵相・中央銀行総裁会議（G7）の「為替相場の『秩序ある反転』」を打ち出した。8月15日、米高金利＝日独低金利をセットとする金利協調と日米独の為替の協調介入によって、マルク・円安＝ドル高を目指す「逆プラザ」に打ってでたのである。金利差益とドル安の地合で為替差益を保証して、アメリカへの資本還流を太くする政策を打ち出した。その日は8月15日、くしくも50年前の日本敗戦、24年前のニクソン・ショックの日でもあった。これがIT革命とコラボして1990年代後半のニューエコノミーと呼ばれた空前のアメリカのブームを引き起こした。世界のドルは鹿が水を求めて鳴くようにアメリカに向かい、株式・債券市場に流れ込んだのである。折からのWindows95で本格化した「インターネットブーム」にも火がつき、設備投資ブームに沸くIT関連産業が上場するナスダックの株高を機関車にして、在来産業の株価（ニューヨーク証券取引所）も急騰した。ネットバブルである。しかし、2000年3月10日のナスダック最高値を潮目に、ITバブルは、はじけ飛んだ。2001年12月に、粉飾決算で破綻したエンロン事件などが、思い浮かぶだろう。

ブッシュ大統領は、こうした事態を受け、景気刺激策を打ち出す必要に迫られた。ブッシュは持ち家の促進を掲げ、住宅減税や低所得者向けローンの優遇策を打ち出した。2002年の住宅ブームを背景にアメリカは、サブプライム金融商品の世界販売＝輸出をすすめたのである。その結末は、周知のとおり2008年のリーマン・ショックとなって、はじけ飛んだ。そして、ここからの回復のために取られたアメリカの世界金融政策が、異次元の量的緩和である。

金利操作では、とうてい追いつかない。異次元の量的緩和は、アメリカが3・5～4兆ドル、中国「4兆元」、世界全体で20兆ドルとも言われている。それは、アメリカの経済構造も変容させていった。軍産複合体に象徴される「軍需」資本主義から「株価」資本主義への変容、主役の交代である。それは軍需の行き詰まりを、株価に象徴される金融で代位補完しようとするものである。その過程で、アメリカ金融資本が肥太り、世界は食い物にされた。1997年のアジア通貨金融危機、2008年のリーマン・ショックが世界経済に及ぼした深刻な影響を思い浮かべればわかるだろう。これがオックスファムの声明となり、参加者たちが"We are the

99%" と叫びながら、世界金融のメッカ、ウォール街を占領したのも当然の成り行きである。

同時にこの過程は、冷戦からポスト冷戦へという時代の変容とシンクロナイズしている。現時点から逆照射をかけてみると時代が見えてくる。過去からではなく現在からみると、第2次世界大戦後およそ半世紀続いた冷戦時代は、成長・蓄積という点からみると、資本主義の「異常な時代」だったと言えるのではなかろうか。資本主義の諸矛盾・痛みを緩和してくれる「成長」、軍事インフレ蓄積、成長という妙薬が切れたポスト冷戦時代こそ、むしろ資本主義の「通常の時代」なのだ、と見ることができる。株価資本主義を生み出した、金利ではなく貨幣量での金融緩和は、「成長」の妙薬となるのだろうか。それとも一時的な鎮痛緩和剤のようなものだろうか。いずれにしても資本主義の新バージョンが求められている。２０１５年９月の国連サミットで採択された持続可能な開発目標（SDGs : Sustainable Development Goals）、それらの具体化としてのＩｎｄｕｓｔｒｉｅ 4.0によるギガファクトリーなどは、新しい資本主義を構築できなければ、資本主義は持たないとの資本の危機感の表れだろう。

（2）資本主義体制構築・維持のためのドル散布（援助と直接投資）
――軍事インフレ成長メカニズムとしての「世界ケインズ政策」

ＩＭＦ＝ドル体制は、国などの公的機関が保有するドルと金との交換を約束し、管理通貨制の弾力性と金本位制の安定性の両方の長所を具有する国際通貨制度である。米国の不換通貨ドルを世界貨幣に擬制し、米ドルは世界中どこでも通用する通貨となった。このドルを管理・運用する世界的な機構が、国際通貨基金

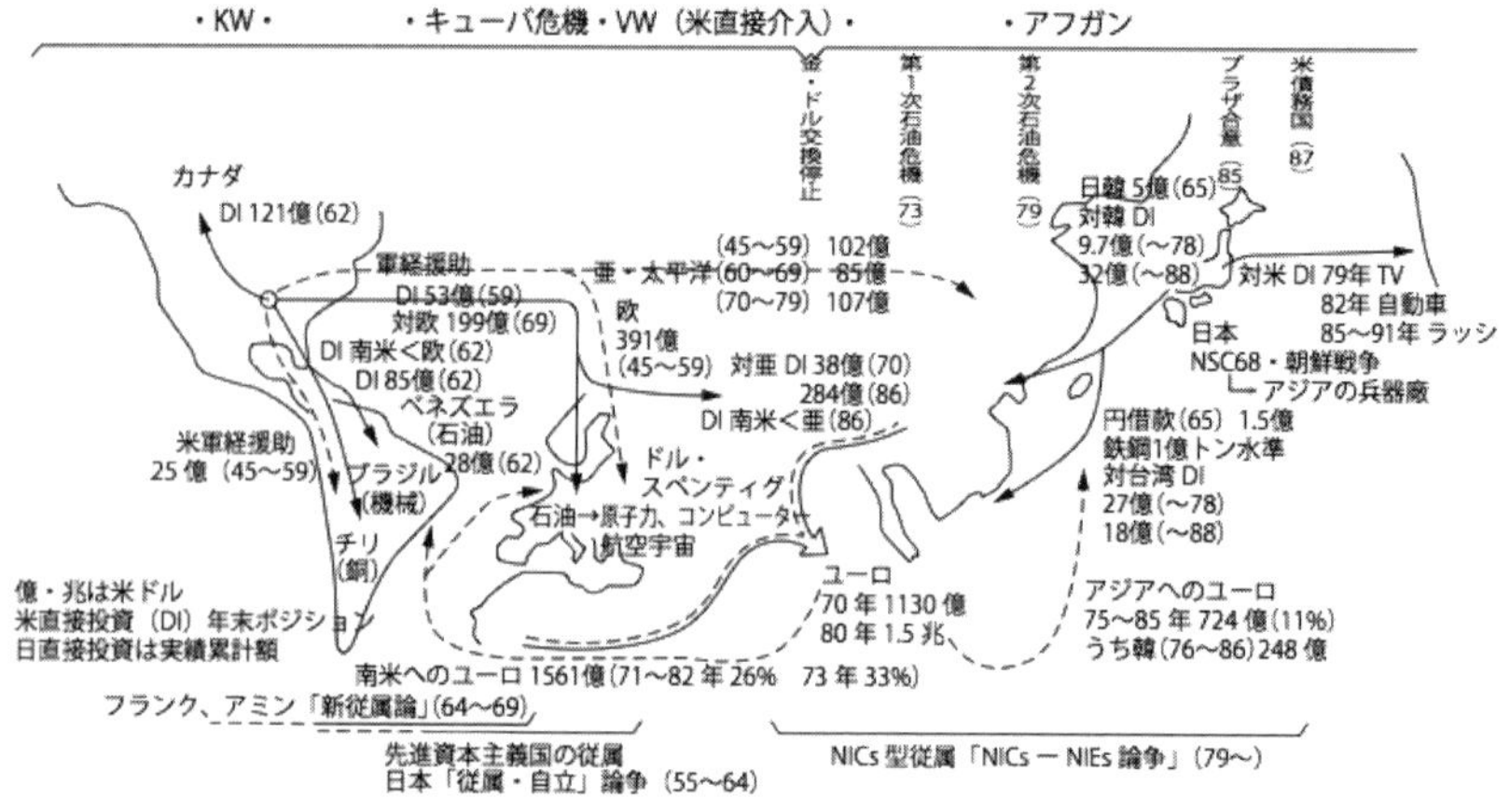

第１図　アメリカのドル散布[2]

（IMF;International Monetary Fund）である。また同時にアメリカは、商品の自由貿易の仕組みとしてGATT（General Agreement on Tariffs and Trade; 関税と貿易に関する一般協定）締結を各国に促した。アメリカはこうした機構を経由して、あるいは直接に国家資本（軍事・経済援助―借款・贈与）を資本主義世界に投下した。「資本主義体制維持＝社会主義体制防遏」のための冷戦ドル・スペンディング＝ドル散布である。対ソ対抗の軍事インフレ蓄積＝成長メカニズムであり、萩原伸次郎氏の表現をかりれば、アメリカによる軍事「世界ケインズ政策」と言ってもよいだろう。

　ドルは体制間矛盾のポイント、東西冷戦の対決点へ投下された。体制擁護のための冷戦ドル・スペンディングは、１９５０年代では商品貿易黒字額の２・３倍の６８４億ドル、同じく60年代では１・８倍の７３５億ドルに達した。既存在来産業においても圧倒的な国際競争力を有していた黄金期のアメリカが、商品貿易で稼いだ黒字額のほぼ倍を援助していたのである。第２次世界大戦前、帝国主義諸国家の収奪対象とされていた旧植民地・途上諸国が、今度は援助対象となった。収奪の帝国主義

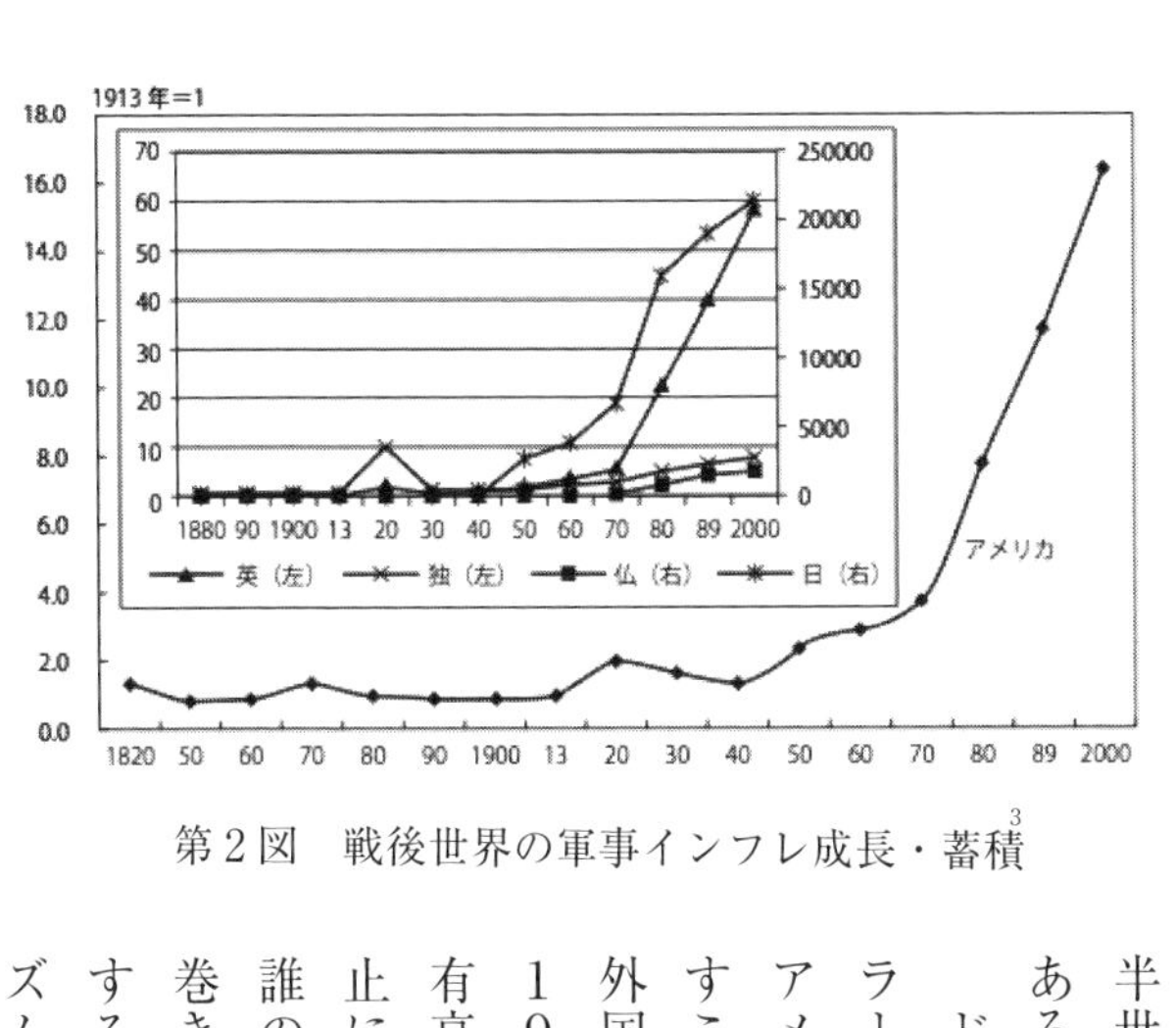

第2図　戦後世界の軍事インフレ成長・蓄積[3]

は、第2次大戦後は持ち出しの貢納の帝国主義となった。援助しなければ、「社会主義」体制に取り込まれる。資本主義体制が蚕食されるかもしれない、という不安にアメリカ＝資本主義世界は駆られていたのである。アメリカはこうした軍事経済援助をしながら、同時に民間投資によって各国の資本不足を補い、需要を創出し疲弊した各国経済を復興させていった。これが、第2次世界大戦後ほぼ半世紀にわたる特異な成長の時代としての冷戦時代を生み出したのである。

ドルはヨーロッパを中心に世界的に堆積していった。ユーロ・ダラーである。「国際兌換紙幣」ドルのインフレーションは必至である。アメリカは、数次わたってドル防衛政策を実施したが、それも功を奏することなく、1961年にはアメリカの金保有高は、外国通貨当局や外国銀行・個人の保有するドル短期債権持高に追い越された。そして1967年には外国通貨当局の保有ドル短期債権が、アメリカの金保有高を上回り、遂にアメリカは1971年8月15日に金・ドル交換停止に踏み切らざるを得なくなった。IMF＝ドル体制の機能不全が、誰の目にもはっきりとしたのである。世界はインフレーションの渦に巻き込まれていく。過剰ドル＝浮動貨幣資本という妖怪が世界を徘徊することになる。戦後冷戦時代を支えた「軍事インフレ成長」メカニズムは、機能不全となった。世界は、1990年代末以降低インフレ・

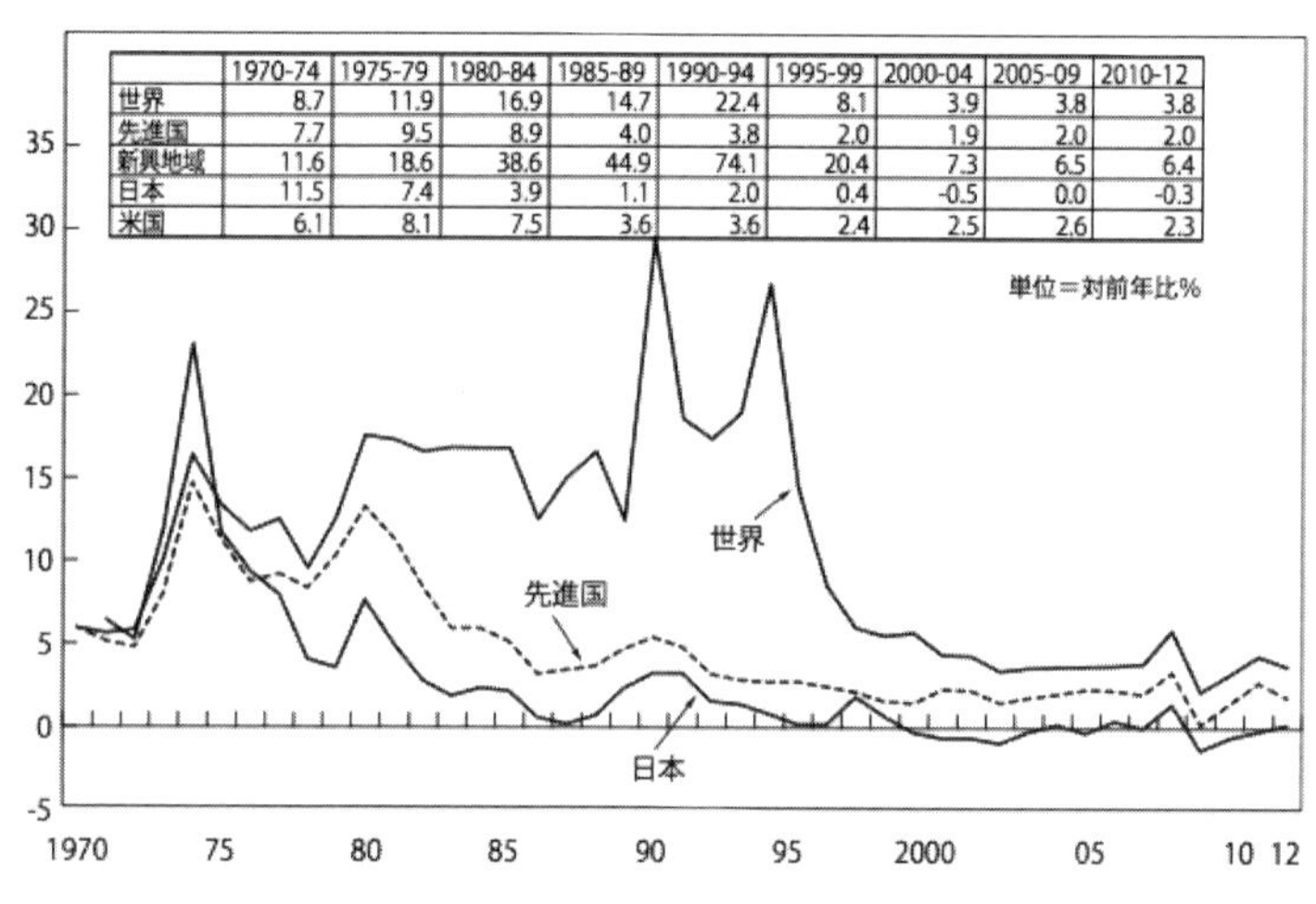

	1970-74	1975-79	1980-84	1985-89	1990-94	1995-99	2000-04	2005-09	2010-12
世界	8.7	11.9	16.9	14.7	22.4	8.1	3.9	3.8	3.8
先進国	7.7	9.5	8.9	4.0	3.8	2.0	1.9	2.0	2.0
新興地域	11.6	18.6	38.6	44.9	74.1	20.4	7.3	6.5	6.4
日本	11.5	7.4	3.9	1.1	2.0	0.4	-0.5	0.0	-0.3
米国	6.1	8.1	7.5	3.6	3.6	2.4	2.5	2.6	2.3

第３図　戦後世界90年代末以降の低インフレ・デフレーション[4]
消費者物価指数の前年比

デフレの時代に突入することになる。これは、軍事インフレ成長メカニズムの機能障害の発症である。

20世紀前半まで大恐慌の時でも2倍程度だったインフレーションは、戦後急伸していくことになる。とくに金・ドル交換停止以降、第2図にみられるように、世界はインフレーションの渦に飲み込まれていく。過剰ドル＝浮動貨幣資本という妖怪が世界を徘徊することになる。戦後の冷戦時代を支えた「軍事インフレ蓄積」成長メカニズムは、機能不全に陥り始め、世界は、１９９０年代末以降、低インフレ・デフレの時代に突入する。これは、軍事インフレ成長メカニズムの機能障害の発症である。

その成長・蓄積メカニズムの機能不全症候群のカルテは、第３図に示したとおりである。１９９０年代後半以降、世界は３％台、先進国は２％台の低インフレ・デフレーション状態に陥っている。これは、冷戦体制下の軍事インフレ成長・蓄積メカニズムが、機能不全状態に陥っていることを示している。

（３）アメリカ民間産業「復活」のレシピ——金融・株式による株価資本主義への変容

１、戦後アメリカ資本主義の中核としての軍産複合体＝軍需産業

戦後アメリカの金ぴかの黄金時代を演出したのは軍需産業だった。この産業は、政府が軍事工場を建設・増設し、関連民間企業が受託して経営・運営するという方式（Government-owned, Contractor-operated）で運営＝経営されていた。これは第２次大戦中に生み出されていた方式だが、それが戦後の平時に復活・継続され、さらに手厚い保護がかけられた。戦後の軍需産業は、これまでのような軍需産業ではなかった。それは、例えばコンピュータ制御を必要とするミサイルなど、戦後の軍需産業は量子力学の応用・利用を必須とした産業で、研究・開発費ひとつをとっても一資本・個別企業が、そのコストを負担できるものではなかった。かかった研究・開発費用に製造経費と規定の利潤が上乗せされて、政府の購入価格が決定された。この「費用償還方式」によって、企業利潤は保証された。１９６３年時点で、国防総省・原子力委員会・航空宇宙局（ＤＯＤ・ＡＥＣ・ＮＡＳＡ）の総資産は２１２３億ドル、そのうちの有形固定資産１６３７億ドルは、全米の民間固定資産総額１０３０億ドルの１・６倍[5]に達していた。相手の戦力を上回るために、１％の性能を上げるためにコストはいくらかかってもいい。当然のことながらコスト競争は無視される。しかもこの産業は、核兵器と大陸間弾道ミサイルの存在が端的に示すように、生産力が一瞬にして破壊されてしまうことが現実となった今、戦争に向かって、あるいは戦争が開始されてから準備を整え産業を動員するという、これまでの悠長な方式はもはや通用し

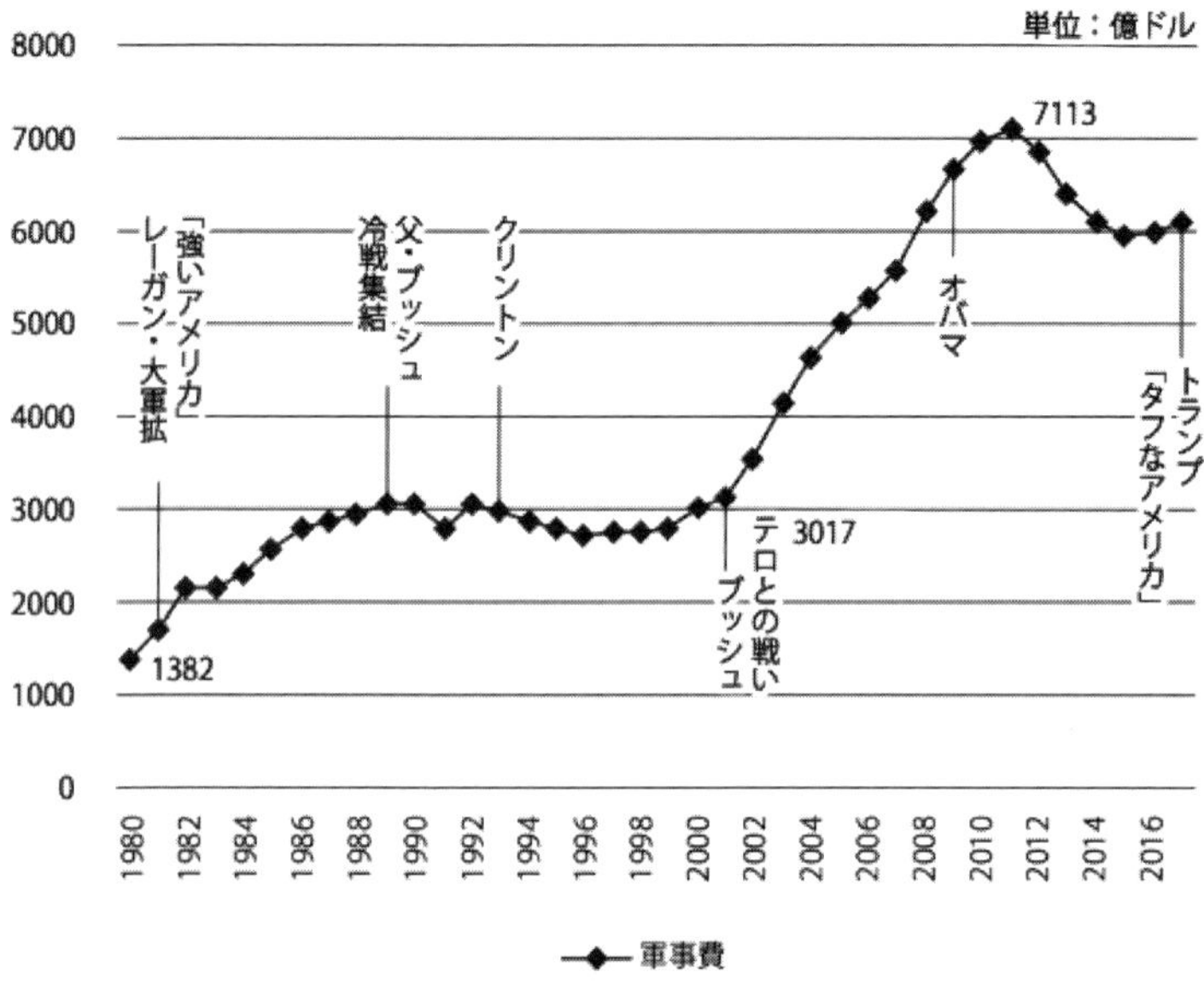

第4図　アメリカ国防軍事費[7]

なくなった。この新鋭軍需産業は、平時には民需、戦時には軍需という「戦時動員」方式が可能な産業ではなかった。第2次世界大戦までのように肥大化してはいたが、曲がりなりにも国民経済のなかで、応答的な産業連関をもちうる産業ではなかった。しかもその軍需産業部門が、生産力の中核となっていた。

アイゼンハワーは1961年1月離任演説で、「軍産複合体」の肥大化がアメリカ経済ばかりか社会をも蝕むこと憂慮したが、その心配は現実となっていく。戦略核兵器を中核とする軍事支出、国防費はふくれあがった。1950年代の10年間で国防費は4119億ドルに達し、連邦支出に占める割合は59%、また60年代の10年間では1兆2984億ドル、割合は46%[6]に達していた。アメリカ経済の1950、60年代の黄金期は、実はこうした国家財政丸抱えの軍産複合体＝軍需産業の繁栄のもとにあった。

こうした軍事関連の産業部門を担っていたのは、大独占・巨大企業であった。ボーイング、ロッキード、グラマンなどの航空機メーカー、ＧＥ、ＩＢＭ、ウエスティングハウスなどの電機・電子産業、化学のデュポンなどの大独占資本・企業であった。これらの企業は民需用の耐久消費財生産もさることながら、軍需を経営の柱としていた。大独占・巨大企業プライム・コントラクターのもとに、サブ・コントラクターの製造企業群や素材メーカーなど1万社を超える企業群が連なり、この新鋭軍需産業はキー・インダストリーとしてアメリカの黄金期を牽引したのである。しかし冷戦終結後、国防軍事予算に依存してきた製造業の中核、航空宇宙軍需産業も、再編を余儀なくされる。軍事予算は１９９０年から96年にかけて１割以上削減され、なかでも装備調達費は約４割も減少した。ボーイング・ロッキード・レイセオン・グラマンなどの軍需産業は、Ｍ＆Ａで国内での統合・再編を進めながら、ボーイング[8]やロッキードが積極的だが、生産のグローバル展開＝国際共同生産によって競争力強化を図っていく。軍需産業は生き残りをかけてすさまじいＭ＆Ａ（企業吸収・合併[9]）を繰り返したのである。

しかし２００１年以降「テロとの戦い」で、軍需産業は、年々増加する国防軍事費の恩恵を、再び受けるようになった。90年代をとおして３０００億ドル程度の水準にあった国防軍事費は、第４図にみられるように年々増加していった。「タフな米国を取り戻せ」のスローガンを掲げたトランプ大統領の軍拡路線によって、航空宇宙・軍事産業は、いっそうの恩恵にあずかるようになっていった。トランプ政権は２０１８年2月12日、２０１９会計年度（２０１８年10月〜19年9月）の予算教書で、国防費の大幅増額を打ち出した。その額は78兆円７１６０億ドル[10]に上るという。

アメリカ製造業のコアが、軍需産業＝軍産学複合体であることは間違いないが、アメリカも民需産業の劣化を放置していたわけではなかった。だがその対処療法が、結果的にアメリカ製造業の衰退＝ラストベルトを生み出してしまった。例えば80年代初頭、対日貿易赤字の焦点となっていた小型自動車の輸入問題では、米自動車メーカーは、対抗策として小型乗用車を計画し生産・販売した。フォード・フェイスタやGM・サターンなどの生産・販売は、輸入日本車に対する「巻き返し」ではあったが、日本車の輸入阻止には至らなかった。結局、輸入数量制限と日本自動車メーカーのアメリカ現地生産によって、輸入を阻止する、という政治的解決が図られた。GMの幹部は「小型車は大型車を縮めればいいというものではない」と述懐したという。その後 *Regaining the Productive Edge* という副題のついた *Made in America* という本も、出版された。マサチューセッツ工科大学のチームによって執筆された本書は、1980年代後半のアメリカ民間在来産業復活のレシピではあった。だが、アメリカでは、読まれぬまま店晒しにされた。

アメリカの在来産業・製造業の「改革」は、その後も続いた。だがそれは、製造部門とは別の部門で、90年代半ばから始まる。それはIT革命の成果である情報ネットワーク化によって進められることになる。アメリカは、ファブレス、アウト・ソーシングなどと呼ばれる経営手法によって、直接的生産過程＝工場の生産現場をもたないようにし、製造工程＝工場を隣国メキシコやカナダに移したのである。同時に間接部門である事務、流通と製品開発部門での徹底した「情報ネットワーク化」をすすめた。1994年NAFA（北米自由貿易）の発効と翌年の Windows95 の発売はその象徴である。

さらにアメリカ企業・資本は、製造部門では正規労働者をパートタイマー化することは言うに及ばず、労務管理を請け負う企業に転籍して働く「リース社員」、企業がプロジェクトごとに雇用する「契約労働者：Independent Contractor」、あるいは「人材派遣社員」に、雇用を置き換えたのである。この「企業の再構築」（Re-engineering）によって、ホワイトカラー層を中心に労働者の解雇や正規雇用者の非正規・契約労働者への切り替えが強行された。

雇用なき景気回復（Jobless Recovery）である。ニューヨーク・タイムズ紙は The Downsizing of America[11] という特集記事を連載した。これが１９９０年代には「生産性の上昇」をともなった景気拡大を引き起こしたのである。アメリカは１９９０年代半ば以降、産業をＮＡＦＴＡ化・情報ネットワーク化・派遣労働化し、経営体としての生き残りを追求した。これがアジアではないアメリカの「奇跡」＝New Economy の中身である。New Economy はＩＴバブルとなってはじけたが、それはホワイトカラーの没落でもあった。ラストベルト（さびついた工業地帯）は、この時もう形成されはじめていたのである。その後の話だが、２０１３年7月、「モーター・シティ」として知られるデトロイト市が連邦破産法9条の適用を申請し、事実上の財政破綻となった。この事象がそれを証明している。

結局、産業政策嫌いのアメリカは、為替操作によって、貿易赤字解消＝民需産業復活に対処することになる。アメリカ独占体・企業は、繊維・鉄鋼・自動車などの在来産業での「無益」な国内・国際競争をするよりも、利益が保証されたこの新鋭軍需産業に依存することになり、在来民間製造業は衰退の一途をたどることになる。だが軍需産業、軍産複合体への政府支出はアメリカ財政を圧迫し続け、財政赤字の元凶となり続けた。と同時に民間の製造・モノづくりの軽視・衰退・輸入依存は、貿易赤字となってアメリカを苦しめ続けることになる。「双子の赤字」である。問題の解決は、アメリカ産業再生すなわち生産性向上＝輸出競争力強化という方向ではなく、為替・通商政策によって対処する、という道以外にはなかった。

2、アメリカによる世界金融収奪劇の第1幕と株価資本主義の舞台裏

①1幕1場　地球一周の金融危機――アジア通貨危機からロシア国債デフォルトへ

アメリカによる金融反革命、金融収奪劇の第1幕は、アジアで上がった。1997年のアジア通貨金融危機である。1990年代に入るとアメリカは市場原理主義のもと、アジアに市場を、それも金融市場を創出していった。アメリカは、「金融自由化」政策をアジアに強制していった。ドーアの言うグローバリゼーション・ファイナライゼイション・アメリカナイゼーションで、「乗らなければおいて行かれますよ」とばかりに、金融市場を創出していったである。だがこの収奪劇の前に、前舞台ではすでに劇は始まっていた。

1992年のジョージ・ソロスのイギリス・ポンド売りから始まった為替投機は、翌年ドイツ・マルク、フランス・フラン売りと続いた。1979年3月に発足したヨーロッパ統合の要、欧州通貨制度は混乱に陥り、イギリスとイタリアは一時離脱を余儀なくされた。1992年から93年にかけての欧州通貨危機[12]である。これが、金融反革命、金融収奪劇の前舞台で本舞台は、1997年のアジア通貨金融危機ということになる。欧州通貨危機を前舞台とするのには、訳がある。それはアメリカ金融・為替政策の大転換の立役者、ロバート・ルービンの登場である。この役者こそが、今日の株価資本主義の舞台回しの陰の主役だったのである。

アジア通貨・金融危機の震源地となったタイでは、1991年4月以降、外国為替管理の自由化、銀行の預金金利の完全自由化、そして1993年にはバンコック・オフショア市場が開設された。タイの資本自由化元年である。行き場のない過剰ドル資本が有利な投資先を求めており、アジアの側でも恒常的な貿易赤字を補填

するための外資導入、米ドルの「輸血」が必要だった。平均的な利子率は７％、ドルとバーツが固定されたドル・ペグ制で、為替リスクがない。タイは「魅力」あふれる市場だったのである。「１９９７年1月タイバーツにたいしヘッジ・ファンドによる『ショートポジション（空売り）』が仕掛けられ、いったん5月半ばに『手仕舞』された。タイ中央銀行が、バーツを買い支えるためにドル準備を使い果たしたところで再び『アタック』をうけ、6月末から一挙にバーツは『値下がり』[13]」した。

事態の理解のために、具体的に述べよう。１９９７年6月末タイ・バーツは1ドル約25バーツであった。この時タイの金融機関からソロスら投機家が25億バーツを借りて、為替市場でバーツを売りドルに変える（為替両替）と、彼らは1億ドルを手にする。こうしたバーツ売りドル買いが繰り返されると、当然バーツは下落するから、為替相場維持のためにタイ中央銀行は逆のバーツ買い・ドル売りで為替市場に介入した。この介入でタイ中央銀行は、6月末には外貨準備３２４億ドルのうち２３４億ドルを使っていた、という。この投機・「アタック」をうけタイの手持ちの外貨・ドルが底をつき、タイは固定相場制を維持できず、変動相場制への移行を余儀なくされた。こうしたバーツの空売り・投機は多くは3か月の先物売りで、9月には決済されなければならない為替取引であったから、9月末には投機家たちは借りた25億バーツを銀行に返さなければならない。先ほど述べたように、投機家集団は1億ドル保持していたわけだが、その1億ドルを再びタイ・バーツに換えた。この時、変動相場制後のタイバーツの対ドル為替レートは約36バーツになっていた。彼らは為替両替によって36億バーツを手に入れ、借りた25億バーツを銀行に返し、差し引き11億バーツ＝約３０５６万ドルを手に入れたのである。銀行の金利と為替手数料を差引いてもかなりの資金が手元に残ったであろう。これが１９９７年タイ通貨・金融危機の顛末である。

こうしてアメリカのヘッジ・ファンドは、タイバーツの為替のカラ売りで大儲けし、タイはＩＭＦの管理下に入ることを余儀なくされた。ＩＭＦの「構造改革」の確約書にサインするスハルト・インドネシア大統領を、カムドシュ専務理事が「困った悪童」よろしく見下す報道写真[14]は、投機の加害と被害の立場の逆転を活写していた。

このタイの通貨危機は、中国・香港港[15]をかすめて韓国へと波及し、韓国はＯＥＣＤ加盟もつかの間、1998年にＩＭＦの信託統治領になった。[16]さらに危機は中南米を巻き込みながら、世界を一周することになる。このタイから始まった金融収奪劇は、翌年8月のロシアの通貨危機（ルーブルの暴落とロシア国債のデフォルト）となって、1幕1場の幕は下りたのである。

②1幕2場　日本の証券不祥事とアメリカ証券・禿鷹ファンド

この金融収奪劇の1幕2場は日本も舞台となった。１９８０年代、対日貿易赤字に業を煮やしたアメリカは、１９９０年代に入ってますます苛立ち、不公正な貿易相手国として日本経済の構造改革を要求してきた。不公正な貿易相手国として非難し続ける一方で、製造ではなく金融での日本市場の開放というアメリカの「自由貿易」を要求してきた。１９９０年から始まった日米「構造障壁会議」は、「包括協議」をへて１９９４年にはアメリカ側から「年次改革要望書」が、毎年日本側に突き付けられることになる。その中身の中心は、金融資本市場の開放であった。その顛末、日本で演じられたアメリカ資本・禿鷹（ハゲタカ）ファンドによる金融収奪劇を見ておこう。その山場、修羅場は、第2幕の小泉劇場の演目「郵政民営化」なのだが、それはあとにして、前の場を見ておこう。

先ほど述べたアジア通貨危機の年、1997年に山一証券、北海道拓殖、日本長期信用、日本債券信用などの大手銀行や証券会社が次々に破綻した。山一証券、野澤社長の「社員は悪くありませんから」の涙声の記者会見は、記憶にあるだろう。金融収奪劇のハイライト、日本長期信用銀行の場合を見ておこう。国策銀行として設立された同銀行は、バブル時の不動産投資＝融資に失敗し、1998年に破綻した。その後一時国有化され、1999年9月に米投資会社リップルウッドに譲渡された。すでに1998年3月時点で不良債権処理にともなう損失の穴埋めとして、公的資金3兆6000億円が投入され、その時点で破綻処理費用は、総額4兆5000億円にのぼるとみられていた。リップルウッドは、国が持つ長銀株を10億円で買収し1200億円を増資した上で、翌2000年「新生銀行」として営業を開始した。そして2004年2月に再上場した。その翌々月の保有株の売却で、リップルウッドは「約2200億円の売却益を手に……2005年1月に保有13億5853万株の3分の1を売却…月の終値627円で計算すると2900億円[17]」をこえる利益を得たという。最終的にリップルウッドは、保有株の含み益も考えると投資額の8倍にもなる約1兆円もの上場益[18]を手にしたという。しかもリップルウッドは譲渡益を、日本ではもちろん、オランダでも課税されなかった。これに類する収奪劇は、日本債券信用銀行、シーガイア、東京スター銀行などでも繰り返され、外資ファンドは猛威を振い、暴利[19]を貪（むさぼ）ったのである。

アメリカの金融収奪劇は、日本を舞台にさらに繰り広げられた。それは「郵政民営化」の小泉劇場である。この劇に比べれば、前段の金融反革命＝収奪劇は駄作だったかもしれない。アメリカは「年次改革要望書」で郵便貯金と簡易保険を目玉とする郵便事業の民営化を強く要求していた。アメリカの狙いは郵便貯金と簡易

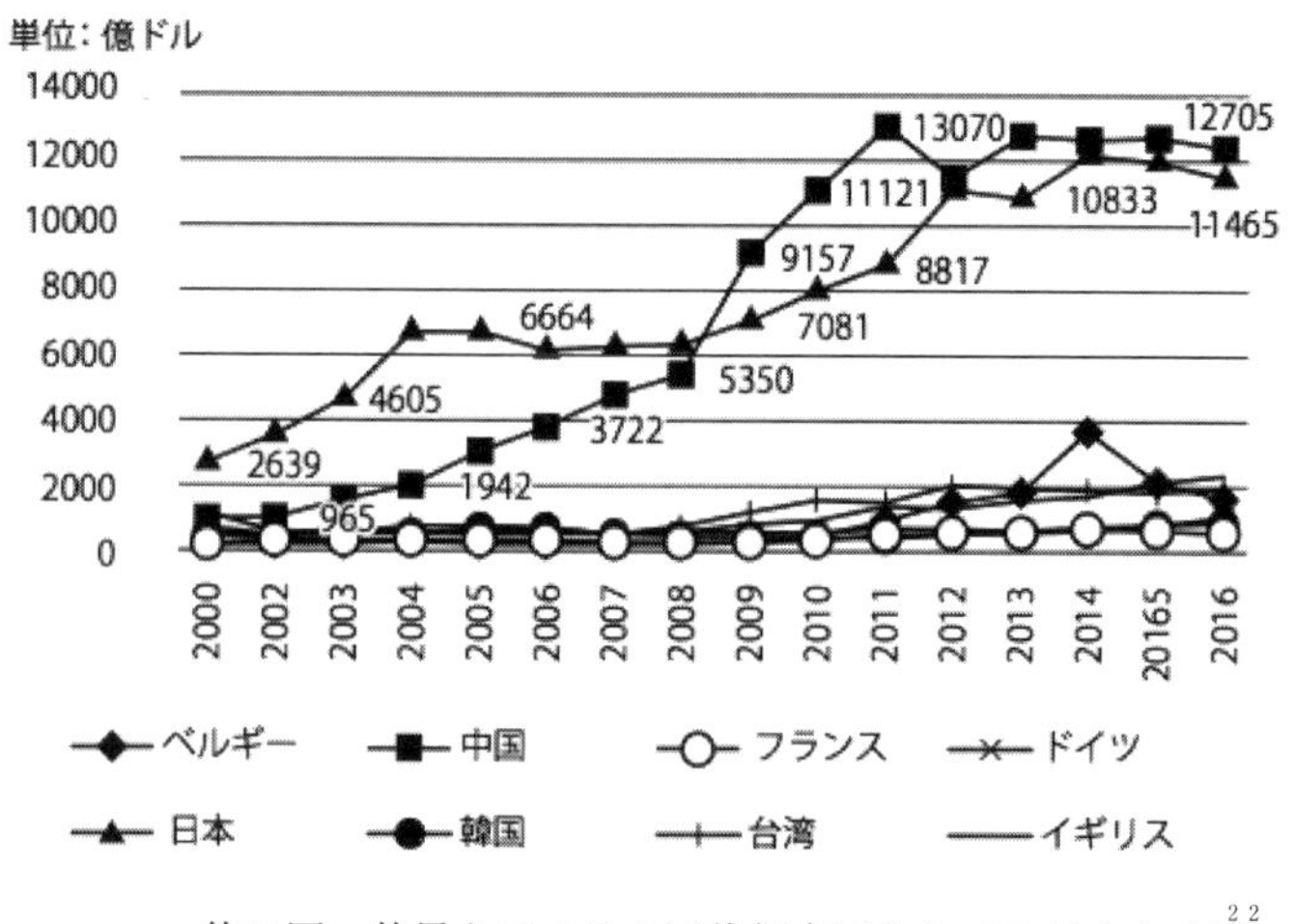

第5図　特異なアメリカ国債保有国としての日本と中国[22]

生命保険の運用資金およそ279兆円[20]を民間・外資にも開放せよという要求だった。小泉内閣は、アメリカの要求を受け入れ、2005年郵政民営化法を国会に提出した。衆議院でかろうじて可決したものの参議院で否決されたため、小泉首相は衆議院を解散した。「自民党をぶっ壊す」と叫び、「官か民か」という単純で分かりやすい選択を国民に問い、選挙で大勝した。その結果、公営事業体の日本郵便公社は、同年10月日本郵便株式会社という民間会社になった。だが2009年の衆議院選挙で民営化に反対する民主党が勝利すると郵政株の売却が凍結され、民営化は一時頓挫した。だが再び2012年野田民主党内閣の時に自民、公明党も賛成して「改正郵政民営化法」が成立した。その結果⑴2009年に成立した株式売却凍結法が廃止され、政府保有株は約3分の2が売却可能となり、⑵ゆうちょ銀行やかんぽ生命の海外投資も可能となった。300兆円近くのゆうちょ銀行、かんぽ生命の資金は、多くは零細な保険・預金だが、アメリカの「要望」で外資にも開かれることになったのである。最後の公共事業体としてのゆうちょ銀行2006年度の運用資産163兆円のうち83%は、日本国債に運用され、外国債はわずか1・7%にしか過ぎなかった。それから10年後２０１６年度末のゆうちょ銀行の運用資産２０７兆円のうち日本国債は69兆円（33％）に減り、外国証券等は53兆円（26％）へと増加した。２０２０年度末では、外国証券等の額は71・１兆円、その割合は運用資産合計の32・２％[21]に増加している。この外国証券は、大部分がアメリカ国債、財務省証券と思われる。これは、日本の対米従属＝米の対日金融収奪の現実をリアルに示している。第５図は、アメリカ国債の主要国の保有状況を示した図である。中国については後に触れるが、いずれにしても日本と中国の突出した保有状況が示されている。アメリカ国債の保有は、日本の対米資産で、いわば「ドル建て預金」である。たしかに金利は支払われるだろうが、この預金を取り崩して日本は円を使えるのだろうか。米国債の売却は急激な米国債の暴落や「円高・ドル安」の要因になる。円高は輸出企業や海外生産をする企業にとって収益を押し下げる。自動車業界の為替影響度は１円の円高で１０００億円、関連を含めれば業界全体では１兆から１兆５０００億円の営業利益が失われるという。また海外子会社との連結決算では、円高ドル安は、日本本社の利益押し下げの要因となる。米国債は売却できないだろう。第一アメリカがドル暴落を許すはずはない。それだけではない。「『日本は米国に製品を輸出し、その代金まで貸してくれる。おかげで我々は豊かな暮らしができる』。米国の経済戦略研究所のプレストウィッツ所長は数年前、筆者（山田厚史）に語っていた[23]」という。「代金まで貸してくれる」というのは、日本の米国債の買い入れである。そうだろう。米国債で連邦政府予算が組まれて財政支出が可能となり、国家予算が執行できる。アメリカの金融信託統治領日本で、政局の右往左往をひき起こしながら、アメリカの金融収奪が貫徹していく。これがタイから始まり全世界に及んだアメリカ金融収奪劇の日本編である。

③金融収奪劇第1幕の陰の主役——R・ルービンと「逆プラザ」

金融収奪劇第1幕の主役は、7か国蔵相・中央銀行総裁たちであるが、この第1幕の舞台には陰の主役がいた。その人は、投資会社ゴールドマン・サックスの元会長ロバート・ルービンである。この役者こそがアメリカの今日の株価資本主義の立役者だろう。ルービンは1993年クリントン政権の発足と同時にホワイトハウス入りし、新設の国家経済会議（NEC）委員長も兼任し、1995年財務長官に就任した。ルービンは国際的な金融政策・ドル資金の運用によってアメリカ経済の立て直しを図ったのである。1995年、主要各国よりも高い金利を設定し、ドル安から緩やかなドル高への転換を執拗にアナウンスし続けた。アメリカは、1985年のプラザ合意以来10年間継続した各国通貨高・米ドル安政策を転換した。アメリカは1995年8月15日、日独の利下げと米の利下げをセットとする金利差保持の金利協調と日米独3極の為替市場への協調介入（マルク円安・ドル高）を目指す「逆プラザ」に打ってでたのである。米金利高＝各国金利低での金利差益と自国通貨に両替した時の為替差益を、日独をはじめとする各国に「保証」して、アメリカへのドルの資本還流を太くする政策をうちだした。その日は、くしくも50年前の日本敗戦、24年前の金ドル交換停止、ニクソン・ショックの日でもあった。ルービンは、アメリカを心臓とするアメリカドル（浮動貨幣資本）のいわば太い静脈と動脈をつくりだし、基軸通貨ドルという血液の好循環をつくろうとしたのである。

1995年を境にしてアメリカに還流した浮動貨幣資本ドルは、アメリカの国債や地方債、社債や株式の購入に向かった。海外からの対米有価証券投資額は、ダウ・ジョーンズ平均株価と同じ波形を描いている。[24] 各国通貨高を演出したプラザ合意から10年、世界からアメリカ国内へ、アメリカから新興市場へ、そして再びアメ

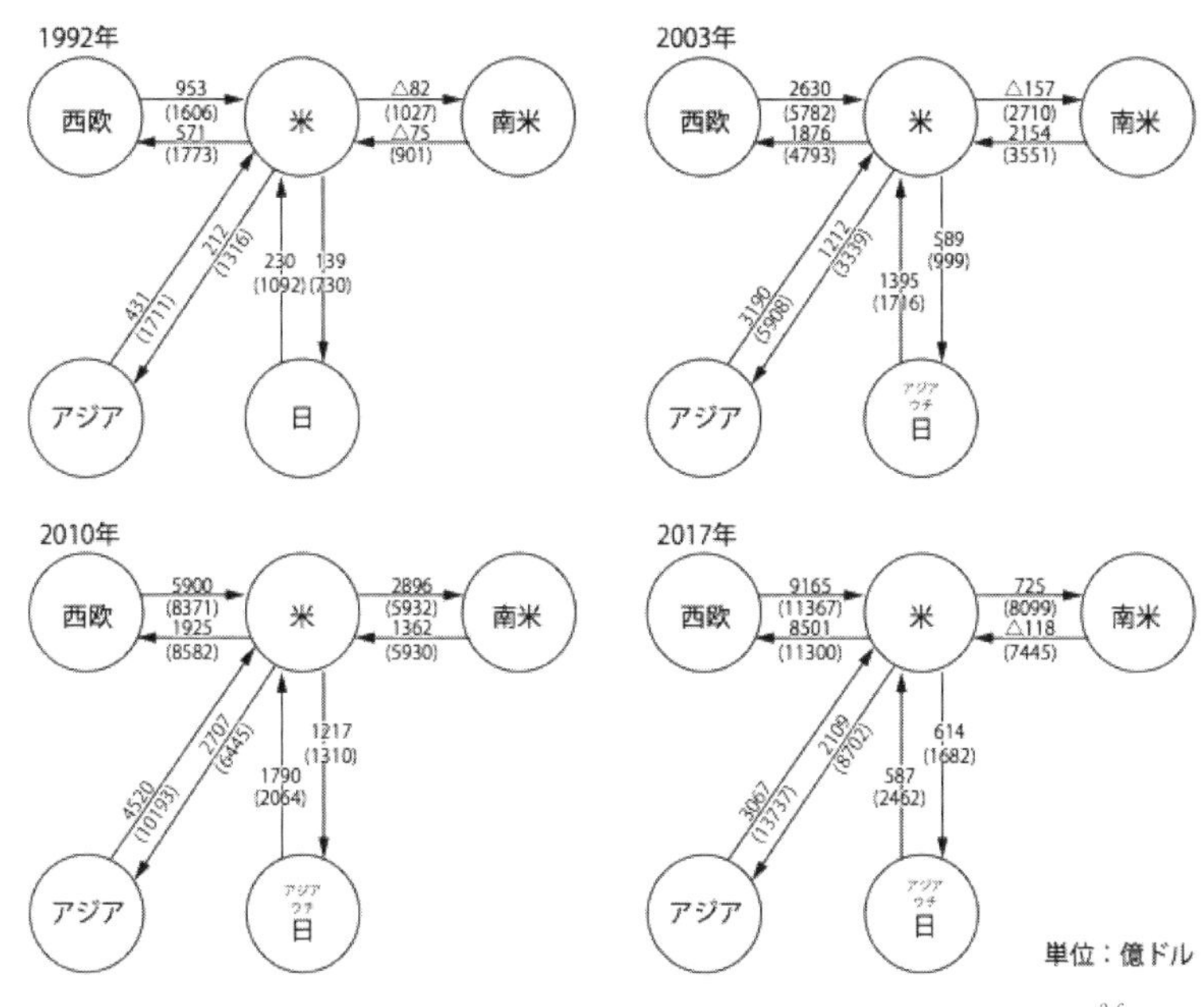

第6図　金融収奪の仕掛けとしてのドルの大動脈・大静脈の形成[26]

リカへという国際金融の大動脈＝大静脈が形成され、世界は浮動貨幣資本ドルの投機の鉄火場となった。これがアメリカ金融収奪劇、世界金融反革命の本舞台第1幕の山場である。この資金の流れはアメリカの貿易額と資本投資額の乖離となって現れている。2007年には海外の対米投資は貿易額の900倍、アメリカの海外投資は貿易額の355倍[25]となっている。1985年のプラザ合意で増加し始めた海外の対米投資（＝アメリカ対内投資）は、1995年の逆プラザ以降急増していく。これと共にアメリカの対外投資も急増していったのである。

だがこうしたアメリカの政策転換の背景には、大恐慌以来と言われた金融危機から抜け出そうとする金融資本、銀行の計略があった。経済が90年代の冷戦不況に突入する中で、政策金利は90年の8・1％から低下し、93年には3・02％まで下がった。その後金利は5％台へ回復するが、「銀行ばなれ」が加速し、預金はMF（ミューチャル・ファンド）やH

F（ヘッジ・ファンド）などが扱う金融商品へとシフトした。金融資本、銀行は収益の軸足を預貸金利から株式ファンド、投資信託へと移したのである。

米財務長官ルービンのドル高＝米金利高容認（1995年逆プラザ）は、1995年のメキシコ通貨危機による、米国内からのドルの逃避・海外流出を防ごうとする応急処置・対処療法だったかもしれない。ルービンの米国のドル高＝金利高政策は、アメリカの国際収支上の赤字をコントロールしようという政策である。

為替レートの操作によって貿易収支を短期間だとしても調整することができる。だがこればかりではなく、資本収支もコントロールできる。例えば各国通貨高＝ドル安になっても、アメリカの対外債務（海外保有の対米資産）は、ドル建てだから為替の変動の影響を受けず増減しない。これに対してアメリカの保有する対外資産は、およそ8割が現地通貨＝外貨建てだから、ドル安が進めばドル建て換算の対外資産額は増大する。こればかりではない。だが「瓢箪からコマ」アメリカは、この政策によって最強の国際競争力を持つ輸出品＝金融商品を「製造」輸出し始めたのである。国際収支の改善もさることながら、その後のアメリカの世界金融収奪の最強の武器となった。このようにして世界金融収奪劇の幕は上がった。アメリカは為替操作のレバーをしっかりと握って離さないことになる。

世界のドルは、鹿が水を求めて鳴くようにアメリカに向かい、株式・債券市場に流れ込んだ。折からのWindows95で本格化した「インターネットブーム」にも火がついた。この資本流入は、インターネット・ネットバブルに連動していたのである。設備投資ブームに沸くIT関連産業が上場するナスダックの株高を機関車にして、在来産業の株価（ニューヨーク証券取引所）も急騰した。ネットバブルである。しかし、2000年3月10日のナスダック最高値を潮目にITバブルは、はじけ飛んだ。

（4）金融・株価資本主義の山場としての第2幕──不動産バブル崩壊から世界金融恐慌へ

ブッシュ大統領は、こうした事態を受け、景気刺激策を打ち出す必要に迫られた。ブッシュは持ち家の促進を掲げ、住宅減税や低所得者向けローンの優遇策[27]を打ち出した。２００２年初５・98％であったフェデラル・ファンドレートは、数次にわたる引き下げのすえ、年末には1・82％にまで低下した。住宅ローン金利は30年物固定で年６％を切る歴史的低水準にまで下がり、２００２年7、8月頃には新築一戸建ての住宅販売戸数は過去最高を記録した。また、年率換算で１６００万台ならば高水準とされる自動車販売台数も、販売促進のゼロ金利によって、同じ頃１８００万台を超えた。

１９９０年代半ばから、ＩＴバブルによって世界から吸い寄せられていたあふれんばかりのドル資金は、アメリカの超低金利政策によるカネ余りも加わり、「過剰流動性」状態になっていた。誰でも金が借りられるという社会状況が醸成され、サブプライム（低所得者）、オルトＡ（給与明細や納税証明書などがない者）への貸し出しも行われるようになった。「わが国の歴史上今ほど多くの国民がマイホームを持ったことがない[28]」とブッシュに言わしめる程だったのである。だが大統領の肝いりで推進された「家をもつというアメリカン・ドリーム」は打ち砕かれていく。

その夢を実現させてくれたかに見えたサブプライム・ローンは、専門家に言わせれば「住宅価格の上昇を前提に、借り手の身の丈に合わない過剰な住宅ローンを組み、フイー（手数料）を徴収した上で、業務を完了してしまう略奪的貸付行為（Predatory Lending）[29]」だったのである。問題はこれにとどまらない。アメリカの投資銀行は、その債務＝債権を証券化し、格付けし、損害保険もつけた「金融商品」に仕立て上げ、組成し、それを世界中に売りさばいたのである。こうした「金融商品」が、金融の流れに乗って世界を駆け巡った。だが２００６年半ば頃から、その「金融商品」に組み込まれていた住宅ローン債権の内、信用度の低いサブプライム・ローンの焦げ付きが発生しはじめ、アメリカ国内に信用不安を醸成していった。ヨーロッパの金融機関に転売された金融商品に紛れ込んだサブプライム・ローンの信用不安は、ヨーロッパの金融諸機関に深刻な打撃を与えていった。

アメリカの金融派生商品の引き受け手となっていたフランスの最大手銀行ＢＭＰパリバが、２００７年８月に経営危機に陥り、９月にはイギリスの中堅銀行ノーザン・ロックが取り付け騒ぎを起こした。その後もスイスＵＢＳ、英ロイヤル・バンク・オブ・スコットランド（RBS）やドイツ銀行など、各国の大手金融機関の危機が続いた。そしてついに２００８年９月アメリカ本国の証券会社リーマン・ブラザースが、破綻した【リーマン・ショック】。これが、世界金融恐慌を引き起こし、今日でも長期停滞を抜き差しならないものにしている。だが売り抜けたアメリカの金融投資会社は莫大な利益を得た[30]のである。アメリカの金融による世界収奪、世界金融反革命である。

ＩＴバブルと不動産バブルという二つのバブルを通じて、アメリカ資本主義は、デトロイトからウォール街へと軸足を移した。製造業の衰退を詐欺瞞着の金融で補填し、経済成長を「復活」維持させようとしている。トランプの言う「強いアメリカ」である。このことは、第７図の産業別ＧＤＰの推移でも、はっきりと確認できる。１９５０年42％と基軸産業の位置にあった製造業は、次第にその割合を減らしていき、１９９０年30・２％、２０００年25・４％、そして２０１５年には20・９％にまで落ち込んだ。これとは対照的に金融・保険・

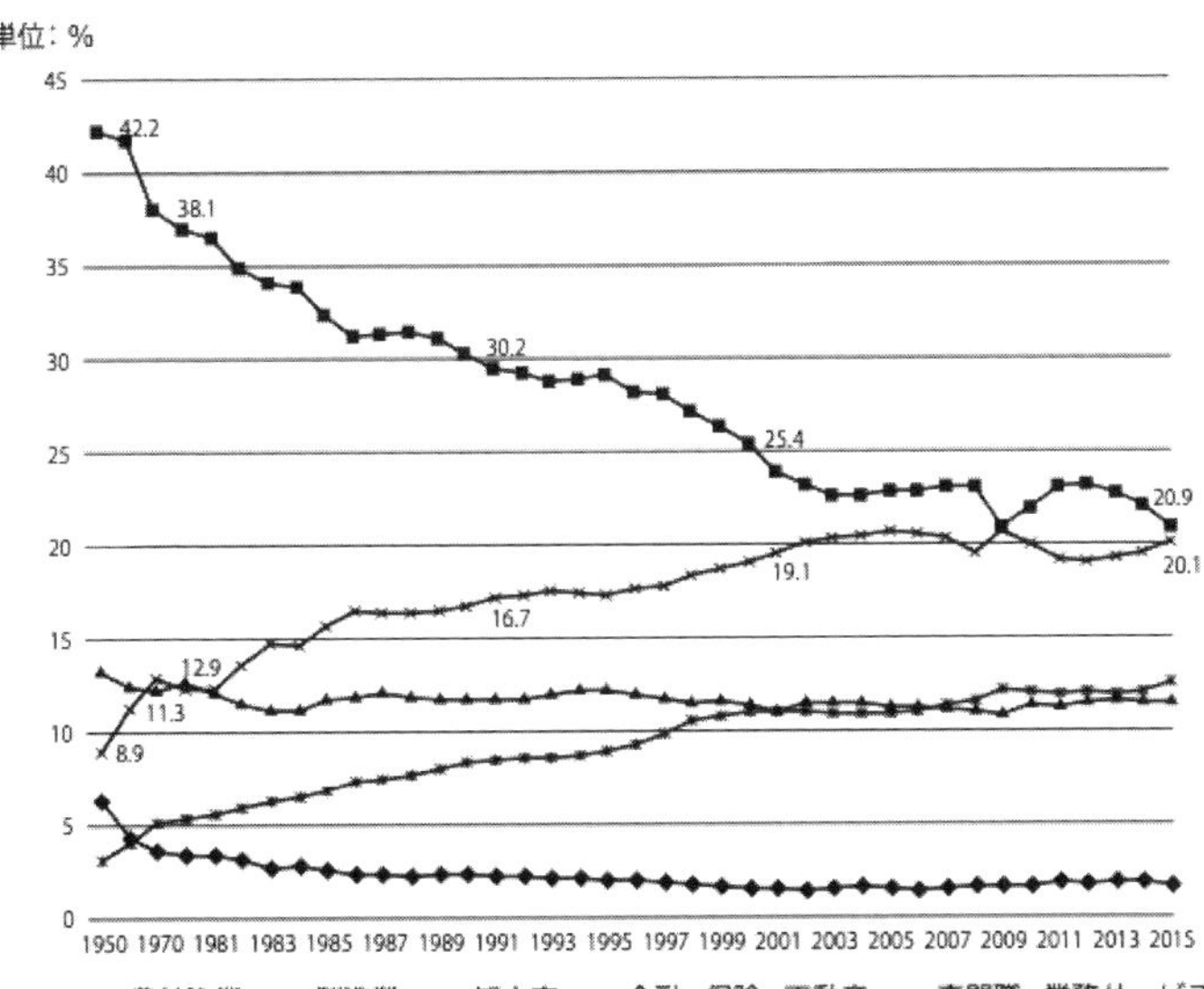

第７図　製造業から金融・不動産（株価資本主義）へ―米産業別ＧＤＰ推移[31]

不動産は、この間その割合を増やしていき、２０１５年には製造業とほぼ同じ20・1％となり、０・８ポイントの差に詰め寄っている。

しかし実態をみればアメリカ企業は、さらに情報＝金融化している。アメリカ製造業を代表するＧＥは、産業分類では製造業に入っている。たしかに２０１５年には金融業（ＧＥキャピタル）から撤退したが、その一方で、電力部門（仏国営アルストムＳＡ）や石油開発（ベーカーヒューズ）の買収など、「選択と集中」を進めつつ、ビッグデータ解析プラットホーム「プリデックス（Predix）」[32]を開発し、情報産業を取り込んでいる。またＧＭも同様にＩＴ産業と手を組まざるを得なくなっている。自動車メーカーは、ＣＡＳＥ（コネクテッド・自動運転・シェアリング・電動化）と呼ばれる次世代技術に同時並行の対応を余儀なくされている。ＧＭは自動運転開発を担う子会社「ＧＭクルーズ・ホールディングス」に、ソフトバンクグループなどが出資する投資ファンドから22億５０００万ドルの出資を受けると発表した。販売市場を世界的規模で再編しながら、自動運転やライドシェアー事業などに乗り出し、製造もさることながらサービス化による収益確保、生き残りを余儀なくされている[33]。

アメリカ独占体・企業は、国内での独占体制を強化しつつ、自社株買いで株価を吊り上げ[34]、配当と共に株主への株高による利益還元を優先している。自社株買いは、貸借対照表の圧縮と同時に株式市場での発行株数が減るため、ＥＰＳ（1株あたり利益率）が高くなり、企業評価の上昇に直結する。アメリカ産業は製造業なのか金融業なのか、わからないほど金融企業化しているが、これがアメリカ独占・企業体の業種の世代交代となって表れている。ＩＴ産業の旗手としてのアップル・アルファベット（グーグル）・アマゾン・フェイスブック・マイクロソフトの時価総額は、２０１７年７月時点で３兆ドルを超えたという。「製造の喜び」を忘れたアメリカの姿がくっきりと浮かび上がってくる。これはアメリカ経済が、従来の製造業ではなく、金融・不動産・保険に軸足を移し、さらにＩＴ化した経済構造になってきているからだろう。安くていい商品を製造する企業という、いわば目に見える評価基準が見えにくくなってきている。これまでのように製造業の内実ともいうべき製品、技術の革新性で、企業を計れなくなっている。これは企業評価が、株価によらざるを得なくなってきていることを意味している。たしかにそうだろう。アマゾンやマイクロソフトはまだしも、アルファベット(グーグル）やフェイズブックが何で収益を上げているのか、見えにくい。評価は株式時価に頼らざるを得なくなった。株価を上げることこそが、経営者の第一の使命となったのである。自社の株価を上げることが経営者に求められる。そのために内部留保をため込み高配当を出し、1株当たりの利益率を上げることが優先される。「選択と集中」と称して不採算分門を切り捨てる。自社に足りない部門を自社で育てるのでは間に合わないから、内部留保や高株価の交換で他社・部門を買収する。だからＭ＆Ａが流行することになる。労働者・従業員のイ

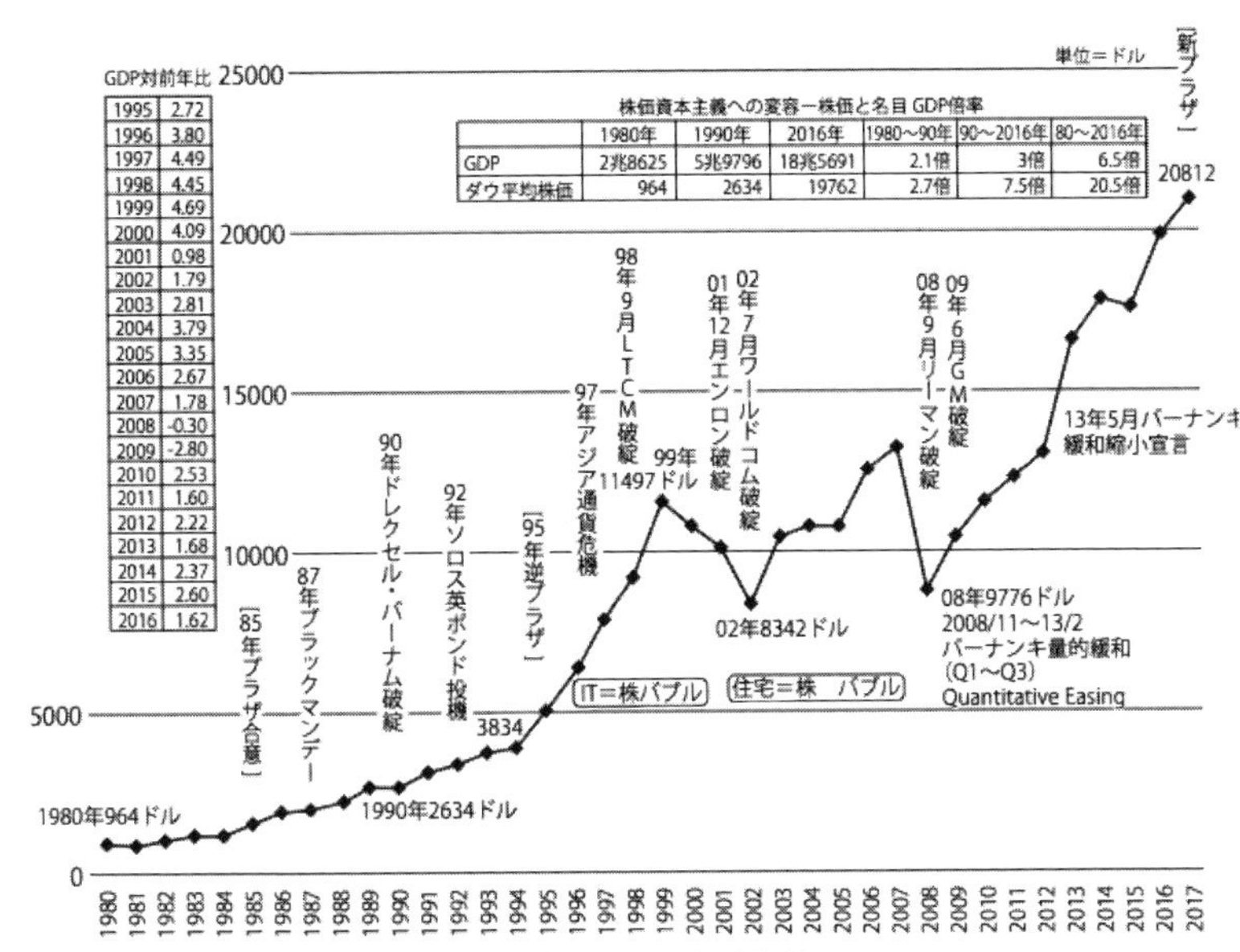

GDP対前年比	
1995	2.72
1996	3.80
1997	4.49
1998	4.45
1999	4.69
2000	4.09
2001	0.98
2002	1.79
2003	2.81
2004	3.79
2005	3.35
2006	2.67
2007	1.78
2008	-0.30
2009	-2.80
2010	2.53
2011	1.60
2012	2.22
2013	1.68
2014	2.37
2015	2.60
2016	1.62

	1980年	1990年	2016年	1980～90年	90～2016年	80～2016年
GDP	2兆8625	5兆9796	18兆5691	2.1倍	3倍	6.5倍
ダウ平均株価	964	2634	19762	2.7倍	7.5倍	20.5倍

第8図　株バブル、ダウ平均株価の推移[35]

ンセンティブを高めるために、株式を報酬として従業員に与えるストック・オプションが、効果的手段となる。株価上昇は、賃金・報酬に直結する。まさしく株価資本主義である。それを促進したのが、リーマン・ショックへの対応、景気維持・浮揚策としての米政府＝FRBの金融の量的緩和政策であるが、それは後ほど述べる。

以上は第8図に組み込んだ表「株価資本主義への変容」の数値からもわかる。1990年から2016年までの17年間で、アメリカの名目GDPは確かに3倍になったが、ニューヨーク・ダウ平均株価は7・5倍となっている。1980年から2016年の36年間では、GDPが6・5倍であったのに対し、株価は20・5倍[36]に達している。

第8図は、アメリカの株価資本主義への変容の様子もとらえている。1990年まで二〇〇〇ドル台のボックス圏にあった株価は徐々に上昇しはじめ、1995年のルービン・逆プラザ以降、

急伸した。すでに述べたが、これとIT革命が共鳴して1990年代半ば以降の株高が生み出された。だが1999年をピーク（1万1497ドル）に下落に転じた株価は、2001年ITバブル崩壊と共にはじけ飛んだ。この年はGDP成長率も対前年比0・98％と停滞する。先ほど述べたがアメリカ・ブッシュ政権は、ここからの脱出のために住宅バブルを作り出し、景気回復を目論んだのである。その結果、株価は2002年を谷に再び上昇に転じた。

（5）リーマン・ショックとアメリカの金融緩和と中国の一帯一路

1、アメリカ異次元金融緩和

株価は、2008年のリーマン・ショックを引き金とした世界金融危機で再び急落し、2008年9776ドルにまで落ち込んだ。アメリカのGDPの対前年伸び率も、2009年マイナス0・3％、2010年マイナス2・8％と2年連続マイナスを記録した。国内のみならず、このリーマン・ショックが世界経済に及ぼした影響は計り知れない。

こうした事態にアメリカは、2008年末以降3次にわたる量的緩和（第1表）を実施した。金利操作では追い付かず、連邦準備制度理事会は、アメリカ国債やMBS（Mortgage Back Security: 住宅ローン担保債権）を買い上げ、ドルを市場に供給したのである。こうした量的緩和によって、株価は再び上昇に転じ始めた。行き場を失った浮動貨幣資本ドルが、株式市場へ流れ込んだのである。

単位＝ドル

	第１段：QE1	第２段：QE2	第３段：QE3	緩和減速１段	緩和減速２段	緩和減速３段
	2008年11月〜2010年6月	2010年11月〜2011年6月	2012年9月〜2013年12月	2014年1月	2014年2月〜3月	2014年4月
米国債	3000億	6000億	5400億	400億／月	350億／月	300億／月
MBS	1兆2500億		6400億	350億／月	300億／月	250億／月
その他	1750億					
合計	1兆7250億	6000億	1兆1800億	750億／月	650億／月	550億／月

第１表　米国FRBによる量的金融緩和の実施及び縮小の状況[37]

21世紀初頭の世界的長期停滞の中でも株価は上昇し続けている。アメリカは株価の維持と上昇に全神経を集中している。アメリカ資本主義の株価資本主義への変容、即ち軍産複合体をコアにした経済構造の衰弱・出血を、金融・株価で止血しようとしているのである。アメリカは、量的緩和によってあふれ出た投資・投機資金米ドルを、ブラジルなどをはじめとする世界に、とくに中南米諸国の高金利を目当てに投資した。第９図にその様子を示した。

例えばブラジルに流入した大量のドル資金は、債券・株式等の証券投資や直接投資に向かった。その証券投資には、ハイイールド債なども含まれていた。ハイイールド債とは、高利回りだが投機的性格の債券のことで、ジャンク債とほぼ同義である。具体的には格付け機関のＳ＆Ｐ社ならＢＢ以下の債券を指す。また設備投資などの実物投資では、自然エネルギーへの関心の高まりから、バイオ燃料の需要が見込まれるという「世論」を背景に、サトウキビからエタノールを抽出する工場の設備投資なども含まれていた。

アメリカの株価は、２００８年の急落のあと翌年には８割も上昇し、Ｖ字回復を果たした。だが２０１３年5月ＦＲＢバーナンキ議長の緩和縮小発言を受けて、ブラジルからの資金逃避が始まった。資金がブラジルから逃げ出したのである。２０１１年１ドル１・７レアルの水準にあった為替相場は２０１４年には2・4ドルのレアル安になった。これを反映して２０１３年３・01％であったブラジルのＧＤＰ成長率は２０１４年には対前年比０・５％、２０１５年にはマイナス３・77％へと急落した。

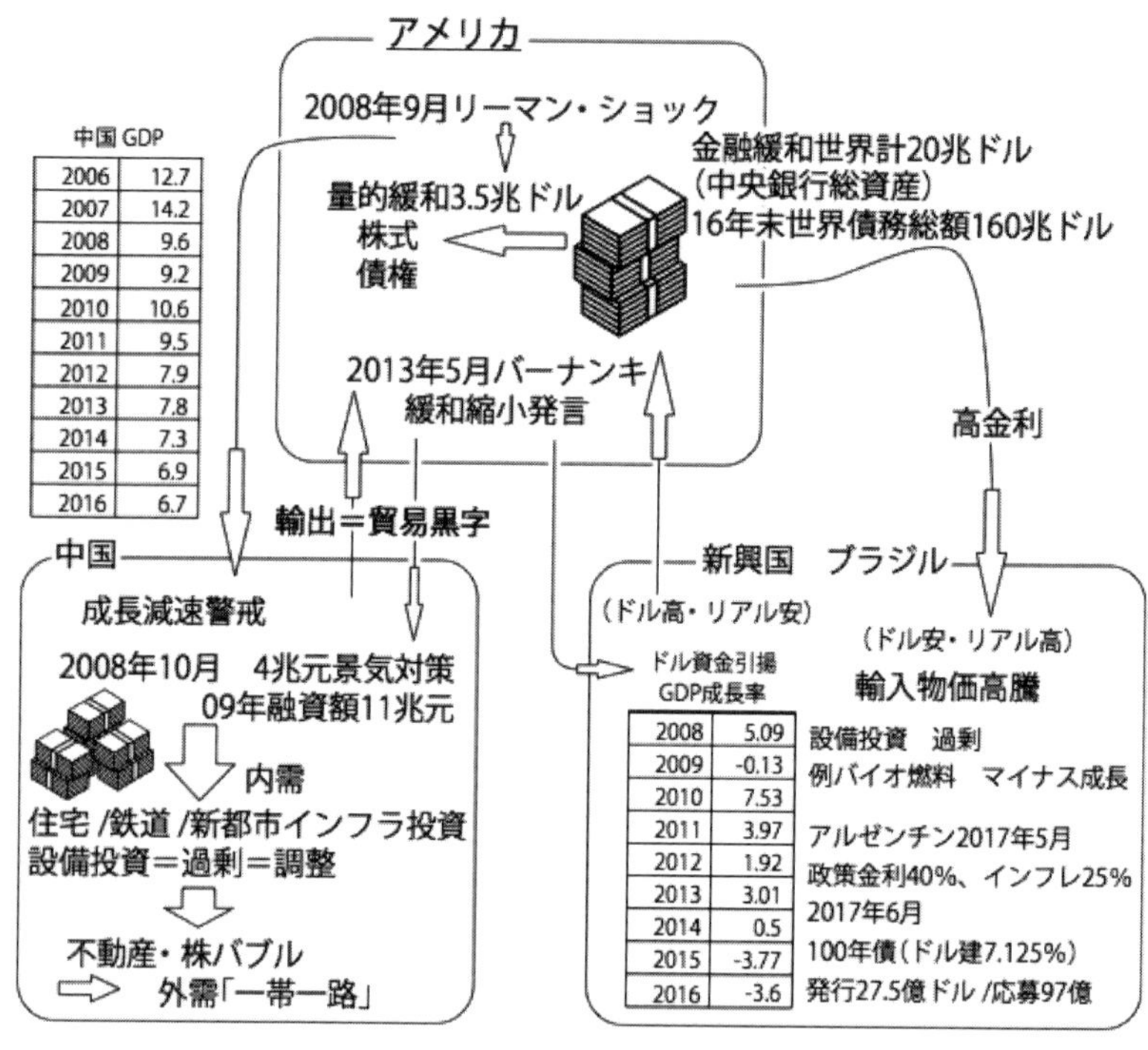

第９図　アメリカによる世界金融反革命—世界の金融の量的緩和

２００８年のリーマン・ショック後の景気後退は、世界の経済成長を引っ張っていた中国にも対応を迫った。中国については、次節で述べるが、ショックの翌月10月中国政府は「４兆元」の景気対策を打ち出し、翌年の融資総額は11兆元に上った。中国はその融資過剰問題の処理にその後追われることになる。日本もしかりだが、世界はリーマン・ショックの対応で、きりきり舞いさせられたのである。世界は金融緩和を余儀なくされ、その総額は２００８年時点で20兆ドルに達した。「世界のカネ」は、その後10年で７割増加し、２０１６年時点での通貨供給量は87・９兆ドル（約１京円）に達し、世界の国内総生産総額より16％も多い[38]という。

　こうしてアメリカ発の金融危機は、全世界を巻き込んだ。それは今でも続いている。

アメリカの株価資本主義への変容の副作用である。世界中から資金・資本＝基軸通貨ドルをアメリカに引き寄せ、それを世界で運用＝再投資する。金融によるアメリカ経済の「復活」の副作用である。ポスト冷戦時代に戦場から市場に変わったアジア、そして市場経済に加わった旧ソ連・東欧、アメリカの中庭・中南米の新興市場（エマージング・マーケット）にグローバル・スタンダード、すなわちアメリカン・スタンダードを強制し、キャッチコピー「グローバリゼーションに乗り遅れるな」で利益を稼ぎ出そうと目論んだ結末がこれである。行き場を失った浮動貨幣資本ドルは、世界を徘徊している。アメリカでは100年国債がトランプ政権内で取りざたされ、アルゼンチン政府は、償還までの期限が100年・利回り10％超の「超長期債」を発行した。「発行額は30億ドル（約3400億円）弱だが、投資家から3倍超の申し込みがあった」[39]という。新聞の見出しは「アルゼンチンが100年債　3400億円、運用難で需要集める」と。

1997年アジア通貨・金融危機、2001年のITバブル崩壊、2008年のリーマン・ショックで、世界は金融収奪の痛い目をみた。その根元にアメリカ資本主義の株価資本主義への変容があった。その深層はなんなのだろうか。それは、なぜ起きたのだろうか。

2、中国「4兆元」の財政出動と「一帯一路」

世界金融収奪劇の第2幕には名脇役も登場した。中国である。世界が低成長に陥るなか、2006年12・7％、2007年14・2％と高成長のハイウエーを疾走していた中国は、2008年9月のリーマン・ショックから1か月後の10月、三中全会で経済政策を「調整」から「成長」へと切り替えた。中国政府は、経済の失速を恐れて総額「4兆元」に上る大規模経済対策「内需促進・経済成長のための10大措置」を翌月11月に発表した。中国政府は、「輸出主導から内需主導」への構造転換をめざしたのである。それは、「内需促進・経済成長のための10大措置」とされ、2010年末までに総投資額「4兆元」の景気刺激策を実施するというものである。「鉄道・道路・空港・電力等の重大インフラ整備を加速」させると共に、「低中所得者層向け社会保障的な住宅建設」や「家電や自動車の購入補助」、四川大地震の復旧関連工事などが、その政策には含まれていた。この「4兆元」のほかに「自動車や鉄鋼等10大産業調整振興政策」[40]も策定され、これを含んだ中央政府機関によって提案された投資総額は8兆元にのぼった。同時にそれまで中央政府が抑えてきた地方政府によるインフラ投資にもOKが出され、地方政府もこれに呼応して30兆元を超える事業[41]を競うように提案した。「乗り遅れるな」とばかりに、である。

だがこの「4兆元」の景気対策は、中国国内の政策であることには間違いないが、アメリカの影も見え隠れする。リーマン・ショックから3か月後の12月に中国副首相の王岐山と米財務長官のヘンリー・ポールソンが共同議長を務める米中戦略経済対話が開催された。その席上で王岐山は「米国が経済と金融市場の安定に向けて必要な措置をとり、中国が米国内に持つ資産の安全を確保するよう要望する」[42]と、厳しい口調で述べたという。中国が米国内に持つ資産とは、言うまでもなく米国債であるが、この資産の安定のためにも、中国はアメリカ経済の失速を恐れたのである。中国は2008年9月に日本を抜いて米国債の最大の買い手・保有国となった。アメリカと中国は「奇妙な同盟」関係にある。と言うのも米国FRBによる量的金融緩和がリーマン・ショック後実施されたが、中国の米国債の購入は、米国財政を支え間接的だがアメリカの量的緩和政策も支えている。だが中国もしたたかである。実は最大の米国債保有国の中国は、この保有高を逆手・人質にとってアメリカとの交渉に使っている。それはもう実証済みである。１９９７年アジア通貨危機の時に、中国は「5月中旬にソロス系ファンドが香港ドルを投機売りしようとしたとき、朱鎔基副首相が事態を深刻に受けとめて、『香港ドルの防衛には米国債を大量に売らざるを得ない』とするメッセージを財務省に送った」[43]。通貨危機は、香港を素通りして韓国へと向かった。

積みあがった30兆元に上る景気刺激策には、財政の裏づけがなかった。なぜなら30兆元の計画のうち財源を確保しているのは多く見積もっても３割だけで、残りは金融機関からの借り入れや民間投資をあてにしていたからである。それは結果として第10図にみられるように、金融機関等の融資額の増加とそれにつれて急伸するＭ２に表れている。だがこの融資によって、中国は景気後退をなんとか防止した。だがこのカンフル剤は、強い副作用、過剰流動性状態を引き起こした。このカンフル剤が引き起こす副作用の心配は的中し、現実となっていく。温家宝は、２０１０年5月の全国人民代表大会で、中国に新たな火種、地方財政の「隠れたリスク」がある、と明らかにした。コントロールは可能だとしながらも、「地方政府がつくった融資平台は規模が急激に膨らみすぎて、運営が適切ではない」と警告を発した。「景気対策に際し、資金が足りない地方政府は『融資平台』と呼ばれるダミー会社をつくり、銀行から借りたり、債券を発行したりして（インフラ

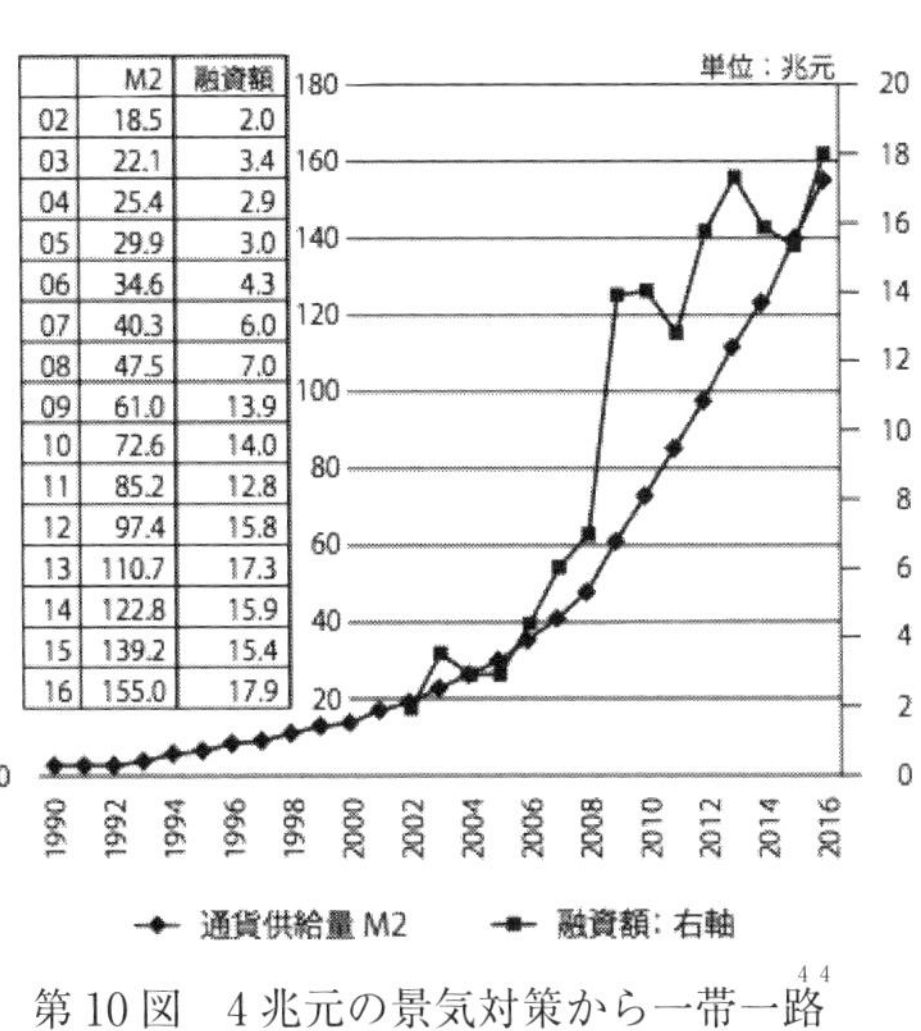

	M2	融資額
02	18.5	2.0
03	22.1	3.4
04	25.4	2.9
05	29.9	3.0
06	34.6	4.3
07	40.3	6.0
08	47.5	7.0
09	61.0	13.9
10	72.6	14.0
11	85.2	12.8
12	97.4	15.8
13	110.7	17.3
14	122.8	15.9
15	139.2	15.4
16	155.0	17.9

第10図　４兆元の景気対策から一帯一路[44]

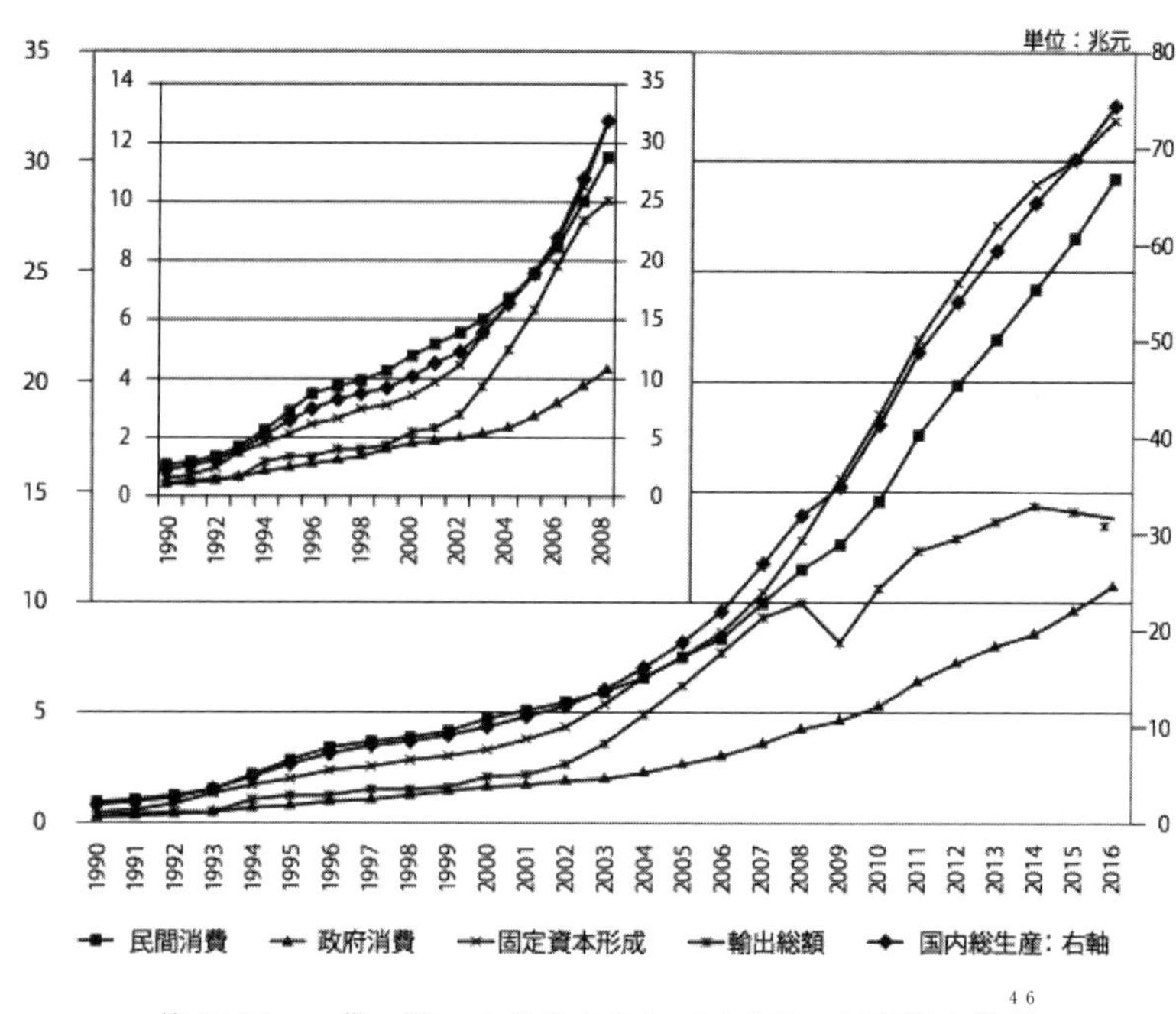

第11図　一帯一路への推進力として４兆元の固定資本投資[46]

投資などの）原資を手当てした。それが非効率なインフラ投資や不動産開発に向かってバブルを起こし、焦げ付きが心配され始めていた」[45]からである。地方政府の資金調達ルートの債権は、法定外の高金利の「理財商品」と呼ばれ、のちに中国の金融システムを揺さぶり続けることになる。「影の銀行（シャドーバンキング）」問題である。また実体経済では、鉄鋼、エチレンなどの製造業も、この「４兆元」の「特需」をあてにして生産設備を一斉、一挙に増強した。その結果、生産性が低い経営効率の悪い企業も生まれ、鉄鋼・石炭などは過剰生産におちいった。

　第11図は、そうした全体像を示している。「沸騰する中国」「21世紀の超大国・中国」など、経済雑誌の表紙に踊るキャッチコピーが示すように、中国は、１９９２年鄧小平の「南巡講和」を起点にして、驚異的な「経済成長」を遂げた。その勢いは21世紀も続いた。２０００年代

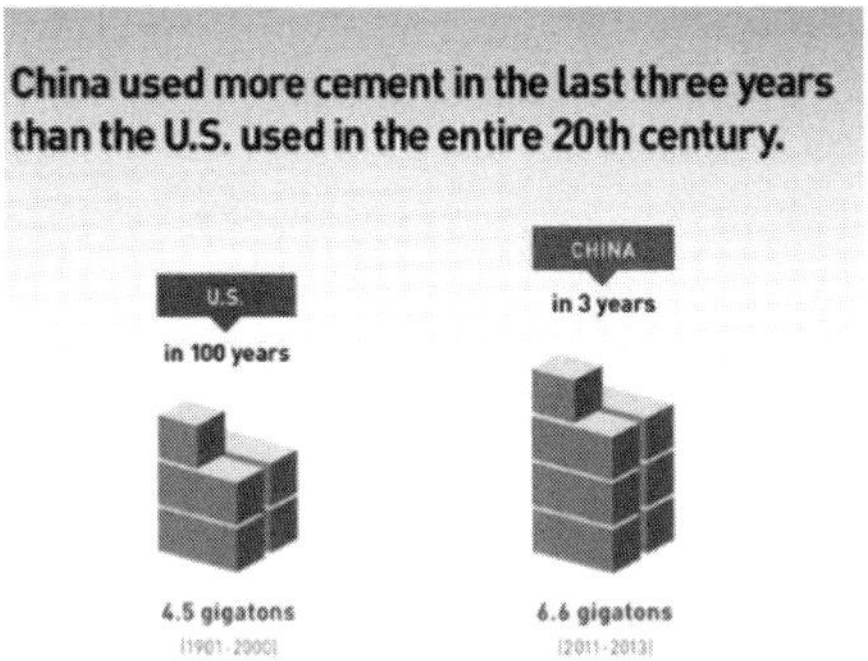

の10年間の名目元建てGDP成長率は、平均で12・6%、GDP額は3・5倍になった。そう中国を変身させたメカニズムは、国外との再生産循環が国内の再生産循環を抱え込み補完する外生循環構造である。成長=蓄積リーディンセクターは、外需=輸出である。はめ込まれた図の2000年代に急伸する輸出総額の線は、額では国内総生産・民間消費・固定資本投資よりは低いが、輸出がリーディングセクターだったことを表している。2008年のリーマン・ショックを転機に、伸び悩む輸出に代って成長を牽引するセクターが固定資本形成で、「4兆元」は、成長維持のための切り札となった。その中心である「鉄道・道路・空港・電力等の重大インフラ整備」は、鉄とコンクリート消費だった。中国の「4兆元の景気対策」を、ビル・ゲイツは、セメント量のグラフを示し、「中国は、過去3年間に20世紀中にアメリカが使ったより多くを使った」と、中国66億トン、アメリカ45億万トンとツイートした[47]。このつぶやきが、中国「4兆元」の本質を言い当てている。

「音楽が鳴っているうちは、踊り続けなければならない」。米シティグループのCEOだったチャック・プリンスは、フィナンシャル・タイムズ紙のインタビューにこう答えた、という。サブプライム住宅ローンの焦げ付きが問題になりだした2007年夏のころである。バブルを予感しながらも、誰も手を引けない。中国も踊り続けざるを得なかった。中国は景気減速の本格治療である「4兆元」の景気対策を実施しながら、「4兆元」の副作用・後遺症対策を打ち出さざるを得なくなった。それが「一帯一路」と「新常態(ニューノーマル)」である。

第12図　ビル・ゲイツのツイート

「一帯一路」は2013年に習近平が提唱し、14年11月に中国で開催された「アジア太平洋経済協力（APEC）首脳会議」で各国にアピールされた。「一帯一路」は、陸路中央アジアと海路インド洋・スエズ運河を経て欧州に向かう、中国国家資本によるインフラを中心とした対外投資である。「一帯一路」の資金を手当てするため、中国は、外貨準備を使った400億ドル（約4・8兆円）規模の「シルクロード基金」を新設し、各国に出資を呼びかけるアジアインフラ投資銀行（AIIB））も設立した。これに沿って中国は、海のシルクロードの拠点港としてミャンマーやパキスタンで港湾建設を進めた。そうしてアラビア半島オマーンのドゥクム港やギリシャ最大のピレウス港を実質的に掌握した。「一帯一路」のねらいは、5年に一度の中国共産党の第19次全国代表大会（2017年10月）後の国有企業トップの発言に表れている。中国中車・劉化竜董事長は「海外売り上げを25％に」、中国石油・章健華総経理は「一帯一路を中心に『走出去』（海外に打って出る）」、国家開発投資・王会生董事長は「一帯一路に沿って、海外投資を拡大する」[48]と、述べた。

これと同時に、「4兆元」というカンフル剤が引き起こした副作用の治療にも手を打たざるをえなかった。それが、「一帯一路」の翌年2015年に打ち出された、「新常態（ニューノーマル）」である。その中身は①高成長から6・5％程度の中成長をめざし、②経済発展を規模や高さではなく質や効率を重視する成長へと転換する。そのために、③過剰設備を廃棄し、④安い資源や低賃金の労働力に頼る発展から、技術革新・イノベーションによる発展へと転換しようという政策である。この政策を2017年3月の全国人民代表大会初日に李克強首相が打ち出した。とくに強い副作用を起こしている過剰設備の淘汰と削減は、鉄鋼生産能力の5000万トン、石炭生産能力の1・5億トン、火力発電の5000万キロワットに及んでいる。「一帯一路」と「新常態」は、セットになったリーマン・ショックの後遺症に格闘する中国の姿である。

（6）まとめ

1、ポスト冷戦と過剰生産恐慌、長期不況の始まり

元アメリカ財務長官のサマーズが、世界は「長期停滞に陥っている」という暗い診断を最初に提示したのは、２０１３年11月の国際通貨基金（ＩＭＦ）の会合だった。たしかに低成長・低インフレ・低金利が、それを裏付けているようだ。先進国の基準利子率であるアメリカの長期国債、イギリス永久国債、日本の10年物国債の金利の推移をみると、80年代半ば頃までは高水準にあった。１９７４年に日本が11・7％、イギリスも14・2％のピークをつけ、アメリカも１９８１年に13・９％をつけた。だがその後は、いずれも低下傾向をたどっている。この利子率の低落の先駆けとなったのは日本で、10年国債の利回りは１９９７年に2・０％を下回った。とくに２００８年のリーマン・ショック後は、アメリカ、イギリス、ドイツなどの先進国も、10年国債がそろって2％を切る低金利時代にはいった。その様子は、すでに第3図「低インフレ・デフレーション」で示した。先進諸国は１９９０年代に入るとデフレーション状態に陥ったのである。では世界は、このような事態に、なぜ陥ったのであろうか。

第13図にみられるように90年代に入ると、世界は需要不足＝過剰生産状態に陥った。一時需要は盛り返すもののリーマン・ショック後は、需要は停滞したままである。世界のエンドユーザーとしてのアメリカが、冷戦時代の終わりとともに、世界最大のユーザーの役割を見直し始めた。ジョセフ・スティグリッツは「世界は

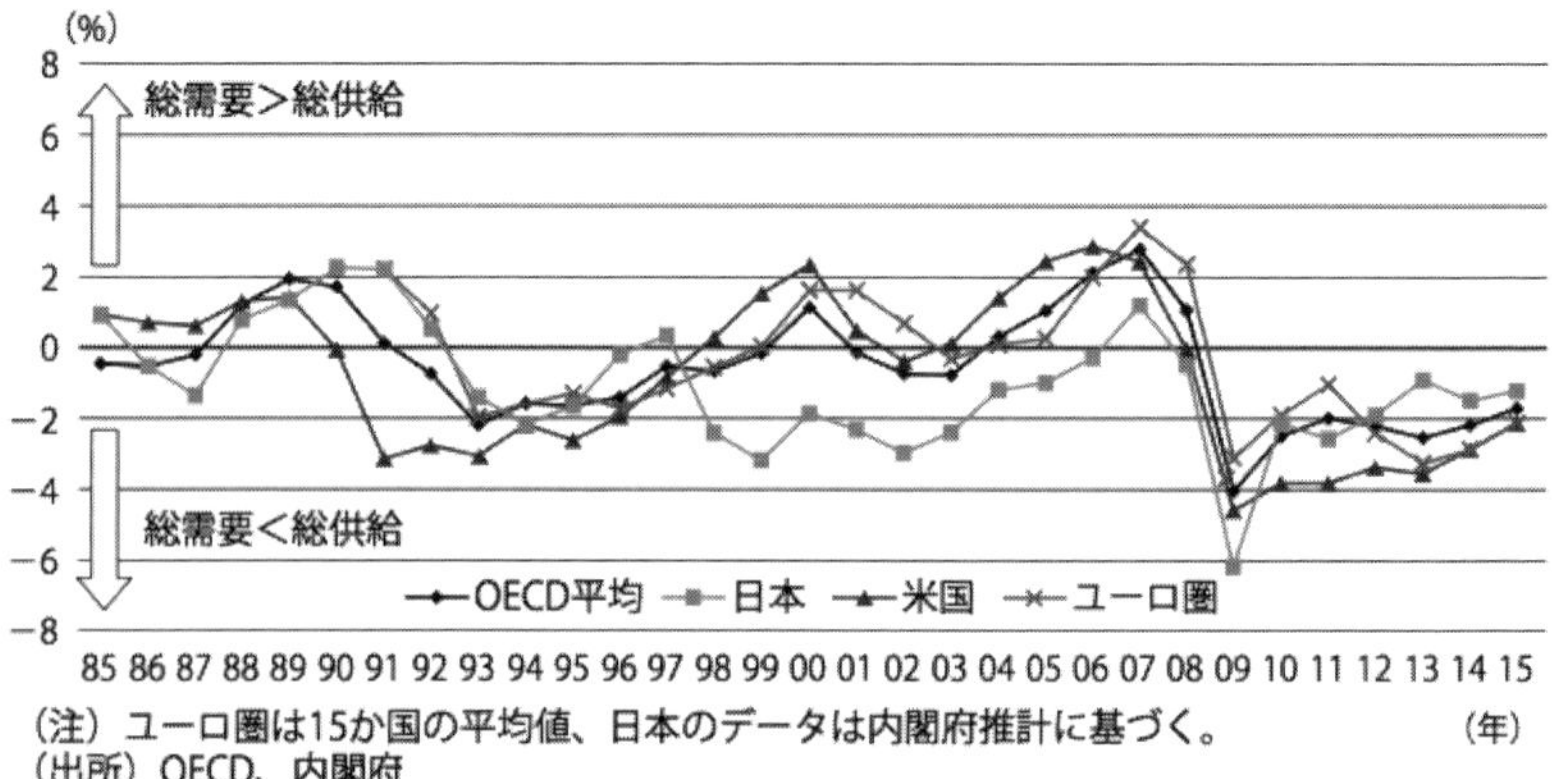

第13図　主要先進国の需給ギャップ[49]

総需要が足りない」[50]と言ったが、冷戦時代に対ソ・「社会主義」体制に対抗するための資本主義世界の復興・成長の牽引車の役目を、冷戦が終わった今アメリカは果たす必要はない。アメリカのドル散布が、冷戦時代の成長の半世紀を生み出した。冷戦時代は、その意味で特別な時代だったのであり、ポスト冷戦時代は、平時の世紀末長期停滞の時代となった。行き場を失った浮動遊休貨幣資本＝過剰ドルは、結局株式・債券市場に行きついた。これが実体経済とはかけ離れた株価を演出している。

２０１６年半ば以降の約1年間で、世界の資産総額は16兆７０００億ドル増加した。このうちアメリカでは、金融資産を約8兆５０００億ドル増やした。これは世界の富の増加分の半分にたっする。そして現時点でのアメリカの総資産は約93兆６０００億ドルで世界の富の33％と推定され、１００万ドル以上の保有者（ミリオネア）の43％[51]がアメリカに集中している。新聞は「米国に富集中　加速」と見出しを付けた。これが、アメリカのポスト冷戦時代の世界戦略、世界金融収奪の「成果」である。

1800年以降半世紀間の1人当たりGDPの伸び　単位：倍

	欧州12国	米　国	ｲﾝﾄﾞﾈｼｱ	日　本	全世界
1800～1850	NA	1.4	NA	1.1	1.2
1850～1900	1.8	2.2	1.6	1.7	1.7
1900～1950	1.6	2.3	1.1	1.6	1.4
1950～2000	4.1	3.0	4.0	10.7	2.9

第14図　特異な時代としての冷戦時代、長期１人あたりGDP[52]

２、特異な半世紀としてのポスト冷戦時代
——２００年間の歴史の中で

もっと長いスパンで冷戦時代を考えてみよう。第14図は、19世紀（１８００年代）以降の主要国と世界の「１人あたりのＧＤＰ」の推移を示した図である。図中の表を見ると明らかだ。１人当たりのＧＤＰの伸びは19世紀の前半は１・２倍、後半は１・７倍、20世紀の前半は１・４倍だった。これに対して第２次世界大戦終了後の半世紀の伸びは２・９倍になっている。だが21世紀に入ると世界は停滞期に入った。では20世紀の後半、特異な成長の時代としての冷戦時代はどのようにして生まれたのか。そして、どのような時代だったのであろうか。

第２次世界大戦は、筆舌に尽くしがたい惨禍を人類にもたらした。だが第１次世界大戦後、世界がふたたび再編植民地体制へと逆戻りしたのに対して、第2次大戦後の世界は、基本的に変化した。だが帝国主義列強の対立・戦争という矛盾の終わりは、新たな矛盾の始まりでもあった。資本主義対「社会主義」の体制間の対抗・対立という新たな矛盾が生まれたのである。世界は冷戦構造という鋳型の中に流し込まれることになる。第2次世界大戦後の世界は、資本主義体制対「社会主義」体制という体制間の対立が世界の主要矛盾となり、かつての列強帝国主義国間の対抗と対立は調整可能な、また調整されなければならない矛盾となった。冷戦が終結した今からは考えにくいかも知れないが、資本主義体制の盟主アメリカは、ソ連「社会主義」体制が世界を支配するのではないか、という恐怖におびえ続けたのである。ソ連もまた同様の恐怖にさいなまれ続けた。たしかにソ連・「社会主義」の脅威は、天が落ちるに等しい「杞憂」だったかもしれない。だが世界史の現実の中で、米ソは体制の存亡をかけて死闘を繰り広げたのである。ソ連の「社会主義」体制に取り込まれないためには、戦禍で疲弊した国・地域の経済の復興が喫緊の課題となった。アメリカは対ソ対抗のために各国・地域へ経済＝軍事援助を投下し、盟主としての使命を果たさなければならなかった。まず西側欧州、東アジアの要となる日本、さらに「社会主義」の浸透しやすい地域の経済的復興安定＝「社会主義」防遏のために、アメリカは、直接投資や軍事・経済援助（借款・贈与）を各国・地域に投下し続けた。陸続きの冷戦最前線の欧州地域にはＮＡＴＯ軍の展開と並行して、それらと密接不可分な関係にある電気・電子、航空・宇宙産業と金融・銀行資本が多国籍企業として展開していった。その母胎は、アメリカ本国のキー・インダストリーとなる軍需産業＝軍産複合体であった。東アジアの体制防遏の要衝・日本には最先端の重化学工業が移植された。むろん朝鮮半島やインドシナ半島、中東地域などの体制間矛盾のホット・スポットにも軍事経済援助が注ぎ込まれ、軍も投入された。ドル・スペンディング・軍事＝世界ケインズ政策である。これが戦後の特異な冷戦時代の高成長をつくりだしたのである。第2次世界大戦

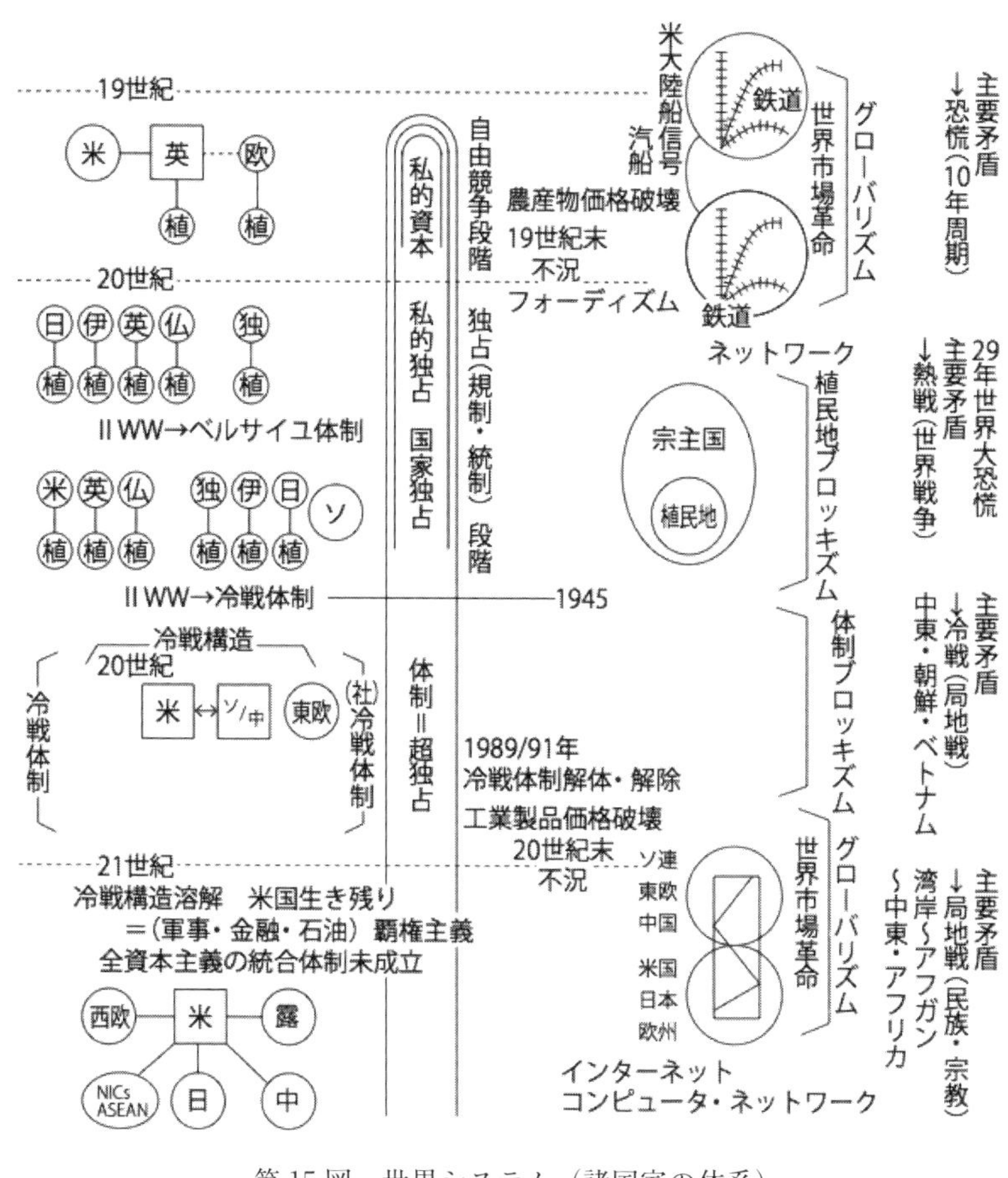

第15図　世界システム（諸国家の体系）

後の成長の生みの親・育ての親は、アメリカだった。かつての収奪・横奪の帝国主義は、戦後は「持ち出し」・援助の帝国主義国へと変わらざるを得なかった。だがソ連を盟主とする社会主義体制は、崩壊した。アメリカはかつてのように同盟国に配慮する必要はなくなった。アメリカ第一主義「アメリカ・ファースト」を株価・債券、金融の力で押し通している。トランプは「アメリカ・ファースト」を叫び続けた。

20世紀末から今に至る長期不況・停滞は、ちょうど19世紀末不況に重なってくる。詩人ハイネは、欧州大陸の鉄道網を時間と空間の抹殺と評した。19世紀の後半になると、運輸・交通革命の進展によって、アメリカやロシア、インドから大量の農産物が、ヨーロッパ農産物市場へ入って来るようになった。とくに新大陸アメリカでは、19世紀後半から様々な農業機械が農作業に投入され、農業の生産性が飛躍的に高まった。地代がないかあるいは非常に低いために、アメリカからの安価な大量の農産物流入は、ヨーロッパ市場の農産物過剰を生じさせ農産物価格を下落させた。19世紀末ヨーロッパを中心とした長期農業恐慌である。農産物の「価格破壊」「価値革命」である。と同時にアメリカではヨーロッパと全く違った工業製品の生産システム（フォーディズムとテーラーシステム）が生まれ、工業製品の価格破壊も同時に起きた。

いや、供給＝生産面からだけではない。需要＝消費の面からでも大変革が起きた。工場制手工業は、邦や藩といった地域経済圏の「狭さ」を打ち破って、国民国家＝市場を生み出した。機械制大工業が生み出した生産力は、その国内市場は狭すぎた。その生産＝供給力ゆえに世界市場を必要とし、植民地を求めた。その植民地獲得競争が、20世紀前半を戦争の世紀にしたのである。言うまでもなく、植民地再分割戦争としての第1次世界大戦、そして再々分割戦争としての第2次世界大戦である。

経済単位としての国民国家の規模の不適応を調整しようとする試みもある。EUである。むろん当初は、アメリカの第2次世界大戦後の欧州戦略としてスタートしたものではあるが、EUは欧州側での経済規模と政治単位の不適応の調整の結果でもある。今日ネットが生み出す生産力は、時空を超えた需要＝供給空間を必要としている。国境を越えた生産ネットワークは、当たり前だ。消費にも国境はなくなった。さきほどのEUもそうだが、今日2つ以上の国または地域の間で、さまざまな経済連携協定（EPA：Economic Partnership Agreement）が締結されている。物品やサービス貿易の自由化を取り決めた自由貿易協定に加え、貿易以外の分野、例えば知的財産の保護や投資、政府調達、２国間協力など、さまざまな包括的な協定が締結されている。もちろん、これはアメリカの世界戦略でもあるが、各国・地域の要求でもある。今日こうした国民国家の狭さを克服しようとする「努力」が続けられてはいるが、最後は国境という壁が立ちはだかってくる。今次のコロナでは、ネットワーク、サプライチェーンの遮断が、人々の日常生活を狂わせている。政治単位としての国民国家は、文化の単位としては広すぎ、経済の単位としては狭すぎる。この課題の解決が待ったなしの、差し迫った人類の課題となっている。それが今、起きている。

半導体部品の性能1万倍、価格1万分の1に象徴される価格性能比の「革命」が、進行中である。今や、それは商品生産の機械化、省力化、自動化を超えて、デジタル化、ソフト化、ＩＯＴ（Internet of Things）化、ＡＩ（Artificial Intelligence）化[53]と進化してきている。そのスピードゆえに独占がきかない。いや、スピードだけはない。デジタル化、ソフト化、ＩＯＴやＡＩといった技術が、いまや生産を決定する。その編成原理が独占を許さない。このことはインターネットの生成史が教えてくれる。インターネットの歴史において驚くべきことは、インターネット・プロトコル（TCP/IP）の生みの親であるＶ・サーフやＲ・カーン、ＷＷＷの開発者でＷｅｂの父と呼ばれたＴ・Ｂ・リー、ハイパーテキストを考案したＴ・ネルソンなど、インターネットの開発者たちは、仕様を公開し誰一人として権利（特許）を主張しなかった。多くのネットワーク関係者が共通認識をもち、一緒に研究開発を進めなければ、自身の研究も全体の研究もすすまないし無意味である。こう認識していたからである。

この編成原理が、日本から始まりアジアＮＩＣｓを巻き込み、今や「世界の工場」となった中国の工業製品の「価格破壊」「価値革命」が、アメリカをはじめとした先進国地域の長期停滞・不況を引き起こしている。

世界は、20世紀末長期不況の真っただ中にいる。19世紀末から20世紀初頭にかけて、資本主義は自由競争段階から独占段階に遷移した。しかし、その時代は平和には程遠い、帝国主義・冷戦帝国主義VS19世紀社会主義という熱戦と冷戦の時代となった。21世紀初頭の今、資本主義は、自己変革し新しいステージに立とうとしている。立てるのだろうか。

〈注記〉

1、BBC NEWS JAPAN 2017年1月16日 http://www.bbc.com/japanese/38633737 (2017/05/05)

2、諸資料から筆者作成。以下断りなき場合は，おなじ。

3、(1) International Monetary Fund, World Economic Outlook Database, April 2017 http://www.imf.org/external/pubs/ft/weo/2017/01/weodata/index.aspx

(2) Angus Maddison, Dynamic Forces in Capitalist Development; A Long-Run Comparative View(New York, Oxford Unv.Press,1991) pp.295-307.

4、内閣府『経済財政白書 『平成25年度 年次経済財政報告』第1—2—22図を補正して転載 http://www5.cao.go.jp/j-j/wp/wp-je13/h05_hz010222.html

5、このパラグラフのデータは，南克巳「アメリカ資本主義の歴史的段階」(『土地制度史学』第47号) 10頁から算出。

6、毎日新聞社『１９９６年米国経済白書』(毎日新聞社，週刊エコノミスト臨時増刊、１９９６年4月22日号) ２７４頁の表から算出。

７、STOCKHOLM INTERNATIONAL PEACE RESEARCH INSTITUTE, SIPRI Military Expenditure Database, Military expenditure by country in local currency, 1949-2017 https://www.sipri.org/databases/milex （2018/06/06）

８、ボーイング７８７の製造では、主要部品だけでも10か国に及ぶ。洪性奉「航空宇宙産業のサプライチェーンにおける国際共同事業」同志社商学 69巻5号、２０１８年3月 https://doors.doshisha.ac.jp/duar/repository/ir/26062/017069050020.pdf （2018/06/18）
青木謙知「航空機にみる国際分業」https://www.teikokushoin.co.jp/journals/geography/pdf/200712/1-3.pdf

９、広瀬隆『アメリカの巨大軍需産業』（集英社、２００１年）折込み図参照。

10、米国予算教書「軍の再建」推進　国防費78兆円に拡大、「毎日新聞（電子版）」２０１８年2月14日。

11、N. R. KLEINFIELD, March 4 1996, THE DOWNSIZING OF AMERICA: In the Workplace Musical chairs ; The Company as Family, No More. The New York Times　http://www.nytimes.com/1996/03/04/us/downsizing-america-workplace-musical-chairs-company-family-no-more.html （2017/05/07）

12、舞台の主役ジョージ・ソロスは１９９２年9月16日に10億ドルの利益を手にしたという。詳しくは拙著『ポスト冷戦世界の構造と動態』（八朔社、２０１３年）１４８頁参照。

13、赤木昭夫「電子金融に賭けるアメリカ」（『世界』１９９８年7月号）89頁の解説Ⅲ。

14、「日本経済新聞」２００７年7月2日。

15、「5月中旬にソロス系ファンドが香港ドルを投機売りしようとしたとき、朱鎔基副首相が事態を深刻に受けとめて、『香港ドルの防衛には米国債を大量に売らざるを得ない』とするメッセージを財務省に送った」（「日本経済新聞」１９９７年10月31日）
米系ファンドは、香港を避けた。

16、アジア通貨危機については、拙著『東アジア経済論』（大月書店、２００５年）２８７頁を参照。また邦銀大手もアセアン諸国を中心としてアジアに貸し込んでいた。邦銀大手19行のアジア向け融資残高は、１５１７億ドルに上った。

17、「日本経済新聞」２００５年１月21日朝刊。詳細は、「事態の真相：アメリカ金融信託統治領日本」参照　http://www.meijigakuin.ac.jp/~hwakui/newkokusai.html　(2018/05/20)

18、「しんぶん赤旗」２００４年２月20日　http://www.jcp.or.jp/akahata/aik3/2004-02-20/04_01.html　(2018/01/07)

19、「特集 ハゲタカか？白馬の騎士か？ 外資ファンド全解剖」(『週刊ダイアモンド』２００５年４月23日号)

20、２００７年度末最後の公営事業体の運用資金総額は、郵便貯金１６３兆円，簡易生命保険１１５兆円の合計２７９兆円である。郵政公社ホームページ https://www.japanpost.jp/group/past/disclosure/2007/pdf/02.pdf　(2018/01/04)

21、ゆうちょ銀行ＨＰ　https://www.jp-bank.japanpost.jp/ir/investor/ir_inv_finance.html

22、Department of the Treasury, Federal Reserve Board, Treasury International Capital System　http://www.treasury.gov/resource-center/data-chart-center/tic/Pages/index.aspx　(2018/01/15)

23、「朝日新聞」２００７年12月２日

24、涌井秀行『東アジア経済論』(大月書店、２００５年) ３２０、３２１頁，５—11図を参照されたい。

25、Bureau of Economic Analysis Table 1, U.S. International Transactions,　http://www.bea.gov/iTable/iTable.cfm?ReqID=6&step=1 (2017/06/10)

26、(1)単位は億ドル、上段は投資額、下段のカッコ内は貿易（財サービス）額でいずれもフロー額。投資のマイナス（△）は年間の投資額より引き上げ額が多いことを示し、資本逃避の状態を表わしている。

(2)下記サイト（資料出所）では地域分類が変更され、１９９２年のデータとそれ以降の年の連続性はない。またアジアには日本が含まれている。

U.S. Department of Commerce, Bureau of Economic Analysis,International Transactions, International Services, and International

Investment Position Tables　https://www.bea.gov/iTable/bp_download_modern.cfm?pid=11（2018/06/22）

27、The White House, June 17, 2002,President Calls for Expanding Opportunities to Home Ownership,　https://georgewbush-whitehouse.archives.gov/news/releases/2002/06/20020617-2.html (2017/10/01)

28、President Calls for Expanding Opportunities to Home Ownership'　The White House HomePage,　https://georgewbush-whitehouse.archives.gov/news/releases/2002/06/20020617-2.html　(2018/01/15)

29、篠原二三夫「米国住宅ローン市場の現状と課題、持ち家政策と住宅金融：住宅価値の評価と活用を考える」（『ニッセイ基礎研所報』Vol.53' Spring 2009,）69ページ。ドキュメント・フィルム The Untouchables も参照されたい。https://www.pbs.org/wgbh/frontline/film/untouchables/tra30、

30、金融商品の危険性を承知の上で売り抜けた証券・金融会社幹部へのインタビュー　WGBH "The Untouchables" 2013' のトランスクリプトを参照。https://www.pbs.org/wgbh/frontline/film/untouchables/transcript/　(2018/05/03) また、米金融危機の議会（金融危機調査委員会）による公式調査記録も参照されたい。THE FINANCIAL CRISIS INQUIRY REPORT　http://www.gpo.gov/fdsys/pkg/GPO-FCIC/pdf/GPO-FCIC.pdf　(2018/05/03)

31、U. S. Department of Commerce, Bureau of Commerce, GDP-by-Industry Data'　https://www.bea.gov/industry/gdpbyind_data.htm　(2017/05/10)

32、A Cloud Built for Industry, GE Global News 2015.08.06 https://www.genewsroom.com/sites/default/files/media/201508/20150806_GE_Japan_press_releases_Predix_Cloud.pdf（2018/06/07)

33、ＧＭはソフトバンクと…車メーカーが大手ＩＴと手を組む裏に膨らむ開発費「日刊工業新聞（電子版）」２０１８年６月４日。

34、自社株買いをおこなうと、自己株式数を発行済株式総数から差し引いて計算されるため、１株当たりの利益は、増加する。

35、（1）Dow Jones Industrial Average　http://ecodb.net/stock/dow.html
（2）World Economic Outlook Database　http://www.imf.org/external/pubs/ft/weo/2017/01/weodata/index.aspx

36、株価は、Dow Jones Industrial Average　http://ecodb.net/stock/dow.html　（2017/05/10）名目ＧＤＰの数値は、ＩＭＦによるＳＮＡ（国民経済計算マニュアル）に基づいたデータで、２０１７年４月時点の推計、http://ecodb.net/country/US/imf_gdp.html
（2017/05/10）

37、経済産業省『通商白書２０１４年（HTML版）』http://www.meti.go.jp/report/tsuhaku2014/2014honbun/i1120000.html（2017/05/27）
（注記）原資料を改変した部分がある。

38、「世界のカネ１京円、10年で７割増　実体経済と乖離鮮明」「日本経済新聞」2017/11/14 電子版　https://www.nikkei.com/article/DGKKZO23437180U7A111C1MM8000/

39、「日本経済新聞」2017/7/11 電子版　https://www.nikkei.com/article/DGXLZO18735140R10C17A7EE9000/

40、経済産業省『通商白書，２００９』ＰＤＦ版63、64頁　http://www.meti.go.jp/report/tsuhaku2009/2009honbun_p/2009_06.pdf
（2018/05/08）

41、「中国『４兆元』の経済対策の考察～消費主導型経済へのつなぎ役、構造転換の推進役を期待～」ＰＤＦ版、みずほアジア・オセアニアンインサイト、２００９年１月５日、https://www.mizuho-ri.co.jp/publication/research/pdf/asia-insight/asia-insight090105.pdf（2018/05/08）

42、「日本経済新聞」２０１３年12月15日。

43、「日本経済新聞」１９９７年10月31日。

44、中華人民共和国国家統計局『中国統計年鑑　２０１７年』18―1　通貨供給量　18―3社会融資規模　http://www.stats.gov.

cn/tjsj/ndsj/2017/indexch.htm　(2018/05/10)

(1)Ｍ２は，現金通貨・預金通貨（要求払預金含む）・普通預金・定期預金の合計。

(2)融資額は，「社会融資総量」。企業や個人が金融機関や市場から調達した金の総額で、元建ておよび外貨融資・トラストローン・銀行引受手形・社債・非金融会社の株式発行をも含む。

45、「日本経済新聞」２０１３年12月15日

46、中華人民共和国国家統計局『中国統計年鑑　２０１７年』３―１　国内総生産　http://www.stats.gov.cn/tjsj/ndsj/2017/indexch.htm　(2018/05/10)

47、https://twitter.com/BillGates/status/477284253403578369/photo/1

48、「日本経済新聞」２０１７年10月23日、同25日。

49、片岡剛士「２０１６年の回顧と２０１７年の経済展望」（「三菱ＵＦＪリサーチ＆コンサルティング」）http://www.murc.jp/thinktank/rc/column/kataoka_column/kataoka170119.pdf　(2017/01/19)

50、「日本経済新聞」２０１４年１月６日。

51、Credit Suisse, Global Wealth Report　https://www.credit-suisse.com/corporate/en/research/research-institute/global-wealth-report.html (2018/02/03)

52、Maddison Project Database，http://www.ggdc.net/maddison/maddison-project/home.htm　(2017/05/05)

(1)ＧＫＳ（ゲアリー＝ケイミス・ドル）とは、各年の各国通貨を購買力平価と物価変動率とを用いて、１９９０年の共通ドルに換算したものである。

(2)出所のデータを、筆者が摘記し加工した。

53、(3)図中の図13補図の欧州12か国の１人当たりのＧＤＰのグラフ線は、ほぼ日本と重なっている。

ドイツ「Airbus 社ではすでに３Ｄプリンタは実用段階にあり、航空機Ａ３５０　ＸＷＢは２０１５年時点で１０００以上の部品を３Ｄプリンタで製造して」いるという。ＩＯＴ（Internet of Things）化は、インターネット上での位置・地理情報がかかせない自動車の自動運転などでも実用段階に来ているようである。　https://www.stratasys.com/en/stratasysdirect/

第6章

インターネットの編成原理と21世紀社会主義

——21世紀社会主義を切り開くネット新世界

（1）はじめに――インターネット誕生とその背景

1945年8月6日広島、続いて9日長崎、二つの都市に落とされた原爆は、一瞬にして合計21万人の命を奪った。広島での一瞬とは炸裂前から放たれていた放射線、3秒で地上を焼き尽くした熱線、10秒後の衝撃波である。人々が3分後に立ち上るキノコ雲を見る前に、広島と長崎は、とうに破壊しつくされていたのである。アメリカが原爆を落とした衝撃は、ソ連にとっては計り知れないものだった。スターリンら当時のソ連指導部は広島・長崎の惨状をみて、「明日はわが身」と自国の将来に重ね合わせ、核武装こそがソ連の生き残る道だ、と考えた。長崎への原爆投下からわずか10日後には、原爆開発のための「特別委」が立ち上がったという[1]。それから4年後の1949年9月ソ連は原爆保有を発表、1955年には水爆実験にも成功した。アメリカの核独占は崩壊し過去のものとなった。

当初、核爆弾投下の運搬手段は長距離爆撃機であったが、1957年アメリカは最初の中距離弾道ミサイルIRBM（Intermediate Range Ballistic Missile）ジュピターの発射に成功し、核攻撃の優位性を確保した。だが、それも束の間、5か月後にはソ連が、最初の人工衛星スプートニクの打ち上げに成功した。地球の周回軌道にのり、公表された時刻に世界各都市の上空に現れた世界初の人工天体に、世界中の人々は驚愕した。精度の高いミサイルをソ連が保有していることに、アメリカは衝撃を受けた。スプートニク・ショックである。アメリカはソ連との「ミサイル・ギャップ」を埋め、劣勢を挽回し、くつがえすために、宇宙開発の名のもとに、長距離ミサイルの開発を促進し、ソ連のミサイル核攻撃に対して、安全な北米大陸の防空網の構築を加速化させた。

こうした防空網の構築ＳＡＧＥ（Semi-Automatic Ground Environment）[2]は、すでに１９４９年8月のソ連の核実験から始まっていた。ソ連の爆撃機やミサイルの飛来をキャッチし、北米大陸各地に配備された防空レーダー施設を早急にネットワーク化する必要にアメリカは迫られた。一か所が切断されても迂回して情報を複数同時に伝達・利用できるようにするために、である。その中核機関として、米アイゼンハワー政権は、１９５８年アメリカ航空宇宙局（NASA）と国防総省・高等研究計画局（ARPA：Advanced Research Projects Agency）を設立した。そのＡＲＰＡ下部組織であるＩＰＴＯ（Information Processing Techniques Office）の部長に、研究開発受託会社ＢＢＮテクノロジーズのＪ・Ｃ・Ｒ・リックライダーが就任した。リックライダーは研究を促進するために、相互の研究内容を共有するコンピュータ・ネットワークの構築を提案した。１９６３年に各機関に送付された構想メモ「銀河間コンピューター・ネットワーク」[3]には、今日のインターネットのほぼ全部のアイディアが、盛り込まれていたという。リックライダーの発想は、米国防総省のＡＲＰＡの下部機関ＩＰＴＯのロバート・テイラー（Robert Taylor：統括責任者：第3代部長）とローレンス・ロバート（Lawrence Roberts：実施責任者）に受け継がれた。Ｌ・ロバートは１９６９年にＡＲＰＡＮＥＴの構想を発表した。これが今日のインターネットのルーツである。

ロバートは、仕様の異なる既設のメインフレーム・コンピュータを変えずにそのまま、ネットワークＡＲＰＮＥＴを形成・構築しようと考えた。そのために小型コンピュータ（Honeywell DDP-516）に現在のルーターのような役割を代替させる「仕様書」（IMP：Interface Message Processor）を作成した。この仕様書に基づくハードの設計とソフトは、外部委託されたＢＢＮテクノロジー社で、理論担当者のロバート・カーン（Robert Kahn）

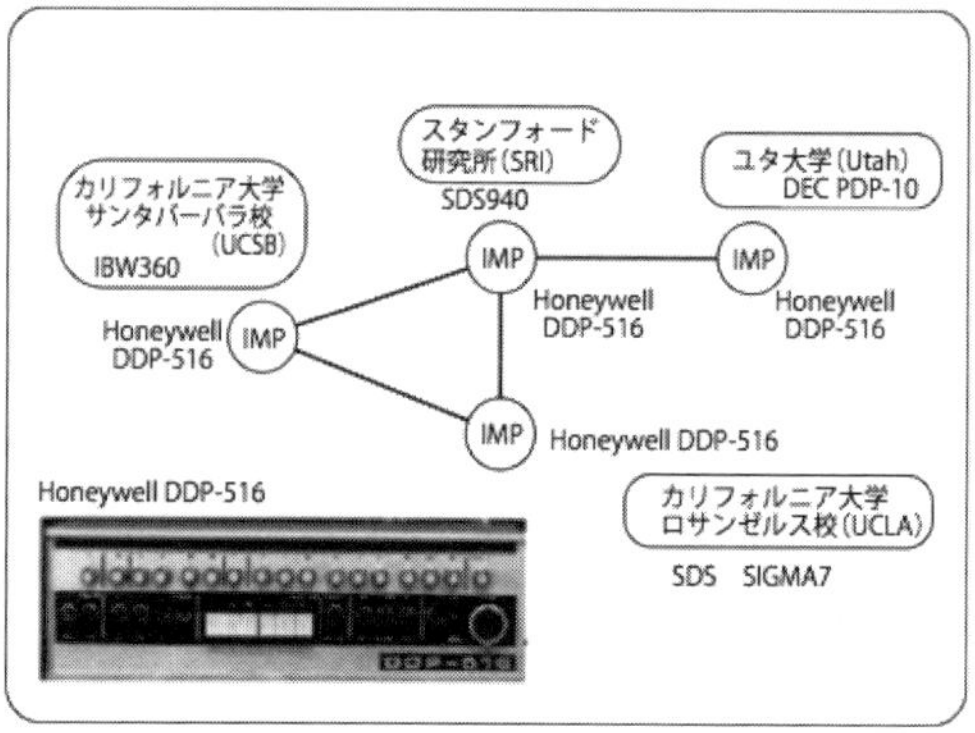

第１図　最初のインターネット接続[4]

らが作成にあたった。

この機器は１９６９年のＬａｂｏｒ Ｄａｙ（9月の第1月曜日）の頃に、カリフォルニア大学ロスアンゼルス校（UCLA）に納入され、接続実験が開始された。カリフォルニア大学ロスアンゼルス校のコンピュータからスタンフォード研究所（SRI）、カリフォルニア州立大学サンタ・バーバラ校へ、最後にユタ州立大学へと専用電話回線で順次接続された。こうしてネットワークが始めて生成され、ネットワーク上のハード・ウェアが作動しメッセージが交換された。ＵＣＬＡのクレイロック（Kleinrock）教授と卒業生らは、「Ｌｏｇｉｎ」とタイプし接続実験を開始した。「私たちは、いま電話回線でＳＲＩの皆さんと接続をセットアップしました……」とタイプし電話で尋ねた。

"Do you see the L?"
"Yes, we see the L," came the response.
"We typed the O, and we asked, "Do you see the O."
"Yes, we see the O."
"Then we typed the G, and the system crashed"…

「それからGをタイプした。システムはクラッシュした」。だが、革命は始まったのである。ここに24時間常時回線接続のコンピュータ・ネットワークが誕生し、ＡＲＰＡＮＥＴ（The Advanced Research Projects Agency's

Computer Network）[5]と名づけられた。このＡＲＰＡＮＥＴが今日のインターネットの標準となったのである。その後ＡＲＰＡＮＥＴは、１９７４年にコンピュータ同士が通信する際の手順や規格である標準プロトコルとしてＴＣＰ／ＩＰ[6]を採用した。この通信方式ＴＣＰ／ＩＰは、ヴィントン・サーフ（Vinton Gray Cerf）とロバート・カーン（Robert Elliot Kahn）らが１９７４年に開発した方式で、異なる仕様のネットワーク同士を結ぶ通信方式[7]である。開発と同時に仕様も公開された。これ以降ＴＣＰ／ＩＰは、インターネットの標準的プロトコルとして使われるようになった。ＡＲＰＡＮＥＴは、その後年々接続拠点を増やし、１９７８年には実験が正式に完了し、実験ネットワークから運用ネットワークへと移行した。

ＡＲＰＡＮＥＴはその後も拡大・成長を続け、国防総省が十分に監視できなくなったことから、１９８３年、軍関係はＭＩＬＮＥＴ（Military Network）として分離された。１９８０年代後半から、ＡＲＰＡＮＥＴは全米科学財団（NSF：National Science Foundation）の資金援助を受け、ＮＳＦＮＥＴに移行した。ＡＲＰＡＮＥＴは１９９０年に解散し、その役割を終える。１９８６年に米国科学財団のＮＳＦＮＥＴはオンライン化され、様々な地域の研究・教育ネットワークがＮＳＦＮＥＴの基幹回線網（バックボーン）に接続され、インターネットの範囲は全米に広がっていった。ＮＳＦＮＥＴに接続されたコンピュータの数は、１９８５年の２０００台から１９９３年には２００万台以上に増加した。この一方で、１９９０年代に入り商用インターネット接続も登場し、一般の人でもダイヤル回線でインターネットにアクセスできるようになった[8]。

その後もＮＳＦＮＥＴは拡大を続けたが、この一方で欧州原子核研究機構（CERN）のティム・バーナーズ・リー（Tim Berners Lee）らは、１９９０年末に「World Wide Web：Proposal for a Hyper Text Project」を考案し公開した。リーはＨＴＭＬ（Hyper Text Markup Language）と、それを送るＨＴＴＰ（Hypertext Transfer Protocol）と

URLも設計した。HTMLとは、ネットワークに接続された他のコンピュータと通信（Transfer）するためのテキスト（Protocol）である。またURLとは一般にアドレスと呼ばれるインターネットの住所のようなものである。これらの機能によって、インターネット・ユーザーは、ウェブページで下線の付いたテキストなどをクリックして、別のコンピュータのページへ飛ぶことができる。また画像・動画・音声などのリンクを張ったデータ・ファイルにアクセスすることもできる。

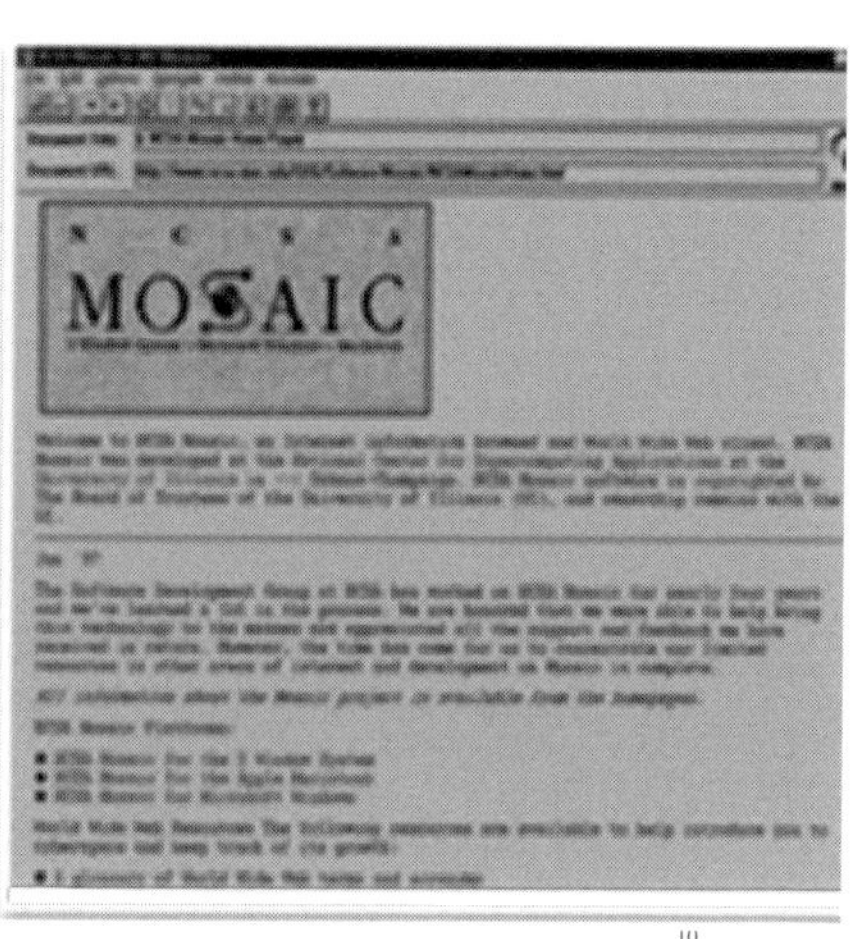

第２図　NCSA モザイク 1.0[10]

こうしたなかでインターネットの民間での爆発的な普及において重要な役割を果たしたのは、イリノイ大学アーバナ・シャンペーン（University of Illinois at Urbana-Champaign）校のＮＳＦの支援を受けたＮＣＡＡ（National Center for Supercomputing Applications）の学生とスタッフが共同開発したＭｏｓａｉｃである。１９９３年に開発されたＭｏｓａｉｃは、ＷｅｂページにグラフィックスとテキストのＷｅｂブラウザであった。ＮＣＳＡモザイクは毎月５０００部以上がダウンロードされ、「18か月足らずで１００万人以上のユーザーの『ブラウザ』になった。ウェブサーバーとウェブサーファーの数は急激に増加した」[9]。モザイクは、マイクロソフトのインターネットエクスプローラやネットスケープナビゲーターなどの現代のブラウザのルーツとなったのである。ＮＣＳＡの開発に携わったマーク・アンドリーセンらは、ＮＣＳＡがＭｏｓａｉｃの権利を主張したため、後にネットスケープ社となるモザイク・コミュニケーションズ社を立ち上げ、NetscapeNavigatorを1994年末に開発・発売した。その翌年の1995年に、NCSAからMosaicのマスターライセンスを受けたマイクロソフト社は、MosaicのコードをもとにInternetExplorerを開発し、Windows 95にインターネット接続機能を組み込んだ。インターネットへの接続の設定が容易になり、これがインターネットの一般大衆への爆発的普及をもたらしたのである。もっとも、マイクロソフト社のビル・ゲイツはインターネットの普及はまだ先であると考え、初期のWindows95にはInternetExplorerを搭載しなかった。発売後、ビル・ゲイツは自分の判断の誤りに気づき、InternetExplorer OSR2以降に、インターネット関連機能が標準搭載されるようになった。ここに今日のインターネットの大衆レベルでの爆発的な普及にかかわる基本的要素がほぼ出そろった、ということになる。

（2）インターネット生成におけるソフト・ウェア――UnixからLinuxへ[11]

こうしたインターネットの生成史において、インターネット利用の爆発的な普及に決定的な役割を果たしたソフトの問題を、見逃すわけにはいかない。ARPANETが構築された同じ年の1968年、現在のインターネットの爆発的普及の鍵となり、Linuxの源流であるOSが、AT&Tベル研究所で私生児のようにして生まれた。そこにはいくつかの偶然的な要素が重なりあっていたのである。それは、AT&Tベル研究所でケネス・トンプソン（Kenneth·L·Thompson）らが開発した、システムソフトウェア言語のUnixである。当時AT&Tベル研究所では、Multics（マルティックス）と称する防空システム、タイムシェアリング・

オペレーティングシステムをゼネラル・エレクトリック（GE）と共同開発していた。だが1969年にAT&Tベル研究所は、そのプロジェクトに見切りをつけ離脱した。翌1970年にハネウェルが、Multicsも含むGEのコンピュータ部門を統合した。[12] そのためMulticsのソフトであるUnix開発にかかわっていたトンプソンらは、置き去りにされた格好となった。だがそれが幸いして、トンプソンらはUnixの研究を独自に継続し、Unixを開発できたのである。AT&Tベル研究所の縛りもなくなり、後にソースライセンスも含むUnixを自由に頒布できたのである。トンプソンは、その頃、"Space Travel"というビデオ・ゲームの開発[13]にも熱心だった、というから、Unixがフリーというのは、トンプソンの性格の賜物だったのだろう。

その後AT&Tベル研究所のリッチー（Dennis・M・Ritchie）らによって1973年にUnixは全体が、C言語で書きなおされた。例えば簡単な足し算「10 + 3 = 13」を、C言語で記述すれば「printf（"10 + 3 = %d\n", 10 + 3）;」となるが、C言語によって記述されて利便性と汎用性を高めたUnixは、ソフトとして様々なミニ・コンピュータに組み込まれるようになった。

こうしたUnixのようなオープン・ソース・ソフトの開発黎明期の時代背景を、Unixを継承しLinuxを開発したリーナス・トーヴァルズ（Linus・B・Torvalds）は、次のように語っている。Unix開発にかかわった人々は、「ただ、きわめて非体制的なライフスタイルの人々というだけだ。初期のUnixの活動期が、60年代後半から70年代前半にかけてだったことを思いだしてほしい。……そのころ、技術力をもったヒッピーがいた……。Unixは無料であるべきだという哲学は、OSそのものよりも、その時代背景と密接に関わりあっていた。過激な理想主義の時代、だった。革命。権威からの解放。……当時、Unixが金儲けに無関心であったのが主な原因であるにしても、Ｕｎｉｘが比較的オープンであったという事実に、こういう人々が惹かれたのだ」[14]と。時代は次々とそうした人々を生み出し、インターネットの編成原理である〔分散＝共有＝公開〕が継承され普遍化し拡大してゆく。

そのＵｎｉｘを引き継いでさらに発展させたのがリチャード・ストールマン（Richard･M･Stallman）だった。ストールマンは、１９８４年Ｕｎｉｘに代わるＯＳの研究を始め、それをＧＮＵシステムと命名した。ＧＮＵとは“GNU is Not Unix”の頭文字をとったものである。ストールマンは、ＡＴ＆Ｔベル研究所が、Ｕｎｉｘをたまたま事業化しなかったからではなく、ソフト・ソースコードを意図的にフリーにするという考え方で、ＧＮＵの開発にのりだしたのである。その意味でＧＮＵは、インターネットの編成原理〔分散＝共有＝公開〕の生みの親だった、ともいえる。ストールマンらは１９９１年までにＵｎｉｘの大部分を、Ｃ言語などで書き直した。だが、極めて重要な構成部分を欠いていた。それは、のちに触れるが、カーネル（Kernel）[15]である。

だが、ストールマンが提唱した「ＧＮＵ」という名前の自由なＵｎｉｘ互換ＯＳ開発の流れは社会運動となって、１９８５年10月に非営利団体のフリーソフトウェア財団を生み出し、１９８９年にはプログラミング自由連盟へと発展した。この組織は、「ビール飲み放題（free beer）」のフリーではなく、値段のつけられないものの自由、例えば「言論の自由（free speech）」のようにフリーソフトをみなす、という思想・理念にもとづいた組織であった。こうした潮流が、フリーソフトの大河を生み出してゆく。

１９９１年8月25日、奇しくもソ連邦崩壊の年に、リーナス・トーヴァルズというヘルシンキ大学のフィンランド人学生が、comp.os.minixというニュースグループ宛に1通のメイルを書いた。親しい友人や仲間にあてたメイルは、「私は今フリー・オペレーティング・システムをやろうとしています。ちょっとした趣味のつもりで」との書き出しで始まっていた。メイルは、以下のようなものだった。

From: torvalds@klaava.Helsinki.FI (Linus Benedict Torvalds)

Newsgroups: comp.os.minix
Subject: What would you like to see most in minix?
Summary: small poll for my new operating system
Message-ID: <1991Aug25.205708.9541@klaava.Helsinki.FI>
Date: 25 Aug 91 20:57:08 GMT
Organization: University of Helsinki
Hello everybody out there using minix -
I'm doing a (free) operating system (just a hobby, won't be big and
professional like gnu) for 386(486) AT clones. This has been brewing
since april, and is starting to get ready. I'd like any feedback on
things people like/dislike in minix, as my OS resembles it somewhat

以下略[16]

Ｌｉｎｕｘの公開によって情報通信界の状況は大きく変わり始めた。トーヴァルズが、リナックスの初期版のソースコードをインターネット上で公開し、だれもが自由にダウンロードできるようにした。しかもメイルに「for 386（486）AT clones」とあるように、それは1985年10月に発表されたインテルの32ビット・マイクロプロセッサ（CPU）を動かすソフトのクローンであった。トーヴァルズはその動機をメイルで次のように語っている。「ユニックスはビルディング・ブロックというものを与えてくれ、そこでなんでもできる。すっきりした設計とはいかなるものかをユニックスは教えてくれる。言葉にも同じことがいえる。英語には26のアルファベットしかないけれど、この26文字を使ってどんな言葉でも書ける[17]」。トーヴァルズは、これでカーネルを書いたのである。

アルファベットは、エジプト人が考案したと言われているが、彼らは自分たちの言語を、一つの子音をその音素に相当する一つの符号だけで表わした。音素とは、一つの言語体系のなかで、1字が1音素を表す表音文字のことで、英語の“bin”や“pin”のなかのbやpを指す。「各子音音素にそれぞれ一つの符号をあてるというこの見事な表記法は、……融通性と経済性の点で革命をもたらした。もはや何百もの符号を覚える必要はなくなり、通常30個以内の『文字（アルファベットの記号）』があれば、どんな言語の子音音素でも伝えられた。かくして文字は誰にでも使えるものになった[18]」。前段でストールマンらは、「極めて重要な構成部分を欠いていた」と述べたが、それがこのカーネルだったのである。トーヴァルズは、オペレーティング・システムの中枢であるカーネルを公開し、利用者にコメントを求めた。「間もなくＬｉｎｕｘユーザーから膨大なコメントが届き90か国以上に、自発的にリナックスを使うコンピュータ・ネットワークが生まれた[19]」。

カーネルとはソフトの中枢を管理する部分で、カーネルによってキーボードやマウスなどからの入力をソフトが理解し、プログラムの起動、終了をはじめとした動作をハード・ウェアに伝え、コンピュータを動かすことができる。まもなくほかの開発者たちも、ＬｉｎｕｘカーネルをＧＮＵやその他さまざまなツールと組み合わせて使うようになった。さらに言えることは、リヌス・トーヴァルズがいなければ、このネットワークは方向と目標を見失ったであろう。

リナックスの最も重要なイノベーションとは、技術もさることながら、その社会性である。Ｕｎｉｘがそうであったように、ボランテイアベースのリナックス・コミュニティーは、自然で効率的、革新的な組織に成長していった。Ｌｉｎｕｘは、オープンソース・イニシアチブ（Open Source Initiative）機関[20]が定めている条件を満たせば、利用者は「ソフト・ウェアを自由に使用・変更し、共有することができる。オープンソース・イニシアチブによって承認されるには、（同機関の）ライセンスレビュープロセスを経なければならない[21]」。そのオープンソースの用件は「１、無料配布、２、ソースコードとコンパイルされた形式での配布許可……（でその配布は）……５、いかなる人または団体を差別してはならない」というものである。ここには徹底した〔分散＝共有＝公開〕原則が貫かれている。

Ｌｉｎｕｘの公開によって、ＩＴ界は一変した。これまでカーネルは、企業が莫大な費用をかけ、エンジニアがコツコツ書き上げるしかなかった。トーヴァルズがＬｉｎｕｘを無償開放したことで、手間暇かけてカーネルを設計する必要はなくなった。ＷｉｎｄｏｗｓやＭａｃなどのＯＳは、あらゆる機能に対応できる汎用性を持ったソフトである。だがＬｉｎｕｘは、必要な機能だけを用途に応じて、カスタマイズすることができる。例えば銀行のＡＴＭシステムであれば、金の出し入れだけを正確・高速に行えればいいから、チャットの会話や音楽・映像機能も不要である。いらないものを切り落とし、処理速度の高速化や動作の安定化も実現することができる。

サーバー・コンピュータやスマートフォンなどの携帯端末・パソコン・ゲーム機・デジタル家電からスーパー

コンピュータにいたるまで、様々な種類や用途のコンピュータ製品にＬｉｎｕｘが組み込まれ、広く普及していった。スマートフォンやタブレット端末のＯＳもLinuxを組み込んでいる。米グーグル（Google）主導のアンドロイド（Android）は、Ｌｉｎｕｘソフトの中核的なプログラムであるカーネルのカスタム版を基盤としている。ＡｐｐｌｅのｉＯＳコードもＬｉｎｕｘを採用している。かつてオープンソースを共産主義にたとえていたマイクロソフト（Microsoft）でさえ、Ｌｉｎｕｘカーネル・プロジェクト最大の貢献者になっている。企業や自治体、金融・研究機関のサーバー、家電、クルマのエンジンや産業用ロボットの制御などなど、システムが必要なあらゆる場面でＬｉｎｕｘは機能している。最速スーパーコンピュータＴＯＰ５００リストにＬｉｎｕｘがはじめて登場したのは１９９８年、それから20年余り後の２０１９年11月時点で、世界最速のスーパーコンピュータ５００台すべてが、Ｌｉｎｕｘ[22]で動いている。

商業的なソフトウェア・プログラムのソースは企業秘密で、プロテクトが厳しく油断なく保護されている。ソースコードは誰もが利用できず、利用者もプログラムの質と正確さを評価できない。それに対してＬｉｎｕｘのように広く普及したオープンソースプログラム、その核はカーネルであるが、一行一行が多数の利用者によって分析され検証され、プログラムの品質管理も本格的である。リナックスが〔分散＝共有＝公開〕原理にもとづいているからこそ、信頼性のあるプログラムを迅速に開発できるのである。Ｌｉｎｕｘは、インターネットの基盤・思想である〔分散＝共有＝公開〕を体現している。

（3）ネット新世界の編成原理〔分散＝共有＝公開〕と資本制世界の編成原理〔集中＝私有＝独占〕

インターネット生成史において、インターネット・プロトコル（TCP/IP）の生みの親であるヴィンセント・サーフやロバート・カーン、インターネットを構成するWWWの開発者のティム・バーナーズ・リー、ハイパーテキストを考案したテッド・ネルソン（Theodor Holm Nelson）、電子メイルの考案者のレイ・トムリンソン（Ray Tomlinson）などインターネットの開発者たちは、仕様を公開し誰一人として権利（特許）を主張しなかった。意外で驚くべきことである。なぜなら、これらの人々は、多くの関係者が新しい提案をインターネット上に公開し、問題点や解決策等を議論し、相互に批判・検討し合うことが、ソフトやネットワークの拡大・発展には必要不可欠であると認識していたからである。多くのネットワーク関係者が共通認識をもち、研究開発を進めなければ自身の研究はもちろん、全体の研究も進まないことを認識していたのである。さらにARPANETの生成に見られるように、実際の研究に直接かかわった人たちは、多くが若い大学院生など無名の人達であった。米国防省の下部機関のIPTOでさえ、彼らに全権限を与えて自由な意見を尊重したのである。UnixやLinuxが、〔分散＝共有＝公開〕原則のもとで発展・普及していったように、である。

このような情況は、特異なことなのだろうか。例えば四則演算の記号（×÷－＋）の生成をみても、問題点や解決策等を議論し、相互に批判・検討し合うことが、演算法、アルゴリズムの拡大・発展には必要不可欠だった、ということがよくわかる。〔分散＝共有＝公開〕こそが、演算法の「ゆり籠」だったと言えよう。例えば、四則演算の記号「×」（掛け算）（かける）の由来を見てみよう。「『×』の記号が最初に使用されたのは、英国の数学者ウイリアム・オートレッド（William Oughtred）の1631年の『Clavis mathematicae（数学の鍵）』

という本……（でという説と共に）……1618年に、英国のエドワード・ライト（Edward Wright）がネイピアの数表に注釈をつけたときに、掛け算記号として『×』を用いたとも言われている。……ゴットフリート・ライプニッツ（Gottfried Wilhelm Leibniz）によって、掛け算の記号として提唱されたと言われている。……（ただし）……ライプニッツは、1698年7月29日にヨハン・ベルヌーイ（Johann Bernoulli）に当てた手紙の中で『私は掛け算の記号としての「×」を好まない。なぜならば、それはXと混同されやすいからである[23]』と述べている。演算の記号「×」（かける）の由来を見ても分かるように、いずれにしても文字と同様に、記号も多くの学者が半世紀余りもかけてかかわりながら開発し、万人に使用され普及したからこそ、事実上の世界標準となったのである。

インターネットの生成史に照らしても、自律的で平等で自由な諸個人によって、インターネットの諸要素が、公開の場で議論され生成されてきたからこそ発展し、世界標準となったのである。このことは、国家はもちろん企業でさえ、インターネットを統制し抱え込み独占しようとすることが、生成・発展を妨げる阻害要因になる、ということを意味している。たしかに今日、インターネットの資本・企業による利用は、極限に達しているかに見える。それは、金融工学の「発展」を基礎にしたさまざまな金融商品の族生とそれらのインターネット上での利用に見られるとおりである。市場情報と売買注文処理（約定）の両方が、ミリ秒（1000分の1秒）のスピードで行われる。しかしそれは企業によるインターネットの資本主義的利用であって、インターネット自体の発展に寄与しているわけではない。インターネットの編成原理はあくまでも〔分散＝共有＝公開〕であり〔集中＝私有＝独占〕ではない。

このことは次の点からも言える。さきほどインターネットの開発者たちが、仕様を公開し誰一人として権利

（特許）を主張しなかった、と述べた。特許権は、インターネットの編成原理である〔分散＝共有＝公開〕とは、相容れない逆の概念である。ソフト・ウェアを搭載したコンピュータの出現は、１９５０年代以降のことであるが、アメリカ合衆国特許商標庁（USPTO）は、現在でもソフト・ウェアそれ自体には、特許権を認めていない。アメリカ合衆国特許法第１０１条は、特許の許諾を次のように定めている。「新規かつ有用な方法（process）、機械（machine）、製品（manufacture）、若しくは組成物（compositions of matter）、又はそれらについての新規かつ有用な改良を発明又は発見した者は、本法の定める条件及び要件に従って、それに対して特許を受けることができる」[24]。コンピュータのソフト・ウェアの分野で、「新規かつ有用な方法（process）」とは、製造過程（process）にかかわる「特許適格性（patent eligibility）」を言い、あくまで有形物がかかわっている。１９４７年６月に「ＥＮＬＡＣ」（Electronic Numerical Integrator and Computer）を開発・発明したプレスパー・エッカート（Presper Eckert）とジョン・モークリー（John Mauchly）はコンピュータの基本特許を申請した。１９６４年２月に特許はいったん有効になった。これに対し、71年6月にハネウェル社は無効の訴訟を起こし、同社は73年10月に勝訴し、特許は無効[25]となった。この判決の意味するところは、自然法則（law of nature）・物理現象（physical phenomena）・抽象的アイディア（abstract idea）については、いずれも特許の対象とならない、ということである。従って、ソフト・ウェアは、組み込んだ製造物にたいして認められることはあっても、ソフト・ウェアそれ自体には、特許がないことを意味している。このことは、身近な例でいえば、パソコン1台にｗｉｎｄｏｗｓ10が1ライセンス付与される形で、ソフトの「特許」が認められている、ということである。従って、ｗｉｎｄｏｗｓ10単体をパソコン・ハードから切り離して、例えばＣＤ-ＲＯＭに書き込んで配布することが、特許法に抵触するのである。「科学的事実」や「数式」それ自体には、特許は与えられない。資本は科学をつくれないのである。

このことはさきほども述べたように、インターネットの原理が「共有＝分散＝公開」原理にもとづいていて、決して「独占できない」ということの証拠である。とともに、機械制大工業の生産様式の構成要素である「方法・機械・製品・組成物」とコンピュータプログラムのような数学的アルゴリズムである情報とは、紙に書かれていようとコンピュータ・データであろうと編成原理をことにしている、ということを意味している。したがって機械制大工業の編成原理の中に「包摂しきれないもの＝情報」が登場し、それが生産・社会の決定的な要素となってきたということである。この事態は、機械制大工業とそれによって立つ資本主義社会の編成原理に代わる新たな社会編成原理が登場してきた、ということを意味している。

(4) インターネット（ネット新世界）とグローバリゼーションと格差社会

1、インターネットと資本の対応

リーナス・トーヴァルズが、Ｌｉｎｕｘ開発の決意を仲間にメイルした１９９１年8月25日から、ちょうど4か月後、クレムリンの尖塔からソビエト連邦国旗が降ろされた。その翌年の1月「南巡講話」で鄧小平は、中国の市場経済・資本主義化を宣言し、それを不動の国是とした。ソ連・東欧諸国と中国の資本主義への回帰、グローバリゼーションの本格的な始まりである。それは主要各国のインターネット利用と、世界のモバイル利用の開始と同期している。

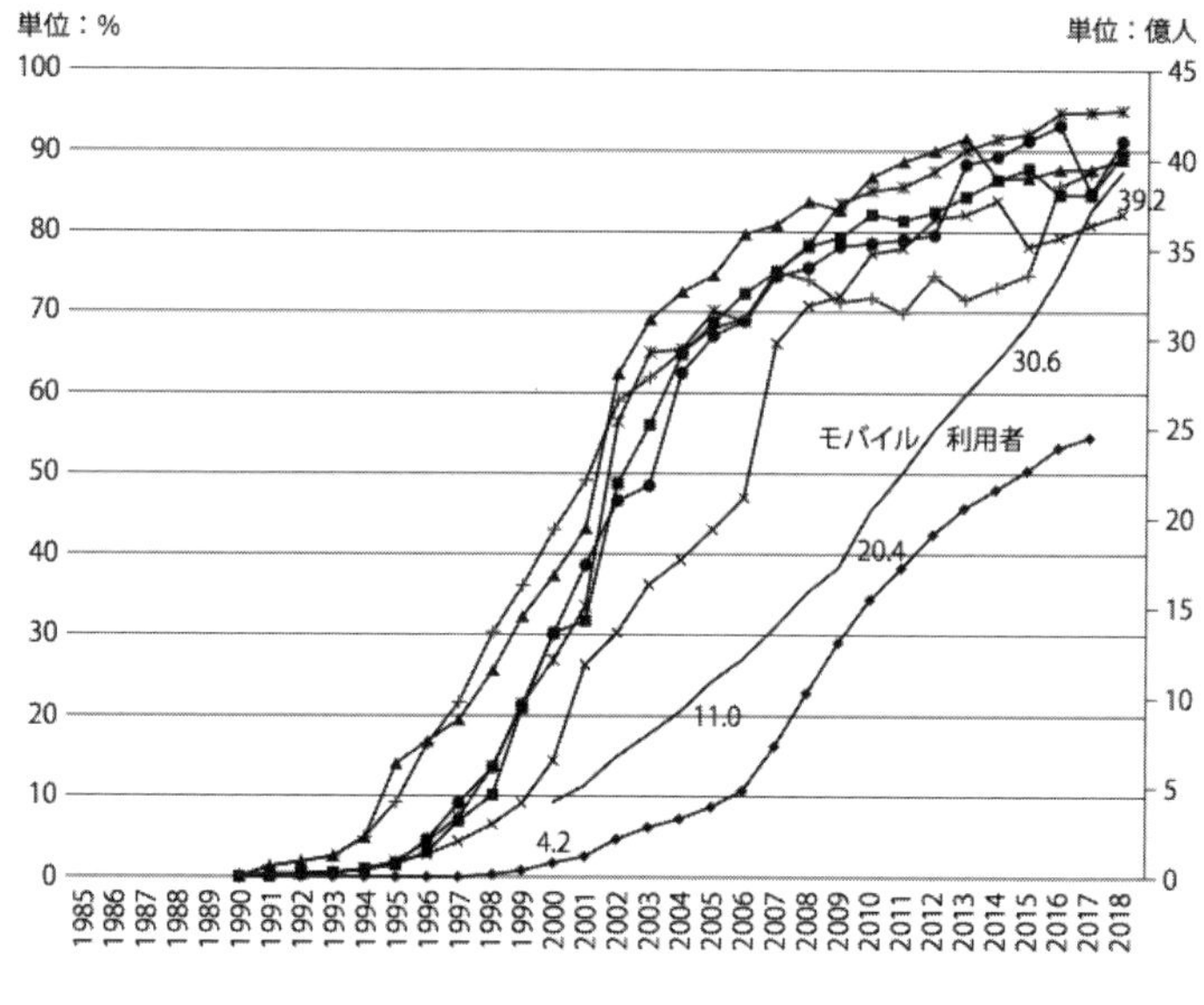

第３図　インターネットの国別個人利用者の人口に占める割合[27]

１９８９年以前はデータがないが、１９９０年もっとも普及していたアメリカでさえ、利用者は人口の僅か０・78％にしか過ぎなかった。だが２０１８年には、図中の国々では中国を除いて80％以上に達し、モバイルの利用者数は世界で39億２０００万人を超えている。

世界は否が応でもインターネットに対応せざるを得ない。国家・資本も民衆も、である。インターネットを制する者は、世界を制する。当然、国家・企業も民衆もこれを取り込もうとしている。前者は利益の最大化を、後者は運動を地球規模で組織していく。国家・企業VS民衆の対抗の中でネット社会が形成されてゆく。１９９０年代初頭からそうした動きが盛んになり、ハッキリしてきた。国家・企業の側ではアメリカのクリントン政権の下でのゴア構想がその始まりだが、全米を高速なコンピュータ・ネットワークで結び付け、アメリカの復活と成長を促そうとした。これを合図とし

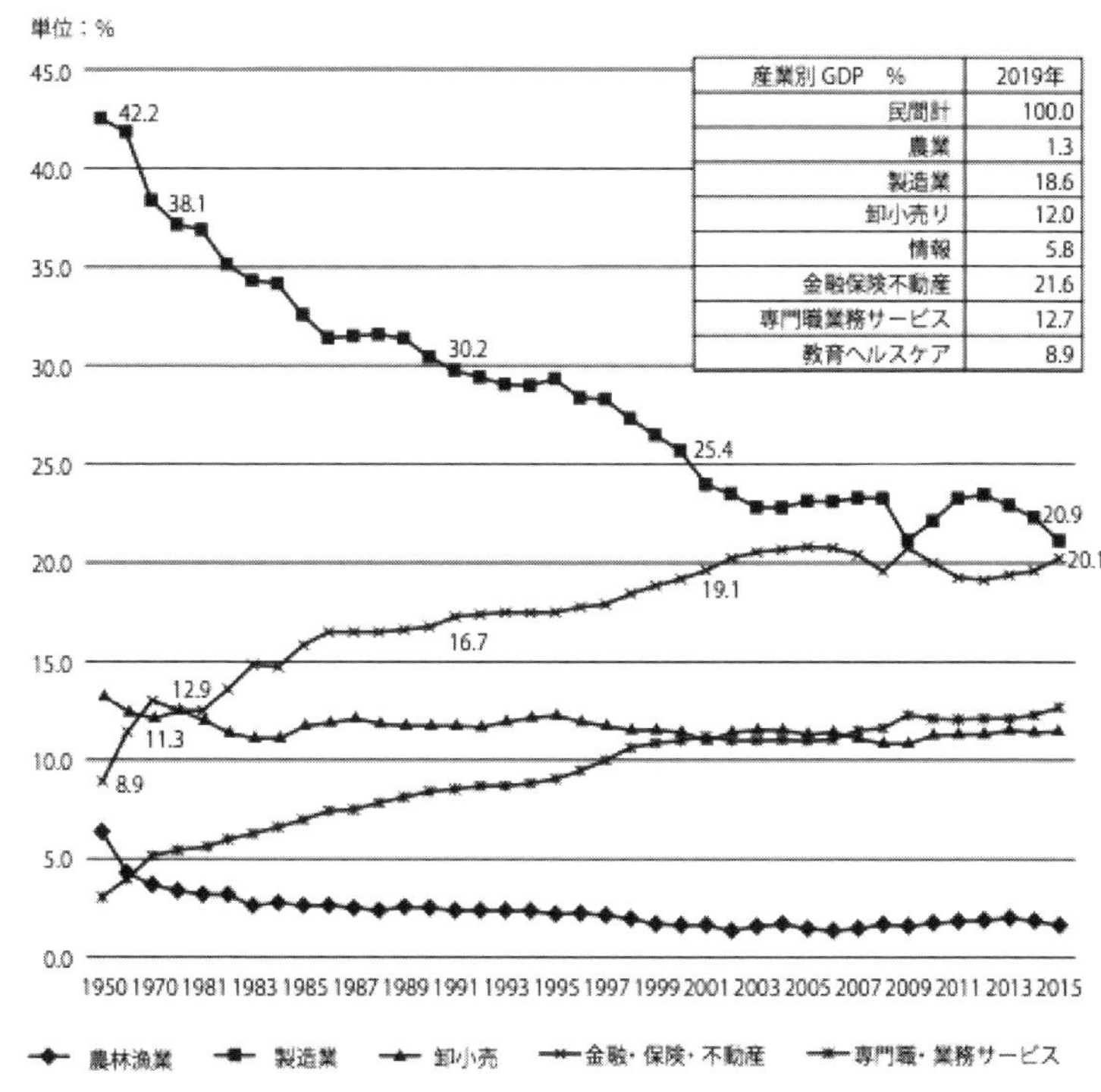

産業別 GDP　%	2019年
民間計	100.0
農業	1.3
製造業	18.6
卸小売り	12.0
情報	5.8
金融保険不動産	21.6
専門職業務サービス	12.7
教育ヘルスケア	8.9

第４図　製造業から金融・不動産（株価資本主義）へ―アメリカ産業別 GDP[28]

て、ニューエコノミーなどと評された情報産業を牽引車とした１９９０年代後半の成長が、そして住宅バブルをも巻き込んだ金融による２０００年代前半の成長が、アメリカにもたらされた。インターネットの企業・国家による取り込みは、金融と情報通信へのラッシュとなった。だが前者はＩＴバブルとなって、後者はリーマン・ショックとなって崩壊した。

この事態に対して、アメリカは２００８年末以降３次にわたる量的緩和[26]を実施した。金利操作では追い付かず、連邦準備制度理事会は、アメリカ国債やＭＢＳ（Mortgage Back Security：住宅ローン担保債権）を買い上げ、市場にドルを供給したのである。行き場を失った浮動貨幣資本ドルが株式市場へ流れ込み、この量的緩和によって株価は上昇に転じ始めた。アメリカは異次

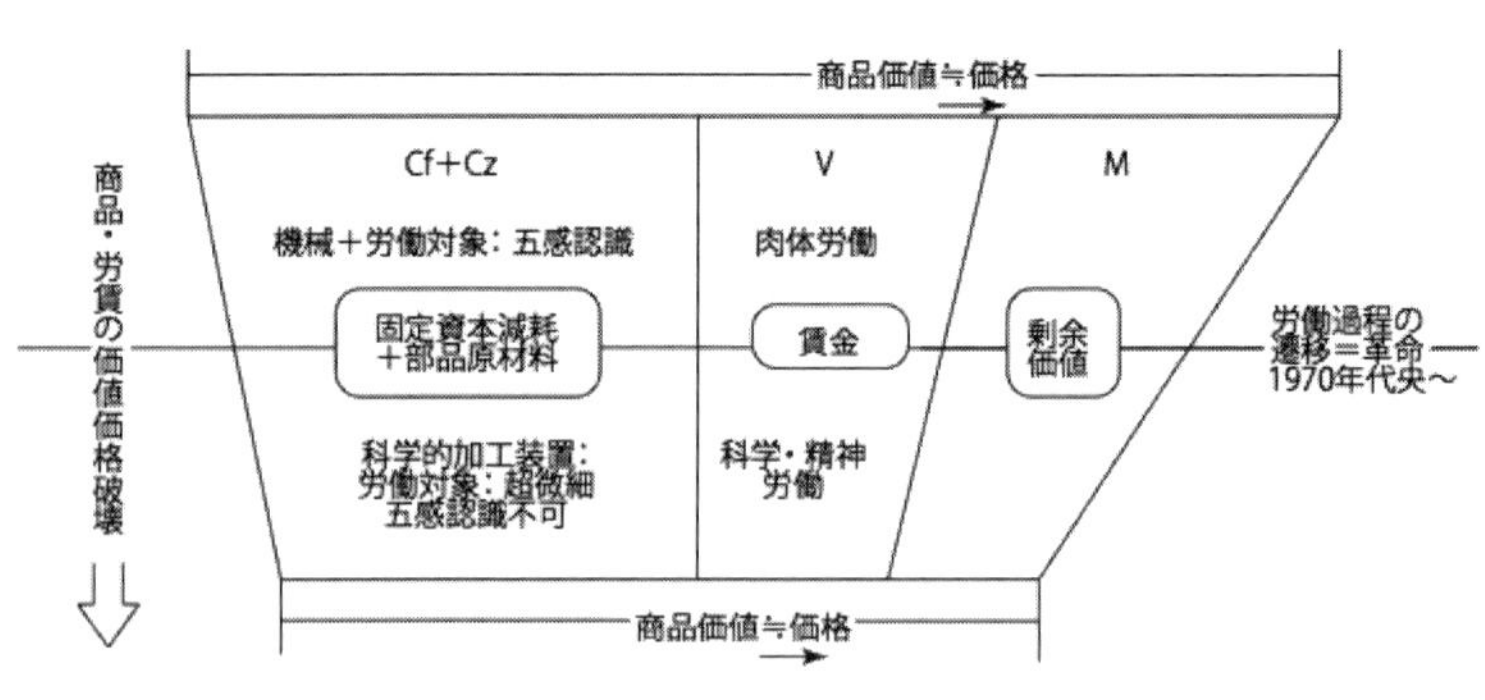

第５図　商品・労働力商品の価値・価格破壊[30]

元緩和で調整しながら、株価バブルで景気を維持している。

ＩＴバブルと不動産バブルという二つのバブルを通じて、アメリカ資本主義は、デトロイトからウォール街へと軸足を移した。製造業の衰退を金融で補填し、経済成長を「復活」させようとしている。トランプの言う「強いアメリカ」である。このことは、第4図の産業別ＧＤＰの推移でも、はっきりと確認できる。１９５０年42％と基軸産業の位置にあった製造業は、次第にその割合を減らしてゆき、１９９０年30・2％、２０００年25・4％、そして２０１９年には18・6％にまで落ち込んだ。

その製造業とは対照的に金融・保険・不動産は、この間その割合を増やしてゆき、２０１９年には製造業を3ポイント上回った。実態をみればアメリカ企業は、さらに情報＝金融化している。アメリカ製造業を代表するＧＥは、産業分類では製造業に入っている。たしかに２０１５年には金融業（ＧＥキャピタル）から撤退したが、その一方で、電力部門（仏国営アルストムＳＡ）や石油開発（ベーカーヒューズ）の買収など、「選択と集中」を進めつつ、ビッグデータ解析プラットホーム「プリデックス（Predix）」[29]を開発し、情報産業を取り込んでいる。またＧＭも同様に自動運転技術でＩＴ産業と手を組まざるを得なくなっている。

この背景には１９７１年のインテルのワンチップマイコン・ｉ４００４の

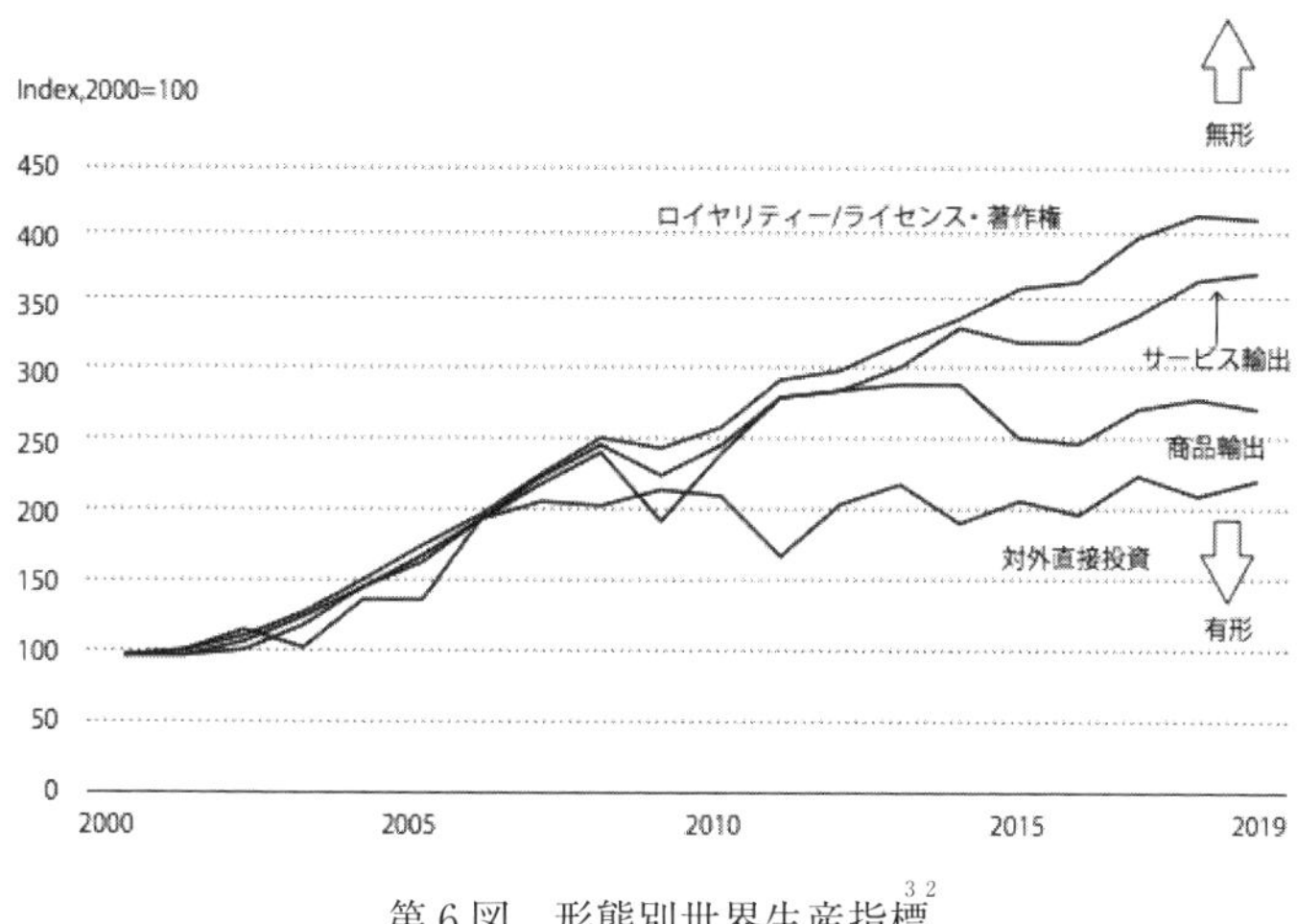

第６図　形態別世界生産指標[32]

開発・実用化にはじまるＭＥ（Micro Electoronics）革命と１９９０年代に本格化したインターネット情報革命による製造業製品の価値・価格破壊がある。例えば時計やパソコンなどが典型だが、価格性能比でこの半世紀で１００分の１などという工業製品も珍しくはなくなった。それが工業製品・日用品全般に及び、労賃の価値破壊、人件費の圧縮と製造業の国外移転が進んだ。

この事態は、１９７０年代央に本格化する労働手段と労働対象の革命によって動き始めた。そのコアはコンピュータ・半導体でありエンジニアリング・プラスティックに代表される素材革命で、これらによって労働過程の革命は引き起こされた。マルクスは『経済学批判要綱』の中で次のように言っている。「直接的形態での労働が富の偉大な源泉であることをやめてしまえば……交換価値に立脚する生産は崩壊し、直接的物質的生産過程はそれ自身、窮迫性と対抗性をはぎとられた形態をうけとる……直接的労働とその量はますます消失し……一般的科学的労働、自然諸科学の技術的応用に比べて……従属的な契機として現われる。このようにして資本は生産を支配する形態としての自己自身の解体に従事している[31]」と。

ジェレミー・フルキンは、『限界費用ゼロ社会』で、生産を一単位増加させる限界費用は、ほぼゼロになる、と論じた。つまりソフトのようなデジタル商品は、「限界費用ゼロ」、つまり「タダの商品」である。現実に、リナックスやアンドロイドなど、オープンソース・ソフトとして誰でも無料で使用できる。これまで商品に含まれている抽象的人間労働（人間労働一般）で構成された価値の実体は、その根拠を失うことになる。これこそが「情報化」であり、情報革命として現在進行形の事態である。これが労働力も含めた商品の価値破壊、価格破壊を引き起こしているのである。

この事態は、アメリカ産業界で顕著になっているが、世界的な傾向でもある。第6図形態別世界生産指標が、それを示している。図をみるとわかるが、対外直接投資と商品輸出が横ばいの中、サービスやロイヤリティーやライセンス・著作権の輸出が増加している。「多国籍企業の海外事業はますます無形となり、現物資産投資に依存しなくなっている。非資本形態が根付き、独立した対等な関係と直接投資が、国際生産のやり方として確立された。……ＮＥＭｓは、多国籍企業が資本移動による海外直接投資ではなく契約を通じて海外市場にアクセスでき、運用・管理も可能にした」[33]。このインフラストラクチャーがインターネットである。

この事態をアメリカの株取引の状況で見ると、それがわかる。アメリカのさまざまな資金決済は、①連邦準備制度理事会（ＦＲＢ）が運営する大口ドル決済システムＦｅｄｗｉｒｅ（the Federal Reserve Wire Network）[34]と②ニューヨーク手形交換所協会が運営するＣｈｉｐｓ（Clearing House Interbank Payment System）[35]を通して行われている。前者①のＦｅｄｗｉｒｅでは、米国債・政府機関債の資金振替などの取引が行われている。後者②のＣｈｉｐｓは、米国における主要な大口内国・外国ドル支払ネットワークである。

Ｆｅｄｗｉｒｅのシステムは、米政府の連邦準備銀行と加盟金融機関を結ぶ専用のコンピュータ通信ネット

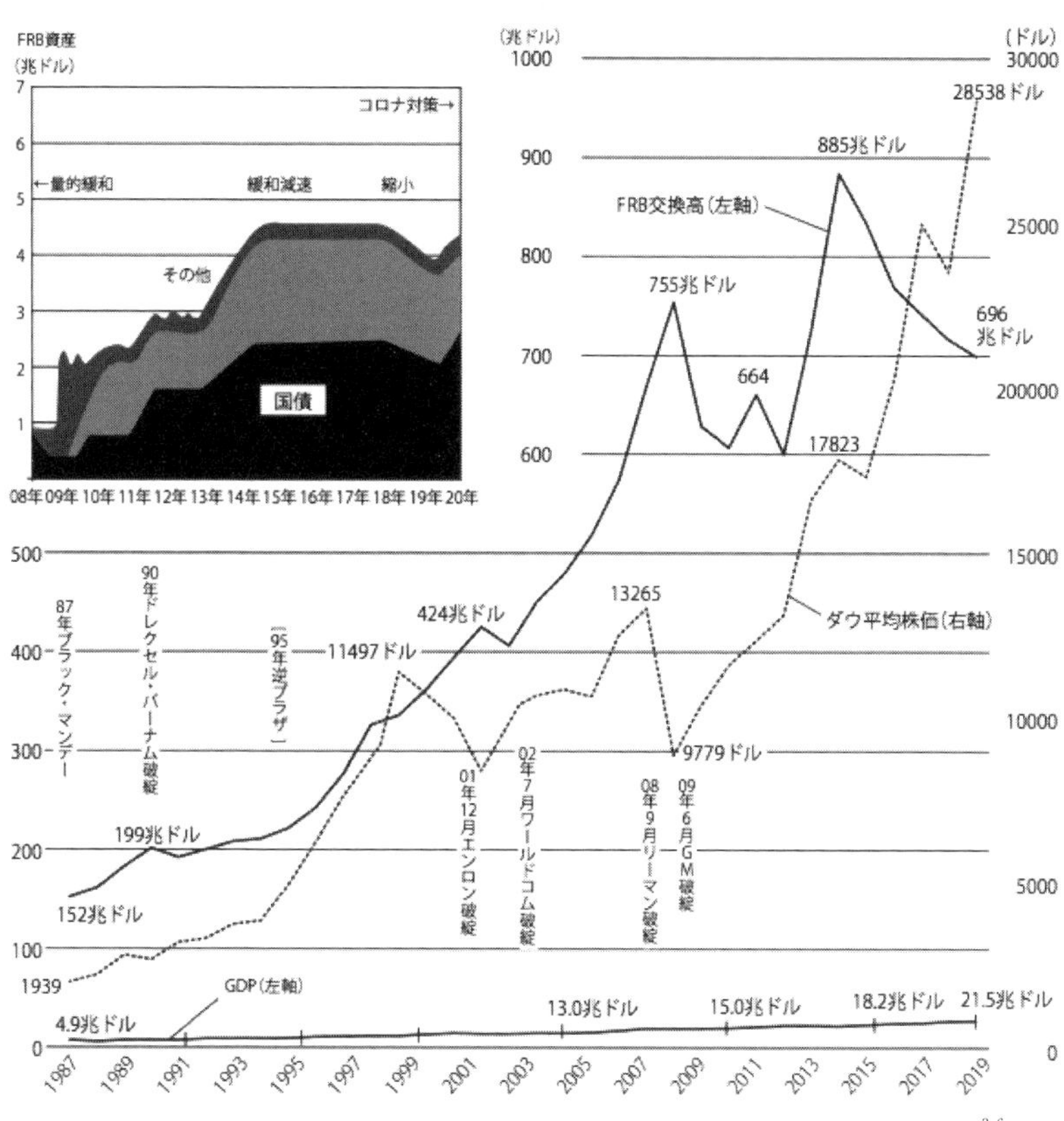

第７図　アメリカ株価資本主義のインフラとしてのインターネット[36]

ワークだが、１９９０年代初頭にメインフレーム・コンピュータ操作と特定の支払いアプリケーションが統合し一元化された。

連邦準備銀行が行う量的金融緩和、例えば２００８年９月のリーマン・ショックに対応した米国債やＭＢＳ（不動産担保証券）の買い入れによる市場の金融緩和は、このインターネット・システム上で行われていた。

第７図はそれを絵解きするための図である。ＦＲＢ交換高（左軸）の線は、連邦準備銀行が、国債、ＭＢＳ（不動産担保証券）や政府機関債などを買い上げ、市場にドル資金を供給した線である。これと呼応するかのようにダウ平均株

価の線が、上昇と下降を繰り返しながらも、右肩上がりの線を描いている。これと対照的にＧＤＰの低く張り付いたような線は、有効な投資先のない状況下で、あふれ出たドル資金が株や債券投資向う様子を表している。インターネットは、リーマン・ショックや今次のコロナ危機に際して政府・連邦準備委員会の行った株価対策による「景気の下支え」の社会インフラとなっている。

このことは、次のことからも言える。ガーファム（GAFAM）とは、グーグル（Google）、アップル（Apple）、フェイスブック（Facebook）、アマゾン（Amazon）、マイクロソフト（Microsoft）の5社をいう。この5社は、周知のように米国を代表するＩＴ企業である。グーグルは「Ｇｏｏｇｌｅ ｍａｐ」や「ＹｏｕＴｕｂｅ」をもつ世界最大の検索エンジンで知られ、アップルはｉＰｈｏｎｅやＭａｃ Ｂｏｏｋなどのデジタルデバイスを提供している。フェイスブックは世界最大のＳＮＳ（ソーシャルネットワークサービス）を提供し、子会社のワッツアップやインスタグラムのユーザー数を合わせると、利用者は35億人に上る。グーグルは、インターネットの検索ソフトをスマートフォンの製造業者に無償提供する代わりに、検索サービスを基本設定させている。また写真などの投稿サイトを運営するフェイスブックは、優れたサービスを提供する同業他社を次々に買収し、独占的支配を保持している。Ａｍａｚｏｎは世界最大のオンライン・ショッピング・サービスの企業、マイクロソフトはＯＳ・ソフトの開発で世界最大のシェアをもっている。グーグルがＷｅｂサイトやＹｏｕＴｕｂｅの広告で知られるように、いずれの会社もインターネットのネットサーフィン履歴をもとに、ターゲットを絞ってインターネット上で広告を配信し、その広告料が利益の９割を占めるという。日本経済新聞は、「ＧＡＦＡＭの時価総額、東証１部超え５６０兆円に　近づく社会インフラ化」[37]という見出しを掲げた。

こうしたインターネットの人々の利用・応用は、様々な形で社会に浸透していく。「中国人旅行者は日本に来たらまず財布を買う」という。中国人は財布を持たない、そうだ。中国ではパソコンを用いたインターネットの時代を跳び越え、スマホなどモバイルのインターネット時代へと一気に進んだ。デパートやスーパーマーケット、公共料金はいうに及ばず、道端の露天商、屋台などの小さい店舗でもモバイル決済が採用されている。スマホ決済導入に費用もかからず、ＰＯＳ改修や読取用の専用リーダーなど、小売店は用意する必要がない。店主は、ＱＲコードを紙にプリントアウトして、店に張り付ける。客にＱＲコードをスキャンしてもらうだけで、金銭授受が完了する。こうした状態は、タブレット端末やｉＰｈｏｎｅ、インターネット環境があればすぐにも導入可能で、モバイル決済が爆発的に普及し、２０１９年には、中国全土のモバイル決済普及率は86％、都市部ではほぼ１００％[38]だと言う。

このネット社会中国で今般の新型コロナウイルス「対策」として、中国政府は個人の行動履歴を含めた個人情報を掌握できるシステムを作り上げている。都市封鎖が行われる中で、公共交通機関を利用したり店に入ったりする時には、健康状態を示す色分けされた「ヘルスコード」（ＱＲコード）を提示する必要がある。グリーンなら移動できるが、レッドならどこにも外出できず、店舗や職場などにも行けない状態で、自主的な隔離生活を送らなければならない。

個人は「移動の自由」を得るために、いやがおうでも大手ＩＴ企業の「アリババ」や「テンセント」が開発した追跡アプリを、スマホに導入しなければならない。こうした追跡アプリのモバイルへの導入は、中国ばかりではない。台湾・インド・トルコでも導入され、監視が実施されている。ドイツでは政府が睡眠時間や脈拍、体温を管理するスマートウォッチ用のアプリを提供している。

こうしたインターネットの利用・応用で、醜悪な事例も忘れてはならない。２０１３年、アメリカ政府の

「大量監視システム」が暴かれ、世界が激震した「スノーデン事件」。米フェイスブック（Facebook）の最大8700万人分の個人情報が不正に利用され、2016年のトランプ米大統領の当選を後押ししたとされる英選挙コンサルタント会社ケンブリッジ・アナリティカ（Cambridge Analytica）事件など。これらがその事例である。

そうはいっても現実の我々の世界は、モノによって成り立っている。いかにインターネットが社会の帰趨を左右するといっても、我々はコンピュータの「ビット」ではなく、「アトム」の世界で息をしている。人々は家に住み、車に乗り、オフィスや工場で働いている。モノに囲まれ、そのほとんどが製造業の生産物である。その製造業の変革、革命が、現在進行中である、それがＩＯＴ（Internet of Things）である。なかでもドイツは、官民連携プロジェクト「インダストリー4・0戦略」に取り組み、製造業のＩＯＴ化を通じた産業機械・設備、生産プロセスのネットワーク化などによる「第4次産業革命」の真っ只中にいる。

2、インターネットと民衆・マルチチュード

1990年代に本格化したグローバリゼーションは、今や社会インフラとなったインターネットと同調しながら世界に格差をもたらした。第8図は上位10％所得者の国民総所得に占める割合を示した図である。第2次大戦前に高かったその割合は戦後低下しはじめ、1980年代半ば頃を底に、その後に格差は急速に拡大していった。この状況は冷戦体制の厳しい時期とその後に緩む時期と照応している。冷戦体制の緩んでくる時期の始まりが1980年代半ばであり、英サッチャー政権（1979～1990年）と米レーガン政権（1981～1989年）の新自由主義が世界に広がってゆく時期と重なり合っている。

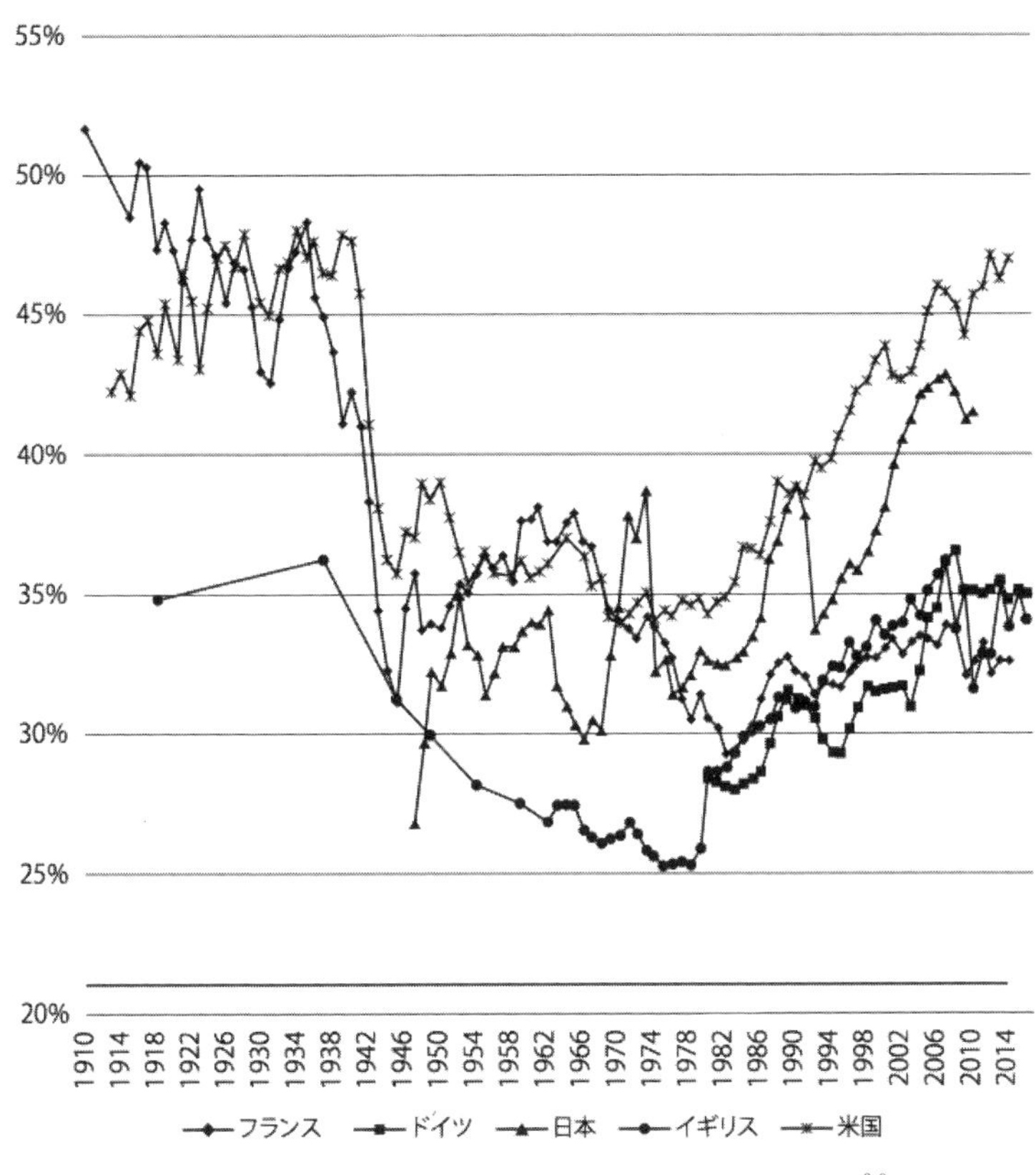

第8図　上位10%所得者の国民総所得に占める割合[39]

インターネットは、ヒト・モノ・カネが、楽々と国境を超えるグローバリゼーションを加速化させた。資本・企業はインターネットに対応するために、新しい金融の仕組みを編み出した。アメリカがその現場・舞台となったが、アメリカ金融資本は、金融資産の「証券化」「デリバティ化（スワップ・先物・オプション）」を組み合わせた投資スキームを編み出した。それは１９９０年代半ばには、グリーンスパンの言うＩｒｒａｔｉｏｎａｌ Ｅｘｕｂｅｒａｎｃｅ（不合理な熱狂）を生み出し、Ｎｅｗ Ｅｃｏｎｏｍｙなどともてはやされた。だが２０００年初頭には、それはＩＴバブルとなってはじけ飛んだ。アメリカは、それを住宅バブルでしのごうとした。インターネットを介したローンの証券化による略奪的金融詐欺行為は、２００８年のリーマン・ショックとなってはじけ飛んだ。今でも世界はその後遺症に苦しめられている。それらへの政策対応が、アメリカの「異次元金融緩和」であり、中国の「４兆元」の財政出動である。その結果アメリカに、金融・情報通信の１％の億万長者と99％の貧困層が生み出された。１９９０年代に本格化するインターネットの国家・企業による対応、取り込みは、民衆の側にも強烈な「格差社会」という副作用をもたらした。

この強烈な格差は、もっとも強い痛み＝主要矛盾となって、それに対応する90年代以降の民衆の国際的統一行動を組織していく。92年リオ・アースサミット・99年シアトルＷＴＯ総会反対デモは、世界社会フォーラムを組織した。反グローバリズム運動は、今日も続いている。資本対賃労働にまつわる痛みは、副次矛盾となり、労働組合運動は脇に追いやられる格好になった。２０１１年には「ウォール街を占拠せよ」（We are 99%）を叫びながらオキュパイ・ムーブメントがおこり、全米各都市からロンドン、ローマ、ブリュッセルなど、１００か国以上に運動は広がった。２０１９年にはスウェーデンの16歳の高校生トゥーンベリが呼びかけた温暖化への抗議は、ＳＮＳを通じて１００か国以上に広がった。この一方で厳しい格差と貧困が、グローバル化への反発や不満などとなって、既存秩序の外で周辺化された人々の間にポピュリスト的エネルギーとなってたまり、噴出している。格差と不平等は、ゆとりを失った人々から公共心や他者への寛容さを奪った。自分たちの不安や貧困の原因が外国や移民や人種のせいだと言うと納得させられ、ポピュリストの熱烈な支持者になってしまう。ナチスが第１次世界大戦後の困難の原因をユダヤ人になすり付けたように、今日本でも不満のはけ口が、ヘイトスピーチとなって朝鮮・韓国人へと向けられ、欧州では移民に、そしてアメリカでは黒人やアジア人に向けられている。

　だが、それにもかかわらず同時に、ネグリが、明示はしなかったが予感した「マルチチュード」による再構築された新段階の市民＝社会運動が展開している。それらは独自的＝Ｎｅｔ的な社会運動の国際連合組織であるＩＧＣ（Institute for Global Communications）[40]を組織し、今日、世界最大のＮＧＯであるＡＰＣ（Association For Progressive Communications）[41]へと成長し、Ｖｉｒｔｕａｌだが Ｒｅａｌｉｔｙな社会運動を展開している。伝統的な草の根のうえに、国家と企業の枠をこえてひろがるＮｅｔ新世界の草の根のアメリカ＝世界市民運動の新段階である。それは、企業と国家の枠を破れなかった20世紀社会＝労働＝政党運動を止揚する一方向を示している。またそれは、資本と国家間の利害に阻まれた資本＝国家の連合にも先行し、それを超える実力を見せはじめてさえいる。

　民衆の国際的統一行動・反グローバリズムの本流は、〝Ｇｌｏｂａｌ Ｊｕｓｔｉｃｅ Ｍｏｖｅｍｅｎｔ〟とくにフランスでは「もう一つの世界を志向する人たち」という意味で〝Ａｌｔｅｒｍｏｎｄｉａｌｉｓｔｅ〟という新しい社会への運動も生み出している。イエズス会は２０１５年文書「グローバル経済における正義〜持続可能で、誰も排除されない社会をつくるために」[42]を発出した。その中で世界経済の格差を指摘し、ｃｏｎｔｒｉｂｕｔｉｖｅ・ｊｕｓｔｉｃｅ「公正な貢献」とｄｉｓｔｒｉｂｕｔｉｖｅ・ｊｕｓｔｉｃｅ「公正な分配」を主張している。２０２０年米大統領民主党予備選挙で、若者は民主社会主義者・サンダースを支持し、「約70％が『社会主義者』に投票したい！」と、言っている。

　また１９９９年の著作『ブランドなんか、いらない』で「搾取で巨大化する大企業の非情」を訴えて、一躍反グローバリゼーションの旗手となったナオミ・クラインは、『資本主義VS気候変動、これがすべてを変える』

で「戦う相手は資本主義だ」と主張した。そして社会が抱える貧困、人種差別などの社会問題の根源は、気候変動と根が同じだと主張し、問題解決のためには、新たな経済パラダイム（支配的な規範）を構築することが必要だと説いている。その中身が「グリーン・ニューディール（再生可能なエネルギーなどへの投資）」だと。

この強烈な格差＝貧困は、「このままでは、もう持たない」という危機感を、資本主義社会ももった。国連は２０１５年ＳＤＧｓ「Sustainable Development Goals」（持続可能な開発目標）を掲げ、各国に対応を促した。国連17ある目標の第1番目に「貧困をなくそう」を、「エネルギー……をクリーンに」を7番目に、気候変動対策を13番目に掲げた。

第1次大戦後の恐慌・失業と「20世紀社会主義・ソ連」に、資本主義社会はケインズ主義で対応しようとした。スミスの「神の手」という「古い観念からの脱却」をケインズは訴えた。「困難は、新しい観念にあるのではない。大部分の我々と同じように教育された人々の心の隅々にまで拡がっている古い観念からの脱却にある」[43]と。今次は、市場の競争条件を利用し、価格の自由な動きに信頼を置けばすべてがうまくいくという新自由主主義からの脱却を、資本主義社会は、訴えているのである。格差と貧困を生み出した新自由主義からの脱却を、である。国連はＳＤＧｓで資本主義の修復と持続を目指している。国連と資本とトゥーンベリやクラインらの奇妙なコラボレーションの中で、20世紀「社会主義」の「しがらみ」から解放された新しい形での「社会主義」の復権が始まっている。

（5）インターネットから見る〔21世紀社会主義〕への展望

１９９１年ソ連・東欧の「社会主義」の放棄と１９９２年中国・全人代での「社会主義市場経済」化の決定。こうした「社会主義」から資本主義へのなだれをうった回帰は、国家的所有に社会的所有の内実を与えること、即ち、国・公有のもとでの生産力・生産性上昇の難しさを改めて我々に認識させてくれた。それはまた、生産と消費（需要と供給）の調整システムとしての「計画」の難しさを、そして計画経済をとおして所有を維持し、拡大再生産、「成長」することの困難さを再認識させてくれた。「社会の物質的生産諸力は、その発展のある段階で、それらがそれまでその内部で運動してきた既存の生産諸関係と、あるいはその法律的表現にすぎないが、所有諸関係と矛盾するようになる[44]」。「生産の社会的性格と取得の私的・資本主義的性格」の矛盾は、20世紀「社会主義諸国」では、私的所有が廃棄され主要生産手段が国・公有へ移され、解決されたかに見えた。だが、解決されたかにみえた矛盾は、社会的所有（国・公有）からの労働者の疎外として、具体的には官僚機構による集権的・官僚的・命令的計画経済システムが、国民経済の効率的運用を阻害する問題として出現し、「社会主義」諸国民を苦しめ続けた。ユーゴスラビアの労働者自主管理計画化システムやソ連における自由化の部分的導入を進めようとしたコスイギン改革などは、そうした二つの「ソガイ」（「疎外」と「阻害」）を克服しようとする試みではあったが、結局は「社会主義」の放棄・崩壊となって、失敗は周知の事柄となった。

こうした考え方のルーツはＫ・マルクスにある。マルクスは株式会社の中に私的所有を止揚する萌芽を見出していた。だが同時に株式会社の限界にも気づいていたから、労働者たち自身が運営する協同組合生産に社会主義への通路、すなわち、結合・連合的生産を実現する鍵を見出していた。「資本主義的株式企業も、協同組合工場と同様に、資本主義的生産様式から結合生産様式への過渡形態として見られるべきものであるが、ただ、一方（株式企業──涌井）では対立が消極的に、他方（協同組合──涌井）では積極的に止揚されているだけである[45]」。

マルクスは株式会社が達成したものを、協同組合化すればいい、associated ＝連合的生産様式に変換すればよい、と考えたのである。こうした考え方は、その後エンゲルスに引き継がれることになる。１８８０年の自著『反デューリング論』のパンフレット『空想から科学へ』で、エンゲルスは次のように述べている。「産業の好況期は、信用を無制限に膨張させることによって、また恐慌そのものも、大規模な資本主義的企業の倒産をつうじて、各種の株式会社においてわれわれが見るような、大量の生産手段の社会化の形態に向かって押しすすめる」[46]。つまり、好況時でも恐慌時でも社会の発展につれて、工場設備や原材料など生産のために必要な様々な財は、私的な形態から社会的・共同的な形態に変わらざるを得ない。「同一産業部門に属する国内の大生産者たちは相結んで、『トラスト』すなわち生産の規制を目的とする連合体をつくる」[47]。私的に勝手にではなく、共同生産をせざるを得なくなる。「このようなトラストは、不況にあうと、たいていはたちまちばらばらになってしまうので、まさにそのためにトラストはいっそう集積度の高い社会化に向かって駆りたてられる。一産業部門全体がただ一つの大株式会社に変わり、国内の競争はこの一つの会社の国内的独占に席をゆずる。……自由競争は独占に転化し、資本主義社会の無計画的な生産は、押しいってくる社会主義社会の計画的な生産に降伏する」[48]。エンゲルスは「そのような巨大な株式会社を『国有化』すれば、社会主義はすぐに実現できると考えたのである。彼にとって、社会主義は資本主義経済を全体として計画的なものにすることだ。ここから、レーニンのように、社会主義とは、社会を『一つの工場』のようにするものだという考えが出てくる。以後、マルクス主義において、社会主義＝国有化という考えは疑われたことがない。それはけっしてスターリニズムの所産ではない。むしろ、国有化がスターリニズムを生んだのである」[49]。

Ａ・スミス（１７２３〜１７９０年）の生きた時代は、18世紀の黎明期の資本主義社会であった。ピンの製造で知られたスミスは、道具を使った分業に生産力の「主要な要素＝基軸」を見た。生産力の基軸、生産力発展のカギは、道具を使用する共同労働・一般的（肉体）労働であり、生産力上昇の鍵は「分業」である、と。しかしスミスと交代するかのように資本主義の生成・発展期に登場したＫ・マルクス（１８１８～１８８３年）は、このスミスの議論を批判的に摂取し、分業の重要性を認めつつ、労働手段＝機械に生産力発展のカギを見出した。機械が生産力発展のカギとなり、機械が「労働過程の主要な要素」となり、「労働過程の編成基軸」は道具・分業から機械・協業へと遷移した。機械こそが社会の生産力の根源であり、これによって膨大な商品群が生み出される。機械が人間の限界を打ち破り、機械は機械体系（動力機―伝動機―作業機）へと発展した。

Ａ・スミスからおよそ１００年後のＫ・マルクス、それからおよそ１００年後の今、ネット新世界が広がりつつある。社会の編成原理の主軸が、機械体系からネット体系へと遷移しつつある。それはニュートン力学から量子力学への遷移とも言える。例えば機械制大工業の申し子のような自動車。機械・機構部品、メカニズムもさることながら、今の自動車は電子化が進み、車載用半導体デバイスがなくては動かず、走行制御ではその数が１台１００個[50]を超えるという。電気自動車への転換は、インターネットの重要性がさらに増す。エンジンのピストン運動はモーターの回転運動に代わり、自動運転となれば、衛星と地上局の通信（５Ｇ）とＧｏｏｇｌｅ３次元マップ（ＧＰＳ）の組み合わせというインターネットが、自動車の必要不可欠な構成要素となる。エンゲルスの言う「大量の生産手段の社会化の形態」が現実となる可能性が見えてきた。

アントニオ・ネグリとマイケル・ハートは著書『帝国～グローバル化の世界秩序とマルチチュードの可能性』で、グローバル時代の民主主義の在り方を、世に問いかけた。それは、「絶対的民主主義」である、と。今から30年も前の１９９０年のことである。ネグリとハートは、ネットワーク社会においては、多様な価値観や利益の違いをもつマルチチュード＝群衆・大衆が、差異を認めあいながら共に働き、自らが自らを統治する、と。そしてそういう社会の政治形態を「絶対的民主主義」社会であると、説いたのである。今、そうした社会編成の原理が、だれの目にもはっきりと映るようになってきたのではないだろうか。

イギリスのジョンソン首相は、コロナウイルスに感染し、死の淵から救出された。その時、イギリス国民に次のような感謝のメッセージ送った。治療にかかわった医療スタッフ一人一人に名前で呼びかけ「まぎれもなくNHS（国民保健サービス）のおかげで命拾いをしました。……みんなのNHSはこの国の脈打つ心臓で、この国の最も良い部分で不屈です[51]」、そして自己隔離中に「社会というものが存在する[52]」とツイッターに投稿した。

医療費無料のNHSは、イギリスでは単なる医療システム以上の意味がある。社会の在り方として、国民はNHSを誇りとし信奉してきた。すなわち、市場経済＝資本主義では解決できない「欠乏、病気、無知、不潔、怠惰」という「五つの巨悪」から、すべてのイギリス人を解放するという社会の理念をNHSが象徴している。だからコロナとの闘いで、最前線のNHS医療従事者・職員へ感謝を伝えることが、国民の「正義」となっているのである。「鉄の女」サッチャー首相の後継者、「市場原理主義者」「新自由主義の申し子」のジョンソン首相をして、「NHSはこの国の脈打つ心臓で、この国の最も良い部分で不屈です」そして「社会というものが存在する」と、言わしめたのである。市場は万能ではない。市場に任せれば、すべてうまく行くなどということは幻想でしかない、とばかりに。

フレドリック・ジェイムソンは、「資本主義の終わりを想像するよりも、世界の終わりを想像することのほうが容易だ」と。そうだろう。地球環境破壊や自然災害、そして疫病。農業は、常にこの危機にさらされている。資源と環境の有限性を自覚し、これを制約条件としつつ需要の増大への対応を考えざるを得ない。だから地球温暖化・格差社会・1992年リオ・アースサミットから99年シアトルへと高まる反グローバリズム運動が、地球規模で広がっていったのである。無秩序な自然環境・生態系への介入の結果生まれたウイルスによる人間破壊が、パラダイム転換を迫っている。これが、資本主義社会の限界と未来社会への展望を見出そうとする運動を、組織している。そして2020年発生したコロナ・パンデミックで、我々はこのことを改めて思い知らされた。「資本主義が唯一の存続可能な政治・経済制度であるのみならず、今やそれにたいする論理一貫した代替物を想像することすら不可能だ、という意識が蔓延した状態（＝資本主義リアリズム）[53]」は、打ち破られつつあるのではないか。資本主義の〔集中＝私有＝独占〕の「集中を計画」に、「私有＝独占を国有（国家独占）」に代えただけのソ連・東欧型の、資本主義のアンチテーゼとして「20世紀社会主義」のトラウマから人々は解放されつつある。インターネットの編成原理〔分散＝共有＝公開〕は、〔21世紀社会主義〕社会の編成原理なのである。

〈注記〉

1、「東京新聞」２０１９年年12月２日朝刊　https://www.tokyo-np.co.jp/article/world/list/201912/CK2019120202000148.html（2020/04/26）https://www.tokyo-np.co.jp/article/26873　（2021/05/21）

2、LINCOL LABORTORY HomePage（以下 HP と略記）"SAGE: Semi-Automatic Ground Environment Air Defense System" https://www.ll.mit.edu/about/history/sage-semi-automatic-ground-environment-air-defense-system　（2020/05/13）

3、この構想メモは１９６８年に " The Computer as a Communication Device" という論文にまとめられて発表された。https://signallake.com/innovation/LickliderApr68.pdf　（2020/05/01）https://internetat50.com/references/Licklider_Taylor_The-Computer-As-A-Communications-Device.pdf　（2021/05/21）

4、ASCII.JP TWCH・HP　https://ascii.jp/elem/000/000/428/428741/ (2020/05/19)

5、Ascii HP　https://ascii.jp/elem/000/000/866/866394/2/　（2020/04/28）　Net Valley HP"Roads and Crossroads of the Internet History by Gregory Gromov"　http://www.netvalley.com/cgi-bin/intval/net_history.pl?chapter=1 (2020/05/19)

6、Ascii HP https://ascii.jp/elem/000/000/428/428741/　(2020/04/27)

7、CERF, VINTON G. and KAHN, ROBERT E. "A Protocol for Packet Network," Intercommunication IEEE Transactions on Communications, Vol. Com-22, No. 5, May 1974, pp. 637-648.

8、National Science Foundation HP　"A Brief History of NSF and the Internet "https://www.nsf.gov/news/news_summ.jsp?cntn_id=103050　（2020/05/08）

9、National Science Foundation HP　"A Brief History of NSF and the Internet "https://www.nsf.gov/news/news_summ.jsp?cntn_id=103050　（2020/05/08）

10、University of Illinois HP"NCSA Mosaic™"http://www.ncsa.illinois.edu/enabling/mosaic（2020/05/11）

11、THE LINUX FOUNDATION HP　https://www.linuxfoundation.org/　（2020/05/13）

12、「ハネウェル・インターナショナル」、日本大百科全書（ニッポニカ）https://kotobank.jp/word/ハネウェル・インターナショナル-1577997　(2020/05/14)

13、"Space Travel: Exploring the solar system and the PDP-7" https://www.bell-labs.com/usr/dmr/www/spacetravel.html　(2020/05/15)

14、リーナス・トーヴァルズ・デイビッド・ダイヤモンド、風見潤訳、中島洋監修『それがぼくには楽しかったから　全世界を巻き込んだLinux革命の真実』（小学館プロダクション、２００１年）97頁。

15、WIRED HP" https://www.wired.com/2016/08/Linuxtook-web-now-taking-world/　(2020/05/03)、Linuxカーネルの解説はIBM HP　kernelhttps://www.ibm.com/developerworks/jp/linux/library/l-linux-kernel/index.html　(2020/05/05)、IBM and the Linux https://developer.ibm.com/technologies/linux/blogs/ibm-and-the-linux-kernel/　(2021/05/21)
カーネルについてはThe Linux Kernel Archives　HP　https://www.kernel.org/　(2020/05/05)

16、"A small poll for my new operating system" https://ntrezowan.github.io/notes/introducing-linux　(2020/05/21)

17、リーナス・トーヴァルズ・デイビッド・ダイヤモンド［2001年］97頁。

18、スティーブン・ロジャー・フィシャー、鈴木晶訳『文字の歴史』（研究社、２００５年）１５７、１５８頁。

19、イルッカ・タイパレ、訳山田眞知子『フィンランドを世界一に導いた１００の社会改革　フィンランドのソーシャル・イノベーション』（公人の友社、２００８年）２４９頁。

20、Open Source Initiative　HP、https://opensource.org/　(2020/05/05)

21、"About Open Source Licenses" Open Source Initiative　HP　https://opensource.org/licenses　(2020/05/16) 参考：OSG―JP　HP、
「GNU 一般公衆利用許諾契約書（１９９１年６月バージョン２）」https://opensource.jp/　(2020/05/05)

22、TOP500 HP　https://www.top500.org/statistics/sublist/　(2020/03/12)「Linux がスパコン TOP500 で OS シェア 100％に―普及の背景、展望」ZDNet Japan HP　https://japan.zdnet.com/article/35110755/ (2020/05/16)〔補注〕スーパーコンピュータ富岳は、２０２０年６月ＴＯＰ５００の４部門で１位となった。このオペレーティングシステムは、Linux と Linux 100％ 互換

の McKernel である。

23、中村 亮一「数学記号の由来について（1）―四則演算の記号（+、−、×、÷）―」ニッセイ基礎研究所ＨＰ https://www.nli-research.co.jp/report/detail/id=62419?site=nli （2020/05/25）

24、「アメリカ合衆国 特許法」経済産業省 特許庁ＨＰ、https://www.jpo.go.jp/system/laws/gaikoku/document/mokuji/usa-tokkyo.pdf 引用文中（ ）内は原文。（2020/05/20）

25、“2106 Patentable Subject Matter—Mathematical Algorithms or Computer Programs ［R-6］”,USPTO (The United States Patent and Trademark Office) HP, https://system.jpaa.or.jp/patents_files_old/201008/jpaapatent201008_045-056.pdf

26、第5章第1表「米国ＦＲＢによる量的金融緩和の実施及び縮小の状況」参照。

27、⑴ International Telecommunication Union HP “Key ICT indicators for developed and developing countries and the world” https://www.itu.int/en/ITU-D/Statistics/Pages/stat/default.aspx （2020/05/30）

⑵ International Telecommunication Union HP,“World Telecommunication/ICT Development Report and database, Individuals using the Internet (% of population) ” https://data.worldbank.org/indicator/IT.NET.USER.ZS （2020/05/30）より筆者作図

28、U.S.Departmente of Commerce Bureau of Commerce GDP-by-Industry Data https://www.bea.gov/industry/gdpbyind_data.htm (2020/10/01)

29、A Cloud Built for Industry, GE PRESS RELEASE August 05, 2015 https://www.ge.com/news/press-releases/ge-announces-predix-cloud-worlds-first-cloud-service-built-industrial-data-and （2021/06/05）

30、第5図 筆者作図。詳しくは、拙著『ポスト冷戦世界の構造と動態』（八朔社、２０１３年）第９章「アジアの『工場化』歴史的意味と人類の未来」を参照されたい。

31、Ｋ・マルクス、高木幸二郎監訳『経済学批判要綱』大月書店、１９５８年６４８頁。

32、United Nations Conference on Trade and Development (UNCTAD) “ World Investment Report 2020: International Production

Beyond the Pandemic"P.125. https://unctad.org/system/files/official-document/wir2020_en.pdf（2021/01/18）図を転載、図中の項目は筆者加筆。

33、出所は注32と同じ。NEMsとは、機 Non-equity modes で無形的形態のこと。

34、The Federal Reserve HP　https://frbservices.org/financial-services/wires/index.html　Fedwire Funds Service HP　Annual Statistics https://www.frbservices.org/resources/financial-services/wires/volume-value-stats/annual-stats.html（2020/09/23）

35、Federal Reserve Bank of New York HP　https://www.newyorkfed.org/aboutthefed/fedpoint/fed36.html　（2020/09/24）

36、Fedwire Funds Service' Annual Statistics　https://www.frbservices.org/resources/financial-services/wires/volume-value-stats/annual-stats.html　（2010/09/29）第7図補図　大和総研ＨＰ　アメリカ経済グラフポケット（２０２０年５月号）８頁　一部加筆補正 https://www.dir.co.jp/report/research/economics/usa/20200513_021526.pdf（2020/09/09）

37、「日本経済新聞」２０２０年５月９日、近年ＧＡＦＡにＭ（マイクロソフト）が加えられたのは、Wordをはじめとしたビジネスソフトの売り切りを、ネット上でのソフト使用料に改定したことによる好業績、株価上昇によるものである。Ｆａｃｅｂｏｏｋが運営する画像投稿サイト・インスタグラムでは、投稿者が閲覧者の個人情報を取得できることなどが、社会問題となった。

38、中国人民銀行ＨＰ、「２０１９年第四季度支付体系运行总体情况」
http://www.pbc.gov.cn/goutongjiaoliu/113456/113469/3990502/index.html　（2020/10/30）

39、第８図データ出所、World Inequality Database　World - WID - World Inequality Database　HP　https://wid.world/data/（2021/04/05）

40、IGC Internet　The Progressive Community http://www.igc.org（2021/03/08）

41、APC https://www.apc.org/　（2021/03/08）

42、Social Justice and Ecology Secretariat　HP http://www.sjweb.info/sjs/PJ/index.cfm?PubTextId=15696　（2020/07/01）

43、Ｊ・Ｍ・ケインズ、塩野谷九十九（訳）『雇傭・利子および貨幣の一般理論』（東洋経済新報社、１９５５年）10頁
44、カール・マルクス『経済学批判，序言』（大月書店国民文庫、１９５３年）16頁。
45、カール・マルクス『資本論』第3巻（大月書店、１９６８年）邦訳５６２頁。
46、エンゲルス『マルクス　エンゲルス全集19巻「空想から科学への社会主義の発展」（大月書店、１９６８年）２１７頁。
47、前掲著、２１７頁。
48、前掲著、２１７頁。
49、柄谷行人『世界史の構造』（岩波書店、２０１０年）３７７頁。
50、電波新聞社　「車載用半導体」https://www.dempa.co.jp/productnews/trend/h120223/h0223.html　(2020/10/07)
51、BBC NEWS JAPAN　https://www.bbc.com/japanese/52266017　(2020/07/01)
52、YouTube https://www.youtube.com/watch?v=KkUwuYxVmJY　(2020/07/01)
53、マーク・フィッシャー，セバスチャン・ブロイ，河南瑠莉訳『資本主義リアリズム』（堀之内出版、２０１８年）10頁。

涌井秀行（わくい・ひでゆき）

1946年　東京都生まれ
1971年　早稲田大学法学部卒業
1975年　立教大学経済学修士
　　　　非常勤講師（世界/国際経済論担当）
1992年　経済学博士（立教大学）
1997年　明治学院大学国際学部助教授
2001年　同教授
2015年　明治学院大学定年退職　国際学部付属研究所名誉研究員
著書
『アジアの工場化と韓国資本主義』（1989年）
『情報革命と生産のアジア化』（中央経済社、1996年）
『東アジア経済論—外からの資本主義発展の道』（大月書店、2005年）
『戦後日本資本主義の根本問題』（大月書店、2010年）
『ポスト冷戦世界の構造と動態』（八朔社、2013年）
『「失われた20年」からの逆照射』（八朔社、2017年）

天皇財閥・象徴天皇制とアメリカ

2022年10月30日　第1刷発行

著　者　ⓒ涌井秀行
発行者　竹村正治
発行所　株式会社　かもがわ出版
〒602-8119　京都市上京区堀川通出水西入
TEL 075-432-2868 FAX 075-432-2869
振替　01010-5-12436
ホームページ　http://www.kamogawa.co.jp
印刷所　シナノ書籍印刷株式会社

ISBN978-4-7803-1243-0　C0031